如何从敌人身上获益

[古希腊] 普鲁塔克 著　仲树 译

上海文艺出版社

目录
CONTENTS

译者导读   1

关于社交   001
如何不令人生厌地自我赞美   003
如何正确地聆听   039
论喋喋不休   068
论多管闲事   105

关于友谊   129
如何从敌人身上获益   131
如何区分真朋友和谄媚者   152
论广结良缘   237

关于美德   251
论控制愤怒   253
论心灵的健康   285
论避免欠债   321
论贪财   335

译者导读

普鲁塔克，全名卢修斯·梅斯特里奥斯·普鲁塔克（Lucius Mestrius Plutarchus，约公元45—125），是一位希腊人，生活在罗马帝国凭借政治与军事优势全面统治地中海、国力鼎盛的时代。波斯战争与亚历山大大帝领导下的马其顿王国所开创的古希腊辉煌时代，虽已归于尘土，但其文化影响仍绵延不绝。身处罗马帝国的统治之下，普鲁塔克是当时最杰出的希腊思想传播者与知识分子。普鲁塔克篇幅最长的作品是《道德论丛》（*Moralia*），共收录78篇散文、辩论与对话，另附若干疑伪之作。本书精选并翻译了其中11篇散文与对话。除了散文作品外，普鲁塔克还撰写了52篇传记，其中48篇汇编为他最广为流传的代表作《希腊罗马名人传》（以下简称《名人传》）。该书以"对比"为核心写作方法，将一位希腊人与一位罗马人并列书写，互相对照，被公认为普鲁塔克的代表作。其余4篇传记中，2篇属于其早期著作《罗马皇帝列传》，另外2篇为独立传记，未收入任何文集。

本文第一部分将介绍普鲁塔克的生平与写作风格；第二部分侧重探讨《道德论丛》与古典哲学的关系；第三部分将考察普鲁塔克从古代晚期，经意大利文艺复兴，直至现代思想史所产生的深远影响；最后，将就本书的翻译原则及相关事务进行简要说明。

一、普鲁塔克的生平和写作方式

普鲁塔克的早期生活

普鲁塔克出生于喀罗尼亚（Chaeronea），一个位于雅典西北约一百公里的小村庄。尽管他广泛游历，足迹遍及希腊、马其顿、克里特、意大利、埃及北部以及小西亚地区，但他始终对钟爱的故乡怀有深厚感情。[1] 普鲁塔克积极参与喀罗尼亚的地方政治，曾出任使节和多项公职；除了从政，他还担任神职，多年间在德尔斐附近的阿波罗神庙

---

[1] 在《希腊罗马名人传》中的《德摩斯梯尼传》中，普鲁塔克表明自己想要终生住在喀罗尼亚这个小地方。——本书脚注均为译者注

担任祭司。[1] 青年学子常聚于他家，探讨哲学、文学与政治，其声望卓著，获得罗马授予的执政官荣誉勋章（ornamenta consularia）。在他去世后，喀罗尼亚与德尔斐的居民为纪念他，特意树立了他的肖像胸像。[2]

普鲁塔克深爱他的家人，常怀温情地谈论自己的妻子Timoxena、父亲Autobulus、两位兄弟Timon和Lamprias，尤其敬仰他的祖父Lamprias。他的教育不仅得益于与家人、友人围桌闲谈的熏陶，[3] 也受益于他曾在雅典短暂居住并就学于柏拉图学院，系统学习哲学。[4] 普鲁塔克与妻子育有五个子女，仅有两人活到成年；爱女年仅两岁便夭折，为此他写下感人至深的《慰妻书》（*Consolatio ad Uxorem*）。他的婚姻观可以被一句话概括："一生中从始至终只认识一个女人——他所迎娶的那位，这人可谓极其

---

[1] 在《道德论丛》里的《老年人能否治国》（*An Seni Respublica Gerenda Sit*）中，普鲁塔克提到他多次参与每四年在德尔斐举办一次的皮提亚节。
[2] CP Jones, (1971) *Plutarch and Rome*. Oxford: Clarendon Press.
[3] 我们可以通过阅读普鲁塔克的长篇对话录，窥视他与友人夜谈的氛围，比如《道德论丛》里的《论保健》（*De Tuenda Sanitate*）和《会饮问题》（*Quaestiones Convivales*）。
[4] 普鲁塔克在《论神罚之迟》（*De sera numinis vindicta*）《论德尔斐的E》（*De E apud Delphos*）中提及他在雅典拜师于柏拉图学院领袖、埃及哲学家阿摩尼奥斯（Ammonius）。

幸运。"[1]

希腊文化传承与罗马政治现实

在古典历史中,没有任何一位作家比普鲁塔克更成功地将希腊与罗马两大文明连接在一起。普鲁塔克以古希腊语为母语,毕生广泛研读希腊哲学、文学与历史,尤为推崇柏拉图,其渊博学识贯穿于他所著的每一页文字之中。他是希腊文学在罗马帝国复兴的先驱人物,此次复兴将在普鲁塔克去世后公元2世纪达到顶峰,被后世称为第二智者运动（Second Sophistic）。

普鲁塔克出生时,他所在的希腊小村庄喀罗尼亚已受罗马统治两百余年。对普鲁塔克而言,罗马的统治是不可逆转的政治现实,然而帝国政权的稳定与执政者的仁慈却从未有保障。在《名人传》中的《克蒙传》中,他详尽记述了弱小贫困的喀罗尼亚在罗马强权之下所受的屈辱。一位驻扎于当地的罗马军团指挥官,几乎因私人怨恨而血洗全城,幸而另一位途经的罗马将军及时制止,方才保全了百姓性命。喀罗尼

---

[1] Plutarch, *Cato the Younger*. Translated by Bernadotte Perrin (Cambridge, MA: Harvard University Press, 1919; Perseus Digital Library), 3.7.

亚不仅代表了当时罗马统治的政治现实,它悠久的历史也揭示了希腊屡遭外族侵略的命运。喀罗尼亚曾是希腊抵御外敌的重要战场。公元前338年,忒拜、雅典及其他城邦联军曾在此与马其顿王腓力二世及其子亚历山大激战,力图捍卫希腊独立,终告失败。公元前86年,罗马将领苏拉在此击败米特里达梯军队,自此奠定了罗马对希腊的长期统治。年少的普鲁塔克行走于喀罗尼亚的田野之间,目睹那些古战场遗迹,也见证了希腊昔日荣光的残存与罗马霸权的兴起。

二十多岁的普鲁塔克便远赴罗马帝国首都讲授哲学,无疑这些讲座均以希腊语进行。拉丁语是他成年后才开始学习的第二语言。普鲁塔克曾坦言,他对拉丁语的掌握远不如希腊语娴熟:"我在罗马及意大利其他地方时,因公务繁忙,又有许多人来听我讲哲学,无暇练习拉丁语。等到年纪稍长,才开始接触罗马文学……欣赏罗马文风、修辞与节奏的优美流畅固然是一项优雅而有趣的成就,但达到这种境界需要刻意训练。对我而言并不容易,但对那些有更多闲暇、余生可从事此类追求的人来说,则是合适的。"[1] 此言有些过于

---

[1] Plutarch, *Demosthenes*, Translated by Bernadotte Perrin (Cambridge, MA: Harvard University Press, 1919; Perseus Digital Library), 2.2-3.

自谦，公元 80 年前后，年仅三十余岁的普鲁塔克已能娴熟运用拉丁文献撰写《罗马皇帝列传》，足见其语言造诣之深。此书日后亦为塔西佗与苏埃托尼乌斯（Suetonius）等罗马史学家所屡屡引用，足证其史学价值。普鲁塔克对罗马历史制度的深入理解，使他有别于同时代多数希腊知识分子。

总体而言，普鲁塔克认为罗马人与希腊人颇有不同。他对罗马的文化与习俗始终保持浓厚的好奇与尊重。在《罗马问题》(*Quaestiones Romanae*) 中，他尝试解释 113 条令他困惑的罗马风俗，其中绝大多数涉及宗教礼仪。例如，为何父母葬礼上，儿子需戴头巾而女儿却不戴？为何拉丁人崇拜啄木鸟？为何富人要将十分之一的财产奉献给大力神赫拉克勒斯？为何妇女需亲吻亲属的嘴唇？为何罗马人忌讳在五月结婚？为何处女不能在公共节日成婚，而寡妇却可以？为何为男婴起名在九日龄，为女婴则在八日龄？面对这些问题，普鲁塔克提出诸多稀奇古怪的解释与推测，显示他不仅熟读罗马历史，更关注其民间风俗与生活细节。尤为值得注意的是，普鲁塔克从未把那些使他困惑的罗马习俗视之为野蛮或愚昧，其探讨体现出一种理性而充满趣味的好奇心，有时甚至对罗马风俗表现出超过希腊传统的偏爱。

约公元 90 年代中期，年逾知命的普鲁塔克被选为德尔斐阿波罗神庙的两位祭司之一，并担任此职达十五年甚至更久。他在《道德论丛》中关于德尔斐神庙的诸多论文，皆可视为他在宗教祭祀职责中深思熟虑的成果。客观而言，在罗马时代，没有任何职位比这一神职更适合用以传播希腊文化遗产，也鲜有人能比普鲁塔克更恰当地在罗马帝国时代代表希腊文明。德尔斐神庙自公元前8世纪至前4世纪的古风与古典时期，便是希腊最重要的宗教中心；然而至公元前1世纪罗马共和国末期，其地位已显衰落。对于自奥古斯都以来的罗马皇帝而言，复兴德尔斐神庙不仅是文化复兴，更是构建"罗马式希腊"（Graecia Romana）这一政治愿景的关键步骤。历代皇帝皆投入资源重建神庙，使其在公元90年代达到前所未有的繁荣：图书馆、喷泉、水渠、祭司住所陆续兴建。普鲁塔克在《论皮提亚女祭司的神谕》中写道："你们亲眼所见，许多旧时无有之地现已矗立新屋，昔日残破荒废之处亦已修复如初。"

传记与历史

在文学体裁上，普鲁塔克是古代政治传记最卓越的代表，他对传记文体的浓厚兴趣源自其深厚的历史文学修养，并在此基础上对传统史学加以革新。他熟读希罗多德、修昔底德、色诺芬、李维（Livy）、狄奥蓬波斯（Theopompus）、波利比乌斯（Polybius）、撒路斯（Sallust）等希腊罗马史学家的著作。对今日学者而言，普鲁塔克已成为理解古希腊与罗马关键历史时期的重要史料来源。他不仅博览群书，对几乎所有希腊文学体裁及部分拉丁体裁都极为熟稔，当代古典文献学者已编纂出他所引用文献的汇编，可见其学识之广。[1] 就现存作品数量与体裁多样性而言，普鲁塔克或为传世最完整的希腊作家之一；更无疑的是，他是古代最博学的作家之一。

然而，普鲁塔克本人并不认为自己是史学家。在《名人传》中的《亚历山大传》第一章中，他明确区分了传记与史学两种文体，并揭示了自己作为传记作者的写作目标与方法。他写道：

> 这本书里，我写的是亚历山大大帝和那个打败庞培的恺撒两人的生平。他们的功业极其宏大，因此我不再另写序言，只求读者体谅：如果我没能详尽记录他们所

---

[1] William C. Helmbold and Edward N. O'Neil. (1960), *Plutarch's Quotations*, Baltimore: American Philological Association.

有著名的事迹，或者对某些事件未能面面俱到，而只是略作勾勒，请不要因此失望。因为我写的不是历史，而是生平。在那些最辉煌的功业中，不一定能真正展现出一个人的德行或过错，反倒是一句话、一个小细节，甚至一句玩笑，有时比战场上出生入死、舰队列阵、攻城略地，更能体现人物的性格。因此，就像画师为了传神，会特别注重面容和眼神，而不太在意身体的其他部分；我也希望能被允许，专注于揭示人物心灵的特征，通过这些来描绘他们的一生。至于那些大战的详细经过，就交给别的作者去记录吧。

关于普鲁塔克是否为"政治传记"这一文体的发明者，古典学界尚有一定争议。[1]然而，无论在他之前是否已有此类作品，其在该体裁中的独创性却从未受到质疑。在古代世界，普鲁塔克是首位，也是唯一一位如此大规模地并置希腊

---

[1] 争论的重点在于，另一位罗马传记作家尼波斯（Cornelius Nepos）是否在普鲁塔克之前就发明了政治传记。有关此争论，参考 Geiger, Joseph. "Nepos and Plutarch: from Latin to Greek political biography." *Illinois Classical Studies* 13, no. 2 (1988): 245-256. Moles, John L. "Nepos and Biography-Joseph Geiger: Cornelius Nepos and Ancient Political Biography. (Historia Einzelschriften, 47.) pp. 128. Stuttgart: Franz Steiner, 1985. DM 44". *The Classical Review* 39, no. 2 (1989): 229-233.

与罗马两大文明的人,他所进行的文化镜像式对比不仅前所未有,后世亦无匹敌者。值得指出的是,普鲁塔克并非从中立、客观的视角出发,而是始终以希腊人的立场来书写罗马,将希腊文明作为衡量罗马人物与制度的尺度。他摒弃对大战场与战略细节的详细叙述,并非欲与史学竞争,以传授兵法战策为旨,而是着眼于人物性格与道德构成,希望后人从中汲取道德教益。普鲁塔克将传记写作与肖像绘画相提并论,意在以文字塑造人物的道德"雕像",这或许揭示了其传记作品所承载的艺术抱负。

对普鲁塔克而言,历史首先具有道德意义,它是一面映照自身德行的明镜。如他在《名人传》中的《保卢斯传》开篇所言:

> 我最初撰写《希腊罗马名人传》,是为了他人;但如今,我发现自己继续这项工作,并从中获得喜悦,亦是为了自身。我将历史作为明镜,努力借助其中映现的德行来塑造并修饰自己的人生。其结果,恰如每日与人交往相处一般:我依次迎接并款待每一位传主,仿佛待之如宾,细致观察他身形如何、仪态何状,并从其一生中选取最重要、最值得认识的部分。对我而言,研读历

史，并借由写作与之亲近，使我常将那些最崇高、最值得敬仰的人物事迹铭记于心。正因如此，当我因身处世俗，不得不与人往来而受到卑劣、恶意或低俗念头的侵扰时，便能以安然平和的心境，将思绪转向我心中最美的榜样，抵御并远离那些污秽之物。

哪怕是道德败坏的历史人物，也能成为反面典型，供后人引以为戒。如《名人传》中的《德米特里传》开篇所言：

> 然而，当有人放纵无度，在权力运用或重大事业中因恶行而声名显赫时，我或许不妨也将其中一对或两对纳入我的传记之中，当然，并非只是为了给写作增添变化、取悦读者……我认为，若我们不乏对可责与可憎之人的记述，便会更愿意观察并效法那些值得效法的高尚人生。因此，本卷将收录攻城者底米特里与大将安东尼的生平，这两人极为有力地印证了柏拉图那句名言的真实：伟大天性不仅展现卓越的德行，也常伴随巨大的恶行。他们二人同样好色、贪酒、尚武、慷慨、奢侈、跋扈，命运亦多有相似之处。

尽管普鲁塔克以此为辩，这些所谓的"反面典型"却如正面英雄一般，难掩其迷人魅力。德米特里的"好色、贪酒、尚武、慷慨、奢侈、跋扈"，恰恰激起读者强烈的阅读兴趣。

在古代，最杰出的历史书写者往往既是实地见证者，也是历史的亲历者。修昔底德既是伯罗奔尼撒战争的参与者，又曾任将军，被放逐至敌国斯巴达；与普鲁塔克同时代的塔西佗在罗马政坛亦居要职；稍后的希腊史家阿里安（Arrian）与阿庇安（Appian）同样兼具帝国官职与史学写作的经历。相比之下，普鲁塔克更接近"书斋史家"，类似李维与希罗多德。他虽广泛旅行、实地调查，却并未亲身参与其所叙述的战争与政治事件，也未直接卷入罗马帝国的高层公共事务。普鲁塔克满足于地方性小官职，昔日伟人的志业虽令其心怀敬意，却未激发其政治野心，反而使他将目光投向更为遥远的历史，从古典世界中寻求安顿心灵的依托。

普鲁塔克书写传记的根本目的在于道德教化，这一目标也揭示了《名人传》与《道德论丛》两部巨著在本质上的一致。他希望通过对英雄人物性格的剖析，激励读者以及自身的道德修养，而非引导人们竞逐传主的权力与功业。他所追求的，是一种自我理解与品格改善，这种道德上的自省与教益,唯有通过历史与文学传统才能获得——这也是所有受过希腊教育者共同拥有的文化基础与精神资源。可以说,这种以道德为核心的教化意图,是普鲁塔克全部作品背后的统一动力。

广义而言,普鲁塔克的思想风格深受其时代背景的塑造。他所生活的罗马帝国处于"罗马治世"(Pax Romana)带来的政治稳定与长期和平之中,军事与政治谋略的现实需求减弱,社会文化由此孕育出对英雄时代德行的理想化回望。在这一背景下,以古希腊教育(hellenic paideia)为典范的文化认同与道德规范成为精英阶层共通的价值标准。这一历史条件,也正是普鲁塔克思想与写作风格赖以成形的土壤。

二、《道德论丛》与古典哲学

普鲁塔克始终自觉置身于一条源远流长的哲学传统之中,这一思想谱系自毕达哥拉斯始,经柏拉图、亚里士多德而延续至他所处的时代。作为罗马帝国早期最为坚定且影响深远的柏拉图主义者之一,普鲁塔克不仅致力于阐发柏拉图思想,更不断撰文反击当时最具社会影响力的两大哲学派别——斯多葛学派与伊壁鸠鲁学派,留下多篇论辩性质的著作。斯多葛学派在公元1世纪至2世纪的罗马上层社会尤为盛行，其追随者包括西塞罗、塞涅卡以及皇帝马库斯·奥勒留，唯一不属于该阶层的代表是出身奴隶的爱比克泰德。相较而言，伊壁鸠鲁学派虽不为政治精英所推崇，却广受平民与商人欢迎，被称为"花园哲学"。

普鲁塔克与柏拉图

普鲁塔克对柏拉图的推崇贯穿其一生，自认为是柏拉图主义者。在本书所选的十一篇《道德论丛》文章中，他无一例外地引用柏拉图对话或事迹，并始终将其视为智者。尽管在《论控制愤怒》中，他对柏拉图在《理想国》中关于愤怒与灵魂关系的看法有所异议，却并未直接点出柏拉图之名，而以"有人认为愤怒是灵魂的神经"来含蓄表达，显见其不愿与精神导师公开分歧。

普鲁塔克曾自述早年在雅典柏拉图学院求学，而在更早之前，他显然经历过一段热忱的毕达哥拉斯主义时期。他对数字的热爱（参见《论德尔斐的E》）、早年反对食肉（参见《论食肉》）、同情动物并且主张动物具备理性（参见《论动物的理性》）等皆承袭自毕达哥拉斯学派。

至普鲁塔克所处的公元1世纪，柏拉图哲学已演变为

"中期柏拉图主义",吸收了斯多葛学派与亚里士多德学派的诸多观点,并融合毕达哥拉斯元素,形成学院式的形而上学体系。普鲁塔克多与中期柏拉图主义者共享核心哲学信条,尤其是柏拉图关于"效法神明"(homoiosis theoi)的伦理目标,并反对斯多葛学派"顺应自然"的道德理想。[1] 然而,普鲁塔克并未一味继承柏拉图主义的正统学说,在伦理和道德教义上,普鲁塔克更接近亚里士多德的立场。固然,详尽梳理其思想师承具有古典学学术价值,但对于我们而言,更值得探问的是,柏拉图哲学是否对于普鲁塔克仍具政治层面的哲学价值?他生于罗马帝国,是否仍承接柏拉图在民主雅典所发出的哲人王号召?普鲁塔克是否主张皇帝应为哲人?

普鲁塔克曾多次提及柏拉图晚年远赴西西里,欲将僭主狄奥尼修斯培养为"哲人王"。他本人是否效仿柏拉图?普鲁塔克通过友人认识了罗马皇帝图拉真,并将《君王与统帅的格言》(*Regum et Imperatorum Apophthegmata*)献给皇帝。柏拉图认为,哲人一旦挣脱桎梏,爬出洞穴,看见真理,应自真理之域重回洞穴,与众人对话。普鲁塔克是否自觉肩

---

[1] 这一立场在《论神罚之迟》中有精彩表述。普鲁塔克引述柏拉图《泰阿泰德篇》及《蒂迈欧篇》中对视觉感官的评价,指出人类正是借助肉眼的观照,而非仅凭纯粹理智,方能趋近于"效法神明"。

负"哲人入洞穴"的使命?有学者认为,普鲁塔克的政治性作品,尤其是《名人传》,正是普鲁塔克"进入政治洞穴"的哲学实践。[1]然而,他对柏拉图"哲人王"理论的激进性保持克制态度。如在《论亚历山大的幸运或美德》(*De Alexandri Magni Fortuna Aut Virtute*)中,他批评道:"柏拉图构想了一种理想政体,但因设想过于严苛,未能说服任何人采纳。"有学者指出,至公元1世纪末,罗马帝国已建立较为稳固的统治,普鲁塔克不再关注哲人如何成王、王如何成为哲人,他更关注哲人与执政者的恰当交往,而非取而代之。[2]哪怕在图拉真的宽容统治下,身处罗马帝国的普鲁塔克也无法如身处雅典民主城邦的柏拉图那般,公开倡言哲人统治,而是鼓励君主恪守良法,实践节制与正义。一百年后,哲人马库斯·奥勒留登基,表明"哲人王"虽极稀有,却并非绝无可能。

普鲁塔克与亚里士多德

近年来,关于普鲁塔克的柏拉图主义思想及其对斯多

---

[1] Stadter, PA. (2002). "Introduction: Setting Plutarch in his Context," in *Plutarch, Greek Intellectuals, and Roman Power in the Time of Trajan* (98–117 A.D.). Stadter and Van der Stockt, Sage and Emperor: Leuven eds.pp.6.

[2] Dillon, J. (2008). "Dion and Brutus: philosopher Kings adrift in a hostile World," in a.G.Nikolaidis (ed.), *The Unity of Plutarch's Work*. Berlin and New York,pp.351.

葛学派与伊壁鸠鲁学派的批判，学界已有较为丰富的专题研究与专著。然而，与之相比，普鲁塔克对亚里士多德的继承与互动，至今尚未获得相同程度的重视。早在20世纪上半叶，学者已注意到普鲁塔克的伦理思想在诸多方面呼应亚里士多德伦理学的立场。O'Neil（2004）所编的引文索引清楚表明，普鲁塔克对于亚里士多德及逍遥学派（Peripatetic School）体系具有深刻的理解与广泛的借鉴。[1]

普鲁塔克生活于一个被深刻道德危机所笼罩的时代。在他看来，当时的成年公民缺乏可供效法的道德典范，即便自诩为哲学家者，也更关心如何看似有德，而非如何真正有德。普鲁塔克感慨道，在当时，"有德之人甚至被视为怪物"。[2] 在本书收录的每一篇《道德论丛》文章中，普鲁塔克都在尝试重建一种真正的哲学教育（paideia），以理性为媒介，协同自然禀赋（physis），引导人不断改善性格，获得良善行为的内在源泉。因为他深知，即便天性高贵，若未经长期哲学训练，亦可能堕于卑劣行为。哲学的首要任务，是通过理性巩固人的判断能力，消除精神软弱。哲人与常人的

---

[1] O'Neil, e. (2004). Plutarch, Moralia Index [LcL vol. xvi]. Cambridge, MA and London.

[2] 参考普鲁塔克《美德是否可以教授》（*An Virtus Doceri Possit*）。

根本差异，即在于前者具备坚实而稳固的判断力，即便身处困厄，亦能不为所动。此种论述正与亚里士多德《尼各马可伦理学》第二卷第三章关于良好教育和伦理德性的观点相契合。亚里士多德认为，良好的教育与哲学训练，使人获得"恰当理性"（orthos logos），即使现实威胁理性，恐惧压倒判断，理性仍得自持。可以说，普鲁塔克在《道德论丛》诸篇中的主要任务，便是界定于不同情境下，如何做出亚里士多德意义上的恰当理性判断。

普鲁塔克在《道德论丛》与《名人传》中共同致力于一种哲学教育，其目标在于借助理性与教养治疗灵魂的疾病：无知。通过传授节制、温和、公正与宁静，激发人之道德实践。最重要的是，这种教育旨在培养正确的判断力，使人在快感与痛苦之间确立适度的尺度。正如亚里士多德在《伦理学》第二卷第六章中指出的，道德乃是在过度与不足之间寻求中道之衡。

在亚里士多德《伦理学》第六卷中，实践智慧（phronesis）作为一种兼具理论性与实践性的智慧，与哲学智慧（sophia）并列为最重要的智性美德。对普鲁塔克而言，实践智慧不仅是人内在最高贵与完善的品质，也是心灵中最神圣的能力，是使人生既美好又愉悦的技艺（techne）；实践智慧即一种正直的理性力量，是人之内在主宰，亦为应对人生一切境遇的最善良方。[1] 此智慧使人避免被恶德腐蚀，亦可防止人陷于源自错误意见的病态情感之奴役，而这些情感之根本，在于对真、善、美的无知。普鲁塔克的伦理与政治哲学，正如人生技艺，旨在教化与引导人趋善向美，其核心在于实践智慧，它不仅捍卫人的自由与理性自主，亦揭示一种适于人的理想状态。这一理想具有亚里士多德式的特征，区别于斯多葛学派所追求的神性理想，也异于伊壁鸠鲁学派所崇尚的兽性理想。

普鲁塔克与斯多葛学派

从《道德论丛》中若干文章的标题来看，普鲁塔克似乎与斯多葛学派势不两立，例如《斯多葛人之言荒诞于诗人》(*Stoicos Absurdiora Poetis Dicere*)《论斯多葛学派的自相矛盾》(*De Stoicorum Repugnantiis*)《论反对斯多葛学派的常见观念》(*De Communibus Notitiis Adversus Stoicos*)等，皆为针对斯多葛哲学的论战之作。然而，深入研读这些作品可发现，普

---

[1] 参考普鲁塔克《论聆听》(*Quomodo Adolescens Poetas Audire Debeat*)《美德是否可以教授》《恶行是否足以导致不幸》(*An Vitiositas ad Infelicitatem Sufficiat*)，以及本书收入的《论心灵的健康》。

鲁塔克与斯多葛学派之间实则并非全然敌对。在本书收录的《论控制愤怒》《论贪财》及《论心灵的健康》等篇章中，他往往引用斯多葛哲学家的格言与事迹，并赋予其积极评价，显现出对斯多葛思想的某种认同。普鲁塔克对斯多葛学派的观点及其代表人物通常持尊敬态度，斯多葛哲学家虽为其论辩对手，却是被优待的敌人。相比之下，他对伊壁鸠鲁学派的评价则明显负面，其教义被普鲁塔克鄙视，信徒亦被认为不具备进行严肃哲学对话的能力。因此，须在普鲁塔克对斯多葛学派与伊壁鸠鲁学派的批判中，辨析其态度的差别。

法国学者巴比特（Daniel Babut）对普鲁塔克与斯多葛学派之关系进行了细致入微的研究。[1] 他有力论证，普鲁塔克对斯多葛哲学具有极高的熟稔程度，且直接阅读了该学派不同时期的重要著作。普鲁塔克对若干斯多葛哲学家表达敬意，甚至称其中部分人为"挚友"。尽管如此，普鲁塔克仍

---

[1] 参考 Babut, D. (1969a). *Plutarque et le stoïcisme.* Paris. Babut, D. (1969b). *Plutarque, De la vertu éthique. Introduction, texte, traduction et commentaire.* Paris。巴比特晚年还出版了普鲁塔克三篇反斯多葛论战作品的新法文版，附有大量注释与导言：Casevitz, M., and Babut, D. (2004). Plutarque, Œuvres Morales, vol. XV.1, Traité 70, Sur les contradictions stoïciennes. Traité 71, *Synopsis du traité Que les Stoïciens tiennent des propos plus paradoxaux que les poètes* [collection des Universités de France]. Paris。

深怀对斯多葛主义的根本性批判意图，不仅通过专门的论战作品加以反驳，亦在许多文本中潜藏其反斯多葛的主旨。由此可见，斯多葛学派是普鲁塔克持续批评的对象，但也是其尊重的论敌。

在神学层面，普鲁塔克与斯多葛学派存在根本分歧。他尤为反对斯多葛哲学把理性（logos）视为宇宙灵魂（anima mundi），并为宇宙唯一因果力量的观点。若仅存一种决定性因果力量，恶的存在便无法合理解释：要么否认恶的真实存在——正如部分斯多葛哲学家对疾病、战争及人类恶行的否定；要么承认神也为恶之源头——也有斯多葛学者持此立场。普鲁塔克对此予以强烈谴责，认为后一立场不可避免地陷入对神明的亵渎。他主张，若神为万物的始因，则世界中不应存在任何恶。为合理解释恶的存在，普鲁塔克提出一种温和的二元论，认为灵魂中的非理性因素乃恶的原理，此非理性无法完全被清除，恶亦即无序，是人类灵魂中的恒常可能性。斯多葛学派拒绝任何形式的二元论，因此无法为恶的存在提供令人信服的解释。尽管伊壁鸠鲁学派也反对斯多葛一元论，但他们走向另一个极端，否认神意，将一切归因于盲目自然。普鲁塔克在二者之间提出一种折中立场。

普鲁塔克与斯多葛学派之间的真正对立焦点，是对灵魂结构的理解。普鲁塔克认为，灵魂中理性（logos）与非理性激情（pathos）相互交织、不可分离，完全脱离理性的激情不存在，同样不存在未被欲望或荣誉渴求影响的理性活动。斯多葛学派则主张灵魂为纯一的理性存在，激情不过是错误的理性判断。由此，他们将一切情感理解为理性的错误。普鲁塔克对这种观点予以毫不含糊的谴责，认为斯多葛学派未能理解灵魂的复杂本性。《论道德》一文的主要目标就是对斯多葛学派这一观点进行强烈抨击。他指出，斯多葛学派关于治疗激情的学说根本荒谬，因为他们认为无激情状态（apatheia）既可能实现，又为人生应达之目标。一旦消除激情，个体即成智者，不再犯错。普鲁塔克则认为，美德不在于消灭激情，而在于理性对激情的适度调节，使无序归于秩序。

此外，普鲁塔克批评斯多葛学派的"无激情"教义不仅错误，而且危害甚大。因为它诱使人误以为，一旦克服某种恶劣倾向，便可永久摆脱其影响。普鲁塔克认为，非理性的激情也是灵魂的固有组成部分，无法根除。恶劣倾向虽可削弱，但会潜伏、伺机反扑，尤其在我们对恶行失去警惕之际。正因此，他在多篇道德劝诫文中强调，激情的威胁永无止息，关键在于对内在非理性的清醒认识与持续警觉。

普鲁塔克与伊壁鸠鲁学派

在苏格拉底、柏拉图及亚里士多德之后，伊壁鸠鲁是普鲁塔克著作中被提及最频繁的哲学家。普鲁塔克对伊壁鸠鲁哲学及其主要代表人物具有深入的了解，并多次针对其学说展开讨论。与普鲁塔克对斯多葛学派虽敌犹敬的态度不同，其对伊壁鸠鲁学派的立场显著敌对，批判甚至轻蔑之意贯穿始终。《道德论丛》中有关伊壁鸠鲁学派的现存文本，无不呈现强烈的批判语调：《论伊壁鸠鲁认为人不能愉快地生活》(*Non Posse Suaviter Vivi Secundum Epicurum*)批驳伊壁鸠鲁关于"快乐为人生最高目的"的主张；《反对科罗特斯》(*Adversus Colotem*)全面驳斥其弟子科罗特斯的学说；《论人应隐居生活是否为正当》(*An Recte Dictum Sit Latenter Esse Vivendum*)批判伊壁鸠鲁退避公共事务的主张。鉴于此，读者不妨质疑：普鲁塔克既极端排斥伊壁鸠鲁学说，缘何又耗费大量精力进行反驳？

这一现象与普鲁塔克身处之时代的哲学格局有关。在希腊化晚期，即公元前2世纪至前1世纪，罗马帝国境内共存四大哲学流派,其中斯多葛学派、柏拉图学派与亚里士多德逍遥学派均一致对伊壁鸠鲁学派持强烈敌意。这三大学派之间虽然存在理论差异,但在学术路径上有着共同倾向,即回溯柏拉图与亚里士多德之古典传统,致力于重新诠释两位哲学巨匠的著作,并据此建构各自的思想体系。唯有伊壁鸠鲁学派排斥这一古典回归,其信徒尊奉学派创始人伊壁鸠鲁及其弟子(如 Metrodorus、Polyaenus、Hermarchus)为唯一的权威,忠诚地维护其教义的纯正性与原创性。公元前1世纪的伊壁鸠鲁学者(如 Zeno of Sidon、Demetrius Laco、Philodemus)不仅无意研读柏拉图与亚里士多德,反而专注于为伊壁鸠鲁学说辩护。因此,在古典思想遗产的争夺中,伊壁鸠鲁学派自成体系,与三大学派形成对峙。普鲁塔克作为柏拉图主义者,其哲学视野与伊壁鸠鲁主义的根本对立几乎是不可避免的,他对该学派的持续批判也由此顺理成章。

然而,普鲁塔克并非仅凭哲学立场本能地排斥伊壁鸠鲁主义。作为一位学识渊博的哲学家与严谨尽责的教师,他对"花园哲学"的批判不仅具有论战性质,也包含系统性的思考与深刻的洞察。他所撰写的三部反伊壁鸠鲁专著,保存了大量关于伊壁鸠鲁学说的史料,同时,这些著作对伊壁鸠鲁学派的核心教义提出了哲学上言之有据且富有洞察力的批评，对于今日研究该学派的读者而言，属于伊壁鸠鲁主义重要的二手文献。

在形而上学层面，普鲁塔克所秉持的柏拉图式宇宙观与伊壁鸠鲁的唯物主义世界观存在根本性对立。伊壁鸠鲁主张通过原子之间的随机互动来解释宇宙万象，拒绝诉诸任何更高原则。他认为，宇宙中除无生命、无生成能力的原子实体及虚空之外，再无其他存在。灵魂亦不过由原子构成，死亡即意味着灵魂解体，因此他完全否认灵魂与身体的二元对立。在伊壁鸠鲁看来，生命、理性与感受皆为原子相互作用之产物，无须引入超验原则。普鲁塔克则秉持柏拉图《蒂迈欧篇》中"造物主"的宇宙论，认为宇宙之秩序、善与智慧源自理性原则，物质本身不具创生之力。人的灵魂则具有"世界灵魂"的本性，既参与神圣理性，又包含非理性因素，且不受腐败与毁灭影响。基于此，他坚决反对"灵魂为纯物质，并于死亡时消散"这一伊壁鸠鲁哲学的核心教义。

道德层面，普鲁塔克与伊壁鸠鲁的分歧同样深刻。后者主张"快乐为人生至善"，将善简化为"无痛"状态。普鲁塔克在《论伊壁鸠鲁认为人不能愉快地生活》一文中指出，此种将至善理解为无恶的观念，实则否定了善的积极意义。善若仅为除去恶痛，则其本质空洞，缺乏内涵，与柏拉图关于善的定义背道而驰。解除瘙痒虽属善事，但搔痒岂可为至善之范例？他借用柏拉图《理想国》(586a)之论，讽刺伊壁鸠鲁将人类降格为与野兽无异。

三、普鲁塔克思想的影响

概括普鲁塔克在后世思想史上的影响力是一项极具挑战性的工作，这并非由于材料的缺乏，而是因为自古至今，普鲁塔克始终被广泛阅读和推崇，几乎没有被完全遗忘的时代。从历史视角观察，普鲁塔克的研究在文明兴盛时期往往达到高峰，而在文化衰落时则趋于沉寂。可以说，追溯普鲁塔克影响力的起伏，实际上也是在描绘人文主义精神的历史变迁。本文不拟全面展开，仅对若干历史时期进行梳理，并重点介绍几位对普鲁塔克有深远兴趣的思想家。[1]

晚期古典、中世纪与文艺复兴

普鲁塔克逝世后，其作品很快广泛流传，成为后世修辞

---

[1] 有关普鲁塔克的后世影响，最全面的研究是 Xenophontos, S. A., & Oikonomopoulou, A. (Eds.)(2019). *Brill's Companion to the Reception of Plutarch.* Leiden: Brill。

与教育的经典教材，并被大量仿作、改写与引用。《道德论丛》和《名人传》在4世纪时已被奉为写作典范，其文学地位达到顶峰，多位作家将他视为哲学魅力与诗意的化身。然而，相较希腊语地区的持续影响，其在拉丁西方的影响力相对有限。

进入中世纪拜占庭时期，普鲁塔克的影响继续扩大。9世纪，君士坦丁堡总主教佛提乌（Photius）在其编纂的百科全书中专门撰写两卷论述普鲁塔克；10世纪诗人狄奥多西（Theodosius the Deacon）在颂诗中将普鲁塔克与荷马并列，称其作品赋予人物永恒的荣耀；11世纪大主教毛罗普斯（Johannes Mauropus）在墓志铭中称普鲁塔克与柏拉图是最接近神圣律法的异教徒，可免于基督之怒；12世纪穷困潦倒的诗人策策斯（John Tzetzes）甚至仅收藏普鲁塔克一人的著作。拜占庭最重要的普鲁塔克研究者是13世纪的普拉努德斯（Maximus Planudes），他搜集当时尚存的全部普鲁塔克作品，组织校勘并抄写，抄本现藏于米兰图书馆与巴黎国家图书馆。

相比之下，中世纪的拉丁西方对普鲁塔克知之甚少。一方面，其原著大量失传；另一方面，流通于西方的多为伪作或仿写本。直到14世纪人文主义在意大利兴起，普鲁塔克才重新受到关注。尽管意大利文艺复兴的人文主义奠基人彼特拉克（Petrarch）未能掌握希腊语，但他对希腊文化充满兴趣，多次提及普鲁塔克。然而，当时意大利尚无普鲁塔克作品流传。14世纪末，希腊学者阿图马努斯（Simon Atumanus）首次将《论控制愤怒》译为拉丁文，不久《名人传》也开始陆续被翻译。

进入15世纪，意大利人文主义全面发展，普鲁塔克的作品成为研究焦点，该时代也被称为"普鲁塔克时代"（Aetas Plutarchiana）。这一潮流首先由拜占庭外交家兼希腊古典文学研究先驱赫里索洛拉斯（Manuel Chrysoloras）掀起，他于1397年至1400年在佛罗伦萨担任希腊语讲座教授，强调普鲁塔克作品所体现的希腊与罗马文化的深度融合。其数位弟子亦潜心研究普鲁塔克，并将大量著作译为拉丁文。

15世纪其他人文主义者安吉利（Iacopo Angeli）、布鲁尼（Leonardo Bruni）、瓜里尼（Guarino Guarini）也积极翻译普鲁塔克著作，将其引入拉丁世界。15世纪中叶，美第奇家族资助完成《名人传》的全译本，并制作抄本，现藏于佛罗伦萨美第奇图书馆，成为后世几百年普鲁塔克在欧洲译作的母本。

可见，在拜占庭时期，普鲁塔克长期被尊为文化巨匠，而在中世纪拉丁西方却几乎被遗忘。文艺复兴时期，普鲁塔克重回西方学术视野，成为希腊与罗马文化融合的象征，其作品迅速成为罗马帝国文化精英的必读书，影响深远，以至于不少佚作被误冠其名。

16世纪，普鲁塔克的影响扩展至意大利以外的欧洲国家。文艺复兴时期不仅是古希腊重新被发现的时代，也是古典遗产通过翻译促成俗语文学形成的时代，这一过程在法国比意大利晚了一个世纪。其中最值得瞩目的是16世纪法国伟大的散文作家阿米欧（Jacques Amyot），他直接以希腊文为基础进行翻译（当时大多数不完整的法译本通常是依据早期的拉丁译本）。他于1559年译出《名人传》，1572年译出《道德论丛》。译文优美，广受欢迎，成为法国文艺复兴时期的重要典籍；他的译本也帮助确立了法语作为文学语言的权威地位。阿米欧版的普鲁塔克，为接下来两个世纪的人文主义读者提供了一部真正权威的参考文献，拉辛（Racine）、芬乃伦（Fénelon）、拉布吕耶尔（La Bruyère）等人都曾阅读阿米欧译本。

接下来将聚焦于三位通过阅读阿米欧译本、深受普鲁塔克滋养的伟大作家——蒙田、莎士比亚与卢梭。透过他们与普鲁塔克的阅读对话，今日读者或许亦能窥见古典智慧在现代心灵中的回响。

蒙田和莎士比亚

蒙田是16世纪法国文艺复兴时期的散文家、哲学家,以《随笔集》闻名,并开创了这一随笔文体。蒙田明确表达他对普鲁塔克的喜爱与敬意,普鲁塔克对其思想和文风的影响毋庸置疑。蒙田在书中共83次提及"普鲁塔克"之名。虽然有时未明确标出某些引文的来源,但他常承认自己取材于古人。学者研究表明,《随笔集》中借自普鲁塔克的段落与故事多达763处。[1] 蒙田对普鲁塔克判断力的推崇甚至使他称阿米欧所译的《道德论丛》为"我们的经书"(bréviaire),将其地位提升至天主教每日祈祷书的高度,暗示它应成为每日冥想、反省与祷读之源泉。[2] 在《为塞涅卡与普鲁塔克辩护》中,蒙田对普鲁塔克的赞誉达到顶点,称他是"世上最有见解的作家",是一个"向我们传授美德的哲学家"。[3]

在《论儿童教育》中,蒙田认为,老师不应让学生学历

---

[1] Konstantinovic, I. 1989. *Montaigne et Plutarque*. Geneva: Librairie Droz, pp.1.
[2] 引自《蒙田随笔全集》第2卷第4篇《公事明天再办》,马振骋译,上海书店出版社,2009年,第31页。
[3] 《蒙田随笔全集》第2卷第32篇,第379页和第382页。

史本身,而是应该让他判断历史:"我在李维的著作中读到的一百件事,别人没有读到;普鲁塔克从中读到的一百件事,我又没能看出来,可能这是作者的言外之意。对某些人来说,这是纯然的语法学习,对其他人是哲学剖析,从中深入到人性最奥秘的部位。在普鲁塔克中有许多长篇论述值得一读,因为以我看来他是这方面的一代宗师;但是也有许多论述只是一言带过,只是给有意深入的人指引方向,偶尔在关键问题上提个头。这些章节我们必须剥离,予以适当阐述……还可看到普鲁塔克从某人的生平中取出一件小事或一个词,这看起来无甚意义,但却是一篇演说。可惜的是有识之士喜欢说话那么简单;无疑他们以此名声更隆,而我们这样做会名声更差。普鲁塔克宁愿我们赞扬他明辨是非,而不是学识渊博。他宁愿我们多向他讨教,而不是使我们满足。"[1]

阅读《道德论丛》和《名人传》不仅为蒙田提供了大量古人事迹的写作素材,他也将自己理解中的普鲁塔克那种晦涩精妙的写作风格,融入了自己的散文之中。蒙田在《论虚空》中评价普鲁塔克的写作手法,并指出他自己的散文也采

---

[1] 《蒙田随笔全集》第1卷第32篇,第141页。

用了类似风格:"普鲁塔克的作品中有几篇他写时竟忘了主题,论据东扯西拉,口气局促完全不知所云,且看他的《苏格拉底的精灵》可知他的文笔。上帝啊,这些充满朝气、写无定法的即兴之作有多美,愈随意愈多神来之笔!看不出我文章主题的不是我,而是不细心的读者,总是在某个角落里有个什么字,不管如何挤压,不会不说出个意思来的。我急于求变,过于唐突鲁莽。我的风格和想法也飘忽不定……成千上万的诗人写得像散文一样拖沓,但是古人写的散文名作(在我读来无异于诗篇)处处闪烁诗的力量与异彩,声势浩荡,大气磅礴。"[1]

普鲁塔克在《论苏格拉底的精灵》(*De genio Socratis*)一文开篇即谈到两种读者:其一是止于事物表面的读者,其二是欲穷探事理核心之人。蒙田在《论虚空》中讨论普鲁塔克的写作方式时,也借自己阅读普鲁塔克的方式,指出读者应如何阅读自己的散文:不细心的读者会看不出他文章的主题,而仔细的读者则能在看似松散的问题中把握其意图。现代读者打开蒙田散文的钥匙,也正是打开普鲁塔克散文的钥匙。

与蒙田同处文艺复兴晚期的文学巨匠,还有生活在英国

---

[1] 《蒙田随笔全集》第3卷第9篇,第202—203页。

的莎士比亚。虽然他比蒙田晚出生约三十年，但两人的创作高峰期部分重合。莎士比亚在16世纪90年代开始剧作创作时，蒙田的《随笔集》已广为流传。如果说蒙田将普鲁塔克视为写作风格上的导师，以及自我探索的典范，那么莎士比亚则敏锐地捕捉到普鲁塔克试图揭示历史人物荣誉或恶名背后真实面貌的戏剧潜力。

莎士比亚一生创作了39部剧作，对其"罗马剧"起关键作用的是普鲁塔克的《名人传》。莎士比亚所依赖的译本，是托马斯·诺斯（Thomas North）于1579年根据阿米欧法文译本所完成的英文译本。其中《裘力斯·恺撒》《安东尼与克娄巴特拉》《科里奥兰纳斯》几乎完全依据《名人传》创作。

《裘力斯·恺撒》的主要文本来源是普鲁塔克的《恺撒传》《布鲁图斯传》和《安东尼传》，此外还参考了《加图传》《西塞罗传》《庞培传》。莎士比亚在剧中塑造的罗马角色采用了普鲁塔克对他们的判断，但赋予主角更为完整的心理画像，尤其将布鲁图斯对恺撒其人，以及理想共和国之间的忠诚冲突展现得淋漓尽致。

《安东尼与克娄巴特拉》几乎完全以普鲁塔克的《安东尼传》为基础。在普鲁塔克的道德史观中，安东尼与克娄巴特拉的恋情被视为一个道德警示：即使是才华横溢、深受欢迎的英雄，也可能因沉溺情欲而自毁前程。莎士比亚却反其道而行之：他让安东尼起初在众人眼中形象不佳，最终却在悲剧结尾中获得升华。此外，普鲁塔克笔下的安东尼鲜少反省自身情感，而莎士比亚却将安东尼的人生塑造成理性与情感之间的挣扎。

《科里奥兰纳斯》也充分而细致地利用了普鲁塔克的《科里奥兰纳斯传》。普鲁塔克将科里奥兰纳斯描写为一位成功的战士，同时指出他易怒且骄傲自负。他坚定支持元老院，反对平民权益，因而失去了至高权力，并被放逐。他被复仇欲望所驱使，竟与自己曾击败的敌人结盟，最终走向灭亡。这些细节在莎士比亚的剧作中与普鲁塔克原文紧密对应。莎士比亚突出了个人与国家对立的主题，这是普鲁塔克叙事中潜藏的内在张力。他细致地刻画了科里奥兰纳斯因暴烈与傲慢而陷入情感与社会的孤立，从而将罗马政治灾难的根源解读为主角性格的延伸。

此外，莎士比亚还有多部剧作在主题上受到普鲁塔克传统的影响，或直接引用其具体篇章。例如，《亨利五世》可能参考了《亚历山大传》；普鲁塔克笔下的布鲁图斯也被认为出现在《威尼斯商人》与《亨利四世》中；《加图传》对《奥赛罗》的结构亦有影响。在所有非罗马题材的剧作中，《雅典的泰门》最明显地承袭了《名人传》的情节资源，尤其是《安东尼传》与《亚西比德传》中关于泰门的片段。莎士比亚延续了普鲁塔克笔下泰门因遭背叛而愤世嫉俗、最终弃绝人类社会的主线，并强化其性格中的愤怒与报复倾向。他笔下的泰门不仅远离人群，更主动推动腐败与战争。剧中他与同样被雅典放逐、立志复仇的亚西比德相遇于荒野，后者随即决定率兵讨伐雅典，以替泰门复仇。

莎士比亚在普鲁塔克笔下的人物中，提炼出其"罗马剧"中两个恒久的悲剧母题：一是英雄性格内在的矛盾与动荡，二是个体与社会主流之间的激烈冲突。这两大母题构成了罗马剧的戏剧核心。莎士比亚对君权、伟人与失败的关注，深受普鲁塔克影响，也表明他积极回应其所处时代的不安现实。他对古典题材的改编与再创造，得益于戏剧这一新兴大众媒介，使那些看似遥远的古代故事，在16世纪的舞台上获得了现实感与现代性。莎士比亚常常在自创场景中嵌入对时事的暗示，这显示出他有意通过戏剧手法，为普鲁塔克的人物与故事开辟出一种全新的、具有当代共鸣的表达路径。

启蒙时代与卢梭

17世纪至18世纪，欧洲进入启蒙运动，理性、科学与个人自由成为时代核心,由此推动了对传统权威、宗教信仰及封建制度的系统批判。这一时期催生了百科全书运动、自然科学的发展及一系列政治革命,为现代民主制度和世俗社会奠定了基础,标志着西方社会从传统迈向现代的转型。

在启蒙时代,法国思想界围绕"古今之争"展开激烈论辩,焦点在于:古代思想是否优于现代成就,或现代文明是否已通过理性与科学超越古人。古人派坚持希腊罗马古典文学与艺术的永恒价值无法被现代文明超越,而启蒙思想家则倾向今人派,主张现代人在科学、艺术与道德上已优于古人,文化应与时俱进,服务于理性与社会改革。在这一语境中,普鲁塔克多次被卷入争论,并受到启蒙哲学家的批评。例如,狄德罗在《百科全书》"道德"词条中评价普鲁塔克的随笔与对话"仅止于表面"。

尽管如此,仍有一些启蒙思想家试图在普鲁塔克的著作中寻找符合启蒙理性的教诲。皮埃尔·贝尔(Pierre Bayle)依据普鲁塔克《论迷信》一文撰写了《彗星之际的思虑种种》,借普鲁塔克之口批判迷信;孟德斯鸠在《论法的精神》开篇即引用普鲁塔克《论哲学家应与掌权者交流》(*Maxime Cum Principibus Philosopho Esse Disserendum*)中的论断:"法律,普鲁塔克说，是万物之主，凡人与神祇皆为其所治。"总体而言，随着理性主义日益成为主流，普鲁塔克的道德哲学逐渐失去在法国思想界的影响，被17世纪法国启蒙理性主义所弃，对其著作的引用日渐稀少。

普鲁塔克在17世纪并未受到启蒙哲学家的广泛关注，但在18世纪，最重要的反启蒙思想家卢梭却将他重新带回公共视野，成为普鲁塔克在近代思想史上最热情、最著名的门徒。卢梭与普鲁塔克之间贯穿一生的精神对话，使这位古希腊作家既是他心中的导师，也成为他情感上的慰藉。在自传《忏悔录》中，卢梭回忆道，1719年，七岁的他初识阅读时，启蒙书籍的作者便是普鲁塔克：

> 特别是普鲁塔克，他成了我最心爱的作者，我一遍又一遍，手不释卷地读他的作品，其中的乐趣总算稍稍扭转了我对小说的兴趣；不久，我爱阿哥西拉斯、布鲁图斯、阿里斯提德便胜于爱欧隆达特、阿泰门和攸巴了。由于这些有趣的读物，由于这些书所引起的我和父亲之间的谈话，我爱自由、爱共和的思想便形成了；倔强高傲以及不肯受束缚和奴役的性格也形成了；在我一生之中，每逢这种性格处在不能发挥的情况下，便使我

感到苦恼。我不断想着罗马与雅典,可以说我是同罗马和雅典的伟人在一起生活了。[1]

1750 年,卢梭为第戎学院撰写了令他声名鹊起的《论科学与艺术》。在这篇论文中,他虚构了一位罗马公民法布里修斯(Fabricius),显然是受到了普鲁塔克笔下人物的启发。法国学者莫雷尔(Morel)指出,普鲁塔克的两篇道德散文——《给未受教的统治者》(*Ad Principem Ineruditum*)与《七贤人之宴》(*Septem Sapientium Convivium*)——为卢梭在《论科学与艺术》中所作的民主辩护提供了关键性的理论基础。[2]

卢梭与普鲁塔克一样,都极为关心教育如何最有效地服务于美德这一目标。我们可以说,卢梭在童年初次阅读普鲁塔克著作时埋下的种子,使他意识到社会与政治问题往往可以通过"教育"这一视角切入,而教育首先应当被理解为通向美德的道德教育;而通往道德教育的途径,并不是通过抽象的原则演绎,而是以"典范"为路径的教育。普鲁塔克为卢梭的思想塑造提供了一个根本性的方向,即通过历史人物

---

[1] 引自卢梭《忏悔录》,黎星、范希衡译,人民文学出版社,2003 年,第 7 页。
[2] Morel, J.E. (1926) Jean-Jacques Rousseau lit Plutarque. *Revue d'histoire moderne.* 1(2), pp. 81–102.

的具体行为来理解善与恶,而非仅将其视作高远的理想。在《新爱洛伊丝》中,卢梭借由男主角圣普乐的书信表达了这样的观点:至高道德境界的典范,而不是规则或抽象体系,才是道德教育的核心。在《爱弥儿》中,作者提出在教育幼儿时,他只提供一系列值得模仿的人。值得注意的是,《爱弥儿》中第一个交给学生阅读的,并非某位古典英雄,而是文学人物鲁滨逊·克鲁索。这种典范逻辑依然存在,但其来源不再是古代公民史,而是体现自然与公民独立的现代英雄。卢梭将具体人物的生活作为理解道德心理学的基础,这一思路正如普鲁塔克撰写《名人传》的方式。

1782年,卢梭在其最后一部作品《孤独漫步者的遐想》中,再次深情表达了他对普鲁塔克的热爱。在第四次漫步的开头,他提到自己刚刚重读了《如何从敌人身上获益》,并由此展开了一场哲学沉思。他坦言,在那些自己晚年仍愿意翻阅的少数书籍中,普鲁塔克是他最钟爱的作家,也是他受益最多的一位。对他而言,普鲁塔克既是童年时阅读的第一位作者,也是暮年仍不断重读的作者,更是唯一一位每次阅读都带来新启发的作者。从整体上看,普鲁塔克不仅是卢梭政治思想中诸多核心主题的起点与基础,也构成了他道德宇宙与自我意识的核心支柱。然而,在延续普鲁塔克式主题——诸如"教育即道德教育""以典范塑造德性""政治权利即公共利益之追求"——的同时，卢梭走向了一系列带有激进色彩的理论发展。他提出彻底的教育实验，意在"重塑人类"；设想极为严格的政治合法性标准；并在社会批判中毫不妥协地揭露同胞的腐败与虚伪。这些结论与普鲁塔克一贯的审慎、平衡与节制，终究存在着深刻的差异。

四、《道德论丛》中译说明

本书译文所依据的底本为 1939 年出版的勒布古典文库（Loeb Classical Library）版本。全书译文皆直接由该版本所收录的古希腊原文译出，并参考、核校了其中的英译注释。在此基础上，译者补充了对普鲁塔克所引古籍的语境说明，以及对所提人物的简要介绍。对于无法查证的文献残篇或无法找到希腊原文出处的注释，译者未予采纳。

在此，我要特别感谢赵宇飞与陈凯硕两位朋友，在本书翻译过程中给予我大量帮助与宝贵意见，使我受益匪浅。他们直率坦诚的批评，恰如普鲁塔克笔下真正朋友间的直言不讳。还要感谢我的古希腊语启蒙老师、考古学家 Andres Reyes，是他为我开启了这门古老语言的大门，也以毕生学养向我展现了何为真正学者的典范人生。此外，谨致谢郭奇琪律师在我最为焦灼繁忙之际慷慨解囊、鼎力相助，使我得以无后顾之忧，专注于学术事业。最后，感谢上海文艺出版社编辑廖玉笛对全书的细致校订，保障了本书的文字质量。当然，译文中若有疏误，责任仍由译者一人承担。

仲树

2025 年 3 月

于波士顿

关于社交

如何不令人生厌地自我赞美

在言论上,所有人都会谴责自吹自擂这个行为,说它是令人厌烦的,是不高尚不谦逊之举。然而,那些用语言高声谴责自吹自擂的人,在行动中也避不开自吹自擂。诗人欧里庇得斯[1]说过:

> 如果言辞是要花钱购买的商品,
> 那还有谁还会挥霍无度地自夸?
> 但现在人们只需要动动嘴皮子,
> 就能说出巧舌如簧的无尽赞美,
> 人人肆无忌惮,无人吝惜真假,

---

[1] 欧里庇得斯(Euripides,约公元前480—前406)是古希腊三大悲剧作家之一,与埃斯库罗斯(Aeschylus)和索福克勒斯(Sophocles)并列。在普鲁塔克写作的罗马帝国时期,欧里庇得斯的影响仍然极为深远。他的剧作被广泛传颂。普鲁塔克在作品中经常引用欧里庇得斯的诗句,证明欧里庇得斯仍然被视为智慧和文采的典范,不过普鲁塔克对欧里庇得斯的引用经常带有一定的批判态度。

喋喋不休的粗鄙赞美无须代价。

因此，欧里庇得斯剧中的人物常常把自己的言辞混杂在那些被悲剧化的情感和事件之中，尽管这些话与实际事件毫无关联。同样，诗人品达[1]虽说过：

不合时宜的夸耀，
与疯狂同声相应。

他自己却不停地夸夸其谈，喋喋不休地歌颂自己那些确实值得称颂的能力。谁会不说品达的能力不值得称颂呢？然而，竞技比赛通常通过第三方给获胜的冠军颁发荣耀，这样可以避免和消解自吹自擂带来的那种令人厌恶的感觉。我们也因此理所当然地谴责提莫西俄，对他的自夸感到厌恶。因为这个人在竞技比赛中打赢了弗吕尼斯，还专门写了下面这段话宣布并且歌颂自己的胜利：

---

[1] 品达（Pindar，约公元前518—前438）是生活在古希腊城邦时代（也就是雅典黄金时代之前）的著名抒情诗人。每一个受过教育的古希腊、古罗马思想家都熟悉并经常引用品达的作品。比如柏拉图在《理想国》开头的第一段对话中，和苏格拉底对话的克法洛斯（Cephalus）就引用了品达美妙的诗句（331a）。普鲁塔克引用的这段话来自品达的《奥林匹克颂歌》(Olympian Odes, IX.41 f)。

天哪，提莫西俄！你是多么幸福，

号角手宣告：来自米利都的提莫西俄，

打败了卡蒙的儿子弗吕尼斯，

打败了那个柔弱的伊奥尼亚诗人！

哲学家色诺芬[1]说得对，我们能听到的最愉悦动听的声音是别人对我们的夸奖，但是我们能听到的最反感厌恶的声音是别人的自夸。原因有三。首先，我们认为那些会给予自己赞美之词的人做了一件没羞没臊之事，因为哪怕别人给予他们赞美之词的时候，他们也应该保持谦虚。其次，我们认为那些自夸的人做了一件不公正之事，因为他们擅自把赞美这个本来应该从别人那里获取的礼物据为己有。再次，如果我们一言不发地默默忍受这个人的自夸，会显得我们自己心怀嫉妒；但如果我们因为害怕被人认为我们心怀妒忌，而被迫违心地附和他的自夸，那我们就做了一件既谄媚又奴性的

---

[1] 色诺芬（Xenophon，约公元前430—前354）是苏格拉底的学生，虽然他没有柏拉图那么有名，但是色诺芬有关苏格拉底的记录为我们提供了了解苏格拉底哲学重要的窗口。有意思的是，普鲁塔克在本文开头先带着批判的态度引用了两位古希腊最著名的诗人，然后又带着赞许的态度引用了一位古希腊哲学家，这个情况在他很多作品中都出现，揭露了普鲁塔克在诗歌和哲学之间更倾向后者。普鲁塔克引用的这句话来自色诺芬《回忆苏格拉底》（*Memorabilia*, II.1.31）。

事。违心称赞别人实际上是一种侮辱对方的行为，尊重对方的行为是由衷地当面称赞他。

然而，尽管如此，政治家在某种情况下也会冒险进行所谓的自我吹嘘，这并不仅仅是为了获得个人荣耀或满足感，也是出于时机和场合的需求。这位政治家不得不像评价一个第三者一样评价他自己，谈论他已经完成的政绩和自身具备的优点，毫不吝啬地说出来，以便论证他能够完成其他善举。这种自我赞美能够结出果实，它就像一颗种子，从中会迸发出更高尚的、来自更多人的赞美。而且，在这种情况下，政治家通过"自吹自擂"来被人认可并重视，不是为了给自己的功绩和美德索求奖励，而是为了获得别人的信任和支持，让更多人相信他是一个有用的好人，以便于他做出更多更高尚的好事。因为当人们信任你或者喜欢你的时候，你能更畅通无阻且愉悦地帮助他们；但是，如果人们对你的态度是满心狐疑甚至厌恶的，你就很难通过自己的一腔正气或者高尚德行强迫那些回避你的人接受你的好意。政治家的自我赞美可能还有其他有用之处，这是一个值得考究的问题。在讨论如何不令人生厌地自我赞美的时候，我们也不应该忽视自我赞美有可能是一件真正有用的事情。

如果一个人自我赞美的唯一目的，是引导别人也来附和称赞自己，这个人会被我们鄙视，因为他自吹自擂是为了满足自己的荣誉感以及对名声不合时宜的渴望。那些极度渴望食物的难民，会以违背自然的方式食用他们的肉，以终结自己的饥饿；同样地，那些极度渴望赞美的人，如果无法找到他人的赞美来满足内心的饥渴，他们也会以自吹自擂的方式来满足自己欲求不满的虚荣心——这是一番很不体面的景象。更甚一步，这些人不仅寻求自我赞扬，而且与他人的荣誉进行竞争，借着赞美自己来打压别人，用自己的行为和成就使他人的荣耀显得相对黯淡，这种行为不仅空洞无意义，而且恶毒阴险。正如一句谚语说，别人跳舞你伸脚是一件令人费解且可笑的事情。我们必须警惕这种以排挤和竞争为目的的自我吹嘘方式，当有人用这种方式自我赞美的时候，我们不应忍受，而是应该让步给那些真正值得称赞的人。如果我们认为有人配不上赞美，那我们不应该通过自我赞美来间接地打压属于他人的赞美，而是应该直截了当地驳斥他们的主张，表明这些赞美的不必要性。显然，（通过自我赞美来打压剥夺针对别人的赞美）这是我们必须避免的事情。

　　然而，如果你是在自我辩护，为了应对诽谤或指控而自我赞美，这无可指责。就像雅典政治家伯里克利[1]在雅典人指控他时如是说："你们竟然对我生气——我自认为，无论是在知晓应当做什么，还是在表达我的见解方面，我都不逊于任何人；我热爱祖国，并且不为金钱所左右。"在这种被指控的危急关头，伯里克利通过谈论自己的庄重品质，不仅避免了空洞的爱慕虚荣，而且展现了气度和美德的伟大。他在这种被迫卑微地自我辩护的时刻，拒绝自我贬低，反而使他人的嫉妒显得卑微并得到压制。这种情况下的自我标榜的言论——只要这些言论有理有据、真实可信——不但不值得批判，反而能够让人对他的豪言壮语感到欢欣鼓舞和热情洋溢。历史事实也确实向我们证明了这一点。

再举一个例子：将军佩洛庇达斯曾面临忒拜民主法庭的指控，说他在统治任期届满后没有按照法律的要求立即

---

[1] 伯里克利（Pericles）生活在公元前5世纪，他是伯罗奔尼撒战争史中最重要、最富有领导力的雅典领袖。在普鲁塔克的《希腊罗马名人传》中，普鲁塔克详细描述了伯里克利的生平，他认为伯里克利是一位极具智慧和卓越政治远见的领导者。伯里克利这句自我辩护的言论引自修昔底德《伯罗奔尼撒战争史》第2卷第60节。译者参考了英国政治哲学家霍布斯在1628年出版的英文译本。

返回家园，而是入侵并解放了斯巴达占领的迈锡尼王国[1]，佩洛庇达斯于是屈服认错并恳求原谅，法庭才勉强释放了他；另一位将军伊巴密浓达在面临同样的情况时，则大肆宣扬自己的光荣功绩，还表示他甘愿被处死，如果法庭对他的指控是，伊巴密浓达在未经法庭批准的情况下平定并解放了迈锡尼人、狠狠蹂躏了斯巴达人、统一了阿卡迪亚[2]，那他甘愿认罪赴死。听了伊巴密浓达这番话，法庭甚至没有选择通过投票放弃针对他的指控，而是带着对这位将军由衷的惊叹和敬佩，在一片难以言喻的愉快和满足中解散了法庭审判。

出于这个理由，我们也不应该完全责怪《荷马史诗》中斯忒涅罗斯的"自吹自擂"——"我们比我们的祖先优

---

[1] 普鲁塔克在讨论的是发生在公元前369年一场忒拜（Thebes）和拉科尼亚（Laconia；此处普鲁塔克用拉科尼亚代指斯巴达，因为斯巴达位于拉科尼亚地区）之间的战争。在第一次迈锡尼战争（公元前743—前724）后，斯巴达政府控制了位于伯罗奔尼撒半岛西南部的迈锡尼，斯巴达对于迈锡尼长达400年的占领对于斯巴达城邦在军事地位上的崛起至关重要，使它成了能够和雅典竞争的军事超级大国。在公元前369年，忒拜将军伊巴密浓达（Epaminondas）帮助迈锡尼终结了斯巴达统治和奴役，建立了独立的迈锡尼城邦，从而永久性地削弱了斯巴达的力量。普鲁塔克在《希腊罗马名人传》中的佩洛庇达斯（Pelopidas）卷中记录了此事。
[2] 阿卡迪亚（arcadia）在古代希腊不仅拥有地理层面的意义——它是由多个小城邦组成的伯罗奔尼撒半岛的中央地区，还拥有文化层面的意义——它象征着一种理想化的希腊生活方式。阿卡迪亚的统一不仅意味着这些独立的城邦能够形成更强大的政治和军事力量，也意味着一种理想化的和谐希腊社会的实现。

秀得多！"因为我们应该记得（在当时的语境中，阿伽门农正在斥责斯忒涅罗斯的战友狄俄墨德斯，阿伽门农先斥道）——

哎哟喂！智勇双全的驯马者提丢斯之子（指狄俄墨德斯），
你为什么退缩？你为什么在战场前线犹豫不前？[1]

斯忒涅罗斯之所以不应受到责备，是因为他当时并非因个人受辱而反击，而是为朋友狄俄墨德斯辩护。阿伽门农的指责给了他自夸的正当理由，这不仅可以理解，更展现了他的坦率与直言不讳。

此外，让我们看看一个对比——我们知道罗马人经常对政治家西塞罗感到不满，因为西塞罗整天歌颂自己镇压喀提

---

[1] 引自荷马《伊利亚特》第四卷第370行，阿伽门农（Agamemnon）在战斗前巡视希腊军队时，看到狄俄墨德斯（Diomedes）没有积极参战，于是指责他给家族蒙羞。面对阿伽门农的责备，狄俄墨德斯的战友斯忒涅罗斯（Sthenelus）则不服气地反驳。

林阴谋[1]的事迹；然而，当另一个政治家西庇阿在一次审判中反驳道："你们罗马人有资格审判我吗？正是因为我，你们才有资格审判全世界。"罗马人听到这番话反而戴上花冠，护送他到神庙，并与他一起进行献祭[2]。这是因为西塞罗并不是在必要场合自夸，而是在非必要场合沽名钓誉，（所以才引人嫉妒）；而西庇阿面对危险指控时的自夸行为则能够消解他人对自己的嫉妒。

自我赞美不仅适用于那些面临指控和危险的人，也适合遭遇不幸的个体。其实，正是那些身处低谷的人，比那些幸运之人更应该赞美自己。幸运的人可以通过荣誉享受快乐，而不幸的人往往因为时机和境遇陷入困境，被迫远离了野心和荣耀，这些人可以选择勇敢地面对逆境，通过自我赞美奋力抵抗命运的风暴，支撑起内心的伟大，鼓起勇气，不依赖同情，不和那些意志薄弱或被命运压垮的人一起低声哀求或

---

[1] 喀提林阴谋指的是公元前63年罗马共和国的一场由喀提林（Lucius Sergius Catilina）策划的未遂政变，企图推翻罗马元老院统治。当时罗马共和国正处于政治腐败、社会矛盾和经济困境之中，贵族和平民之间的阶级矛盾愈演愈烈。喀提林是一个出身贵族但屡次竞选执政官失败的政治家，他利用社会动荡，号召负债累累的平民和失意贵族推翻现有政权。这一阴谋被当时的执政官西塞罗揭露和镇压，使西塞罗的声望大大提高。
[2] 这句话的意思是，罗马人听到西庇阿（Scipio）的自吹自擂，非但不反感，反而把他视为英雄，与他一同献祭。

自贬，在逆境中避免一切怜悯、抱怨和自卑。这就好比，那些在平时走路时做作地挺直身体、抬高下巴的人通常被认为是矫揉造作的蠢蛋；然而，在搏斗或者竞技场上，如果面对敌人还能奋力挺直腰板、拒绝弯腰，反而会得到赞扬。同理，身陷囹圄、被命运击倒之人，如果能摆着坚挺的战斗姿态奋力反抗，自我赞美，我们也会对他心生敬意。

因此，当一个被命运击倒的人，从自己卑微可怜的境遇中挺身而出，摆出战斗姿态，"像一个拳击手步步紧逼"[1]，通过自我赞美和自我夸耀，将自己从卑微的低谷推向自豪的高峰，这不但不会使人反感，反而会让我们觉得这个人值得敬佩且不屈不挠。就像诗人荷马笔下的帕特洛克罗斯，他人生一帆风顺时谦逊而低调，然而在战败濒死之际却自夸自大地说："再来二十个像你这样的人（我也不怕）！"[2]

---

[1] 引自索福克勒斯《特拉基斯妇女》第442节。
[2] 帕特洛克罗斯（Patroclus）濒死的这一幕发生在荷马史诗《伊利亚特》第十六卷第847行，这是一整部史诗的重要转折点。帕特洛克罗斯是阿喀琉斯（Achilles）最好的朋友。阿喀琉斯因与阿伽门农发生争执，愤怒地退出了战斗。由于阿喀琉斯的缺席，希腊军队陷入困境。帕特洛克罗斯决定穿上阿喀琉斯的盔甲前去作战，他成功地驱赶了特洛伊敌军，直逼特洛伊城，并与特洛伊王子和敌方最强大的战士赫克托耳（Hector）交战。赫克托耳最终杀死了帕特洛克罗斯，并取走了阿喀琉斯的盔甲。帕特洛克罗斯的死是全史诗中最为悲剧的一幕，阿喀琉斯也因此决定重返战场，为挚友报仇，他与赫克托耳展开决斗，并最终杀死了赫克托耳。

再比如,政治家福基翁平时性情温和,在他被判处死刑后,他对很多人展露出了他心胸之宽广伟大,其中包括一个和他一起被判死刑的人。那个死刑犯在福基翁面前绝望地哀号抱怨,福基翁"大言不惭地"对他说:"怎么了?和我福基翁一起去死,难道你还不感到满足吗?"[1]

平心而论,当一个政治家正在遭受不公正对待时,他可以借此时机向那些对他有敌意的人吹嘘一番,这不但不令人反感,反而是明智之举。阿喀琉斯平时讲话的时候,会谦虚地把荣耀归功于诸神:

但愿我们能凭借宙斯的意志,
取下特洛伊高耸的城墙。[2]

然而,当阿喀琉斯遭受不公正的侮辱和诋毁时,他用自吹自擂来展示他的愤怒——

---

[1] 福基翁(Phocion,公元前402—前319)是一位古希腊雅典政治家,柏拉图的门徒,公元前319年他由于倡导民主制而被处决,死后又被恢复名誉并补予国葬。普鲁塔克在《希腊罗马名人传》关于福基翁的篇章中记录了他面对死亡的坦然和从容无畏。
[2] 出自荷马《伊利亚特》第1卷第128行,阿喀琉斯正在讽刺阿伽门农的贪婪,此时阿伽门农尚未对阿喀琉斯做任何惹恼他的事情。

> 我和我的舰队清空了十二个城市！ [1]

以及

> 因为（特洛伊人）看不见，
> 我头盔的锋面就在眼前闪闪发光！ [2]

直言不讳是正义辩护的一部分，因此这也为自我赞扬提供了空间。比如，毫无疑问，雅典国父特米斯托克利 [3] 既没有说过，也没有做过什么令人厌恶的事。当他看见雅典人开始对他冷漠且无动于衷时，他毫不犹豫地脱口而出："哦，天真幸福的人啊，你们曾多次从同一个人那里受到恩惠，如今却对他感到厌倦。就像在遭受暴风雨时，你们总是跑到同

---

[1] 出自荷马《伊利亚特》第9卷第328行，阿喀琉斯此前因阿伽门农夺走他的战利品而愤怒地退出战斗，阿伽门农派奥德修斯前去游说阿喀琉斯回归战场，阿喀琉斯痛斥阿伽门农的贪婪和不公，他觉得自己的英勇奋斗贡献了十二座城池，却未受到尊重。

[2] 出自荷马《伊利亚特》第16卷第70行，在这时，特洛伊人已经推进到了希腊人的战船附近，战况极为危急。由于阿喀琉斯仍然因阿伽门农侮辱他而愤怒，他一直拒绝出战。

[3] 特米斯托克利（Themistocles，约公元前524—前459）是希波战争期间的雅典政治家，他在萨拉米斯战役前成功说服雅典人放弃城邦，转向海上作战，最终利用狭窄海域击败波斯海军，奠定了雅典海上霸权民主帝国的基础。修昔底德在《伯罗奔尼撒战争史》把他描述成雅典最伟大的政治家之一。

一棵树下寻求庇护；然而一旦雨过天晴，你们路过同一棵树，就会拔掉它的叶子。"

当我们遭受委屈的时候，可以试着回忆起自己的功绩，以此回应那些忘恩负义之人。那些因自己的功绩而受到指责的人，他们的自我赞美不仅情有可原，甚至无可非议。因为他们自夸并非为了指责他人，而是为自己辩护。正是这一点，使得德摩斯梯尼[1]在《桂冠演说》中能够坦率直言地罗列他的丰功伟绩，并让他的自我称颂不至于令人厌烦——毕竟，他所引以为傲的，正是那些被他的政敌用来指控他的事迹：他在战争中的使节使命与政治决策。

与此法相去不远的另一种方法，是说反话（反衬修辞）。这种方法具有一种特殊的吸引力：当某人因某事受到指责时，你却能巧妙地证明，真正可耻和卑劣的，恰恰是与之相反的行为。举个例子：来古格士[2]因以金钱收买了一名诬告

---

[1] 德摩斯梯尼（Demosthenes，公元前384—前322），古雅典的政治家和演说家。德摩斯梯尼的《桂冠演说》(On the Crown)是他最著名的演说之一，于公元前330年在雅典发表。在这篇演说中，他为自己辩护、回应埃斯基涅斯（Aeschines）对其提出的指控，同时总结了他光辉的政治生涯。
[2] 普鲁塔克在这里说的应该是雅典的来古格士（Lycurgus，约公元前390—前324），他也是与德摩斯梯尼同时代的重要人物，曾负责雅典财政，以廉洁、爱国、管理财政出色闻名。还有一个在历史上更加有名的斯巴达的来古格士（约公元前700—前630）是斯巴达的国父兼立法者。

者的沉默而遭到雅典人的责难时[1]，他反问道："你们认为我是怎样的公民？我处理国家事务多年，如今竟然被你们指责我行贿。你们难道不应该怀疑我贪污受贿才对吗？"再举个例子：西塞罗也遇到过类似的指责。当梅特鲁斯批评他说："你凭借证词让更多人被定罪，而不是通过辩护拯救他们，因此，你害死的人比你救下的人还多。"西塞罗回应道："嗯嗯，我承认啊，比起巧舌如簧的才华，我这个人更具备有一说一的诚实！"德摩斯梯尼（也在《桂冠演说》中）说过类似的反话："如果我在言语上试图玷污我们光荣的传统，那么我不是活该被处死吗？"以及："如果今天我的所作所为遭到指责，那么当我正在为我的宏伟蓝图讨价还价的时候，其他城市已经出发并加入了敌军阵营，你认为这些没有原则的控诉者又会做什么或说什么？"[2] 总的来说，德摩斯梯尼的《桂冠演说》通过极其巧妙地说反话，不但驳斥了针对他的指责，还颂扬了他的事迹。

在那篇《桂冠演说》中，还有一个值得注意且颇有益处

---

[1] 最初，有人诬告来古格士。后来，这人突然保持沉默，诬告也随之撤销。于是旁人传言，来古格士用金钱收买了诬告者，用行贿换来了沉默，而非靠对方的良心醒悟。

[2] 这两句话分别引用自德摩斯梯尼《桂冠演说》第101节和第240节。

的地方：他巧妙地将对自己的赞美与对雅典听众的赞美融合起来，使其既无可指摘，又毫无自夸之嫌。德摩斯梯尼怎么做到这一点？他在演讲里对着他的雅典听众盛赞雅典人对埃维亚人和忒拜人的高姿态，以及他们曾给予拜占庭人和赫勒斯滂居民的诸多善举，并坦言自己只是小小公务员，只是雅典民众意志的执行者。他巧妙地运用高超的修辞，让自己的恭维悄然融入听众耳中，使他们在不知不觉间欣然接受。当雅典听众听到他的自我赞美时，沉浸于对自己功绩的回顾之中，因此不仅感到愉悦，也因这些成就而心怀感激，而这份喜悦随即转化为对演说者的敬仰和认同，进而生出对他的钦佩与爱戴。正因如此，当将军伊巴密浓达[1]被他的忒拜政敌嘲讽说他心高气傲、自以为比阿伽门农还伟大时，他答道："没错啊，我之所以心比天高，真的得感谢我的祖国人民忒拜人，要是没了你们，我怎么可能在一日之内终结斯巴达帝国的霸权！"

人们普遍对自吹自擂者怀有强烈的反感，甚至厌恶，但对于称赞他人的人却截然不同——他们往往乐于聆听赞美他人者，甚至热情地附和。因此，演说者可以抓住合适的时

---

[1] 参考第009页注释1。

机，称颂那些与自己志同道合、行事相似、秉性相近的人，以此赢得听众的认同，并巧妙地引导他们站到自己这一边。即便演说者是在称颂他人，听众也能立刻从他的话语中察觉到演说者自身的品德与其称颂的人相似，理应受到同样的赞美。正如一个人指责别人犯下自己也有的过错，实际上是在暴露自身的缺陷，而非真正斥责对方；同样，当一个贤者称颂另一个贤者时，那些了解他品德的听众便会立刻联想到赞美者自身的美德，甚至情不自禁地惊叹："难道你不也是这样的人吗？"举个例子：亚历山大大帝赞美赫拉克勒斯，而旃陀罗笈多又赞美亚历山大——他们借由尊崇与自己相似的伟人，给自己赢得了同样的荣誉，使自身更加受人敬仰。反之，狄奥尼修斯嘲弄盖隆，称他为西西里的笑柄，却未曾意识到，他的嫉妒使他无意间贬低了自己的伟大与威望，削弱了自身的权势。[1]

这些道理，政治家理应深知并时刻谨记。那些不得不称

---

[1] 这里提到的亚历山大（Alexander）是马其顿王国的国王，亚里士多德的学生，历史上最伟大的军事征服者之一。赫拉克勒斯（Heracles）是古希腊神话中最伟大的英雄之一，以超凡的力量和勇气闻名，并在古代世界中被广泛崇拜。旃陀罗笈多（Androcottus）是古印度孔雀王朝的开创者，统一了印度次大陆北部，曾受到亚历山大大帝东征的启发，看到外族能统治印度部分地区，遂立志统一印度。狄奥尼修斯（Dionysus）和盖隆（Gelon）都是叙拉古的僭主，这两个人也都是西西里岛的统治者。

颂自己的人，若能巧妙地避免将所有功劳揽入己身，而是如同卸下沉重的荣耀一般，将一部分归因于命运，一部分归于神明，那么他们的自我赞誉便会更加令听者坦然接受，也不会引起反感。因此，阿喀琉斯说得很好："既然诸神已决定降服此人。"[1] 同样，泰摩利昂也做得恰当，他在叙拉古为"机运女神"建造了祭坛，以纪念自己的功业，并将宅邸奉献给"善神"，以示他将自己的成功归功于天命与神祇的眷顾。[2] 再举第三个例子：最出色的当数雅典人皮同的举动。杀死科堤斯后，皮同来到雅典，民众领袖们在公民大会上竞相称赞他。然而，他察觉到一些人心生嫉妒，面露不悦，便走上前说道："雅典公民们，此事乃诸神所为，我不过是充当了他们的手。"最后一个例子：甚至苏拉[3] 也常借颂扬命运来消除嫉妒，他自称为"幸运宠儿"。

---

1 出自荷马《伊利亚特》第22卷第379行。阿喀琉斯刚刚杀死赫克托耳，对围上来看热闹的希腊士兵如是说，他把赫克托耳的死归结于诸神的意志，而非他自己的英勇。

2 泰摩利昂（Timoleon，公元前441—前337）是古希腊科林斯的将军，他的生平在普鲁塔克《希腊罗马名人传》中有所记载。

3 苏拉（公元前138—前78）是古罗马时期执政官、独裁官。普鲁塔克在《希腊罗马名人传》中承认苏拉的军事才华和胆略，同时批评他的公然残暴，认为他对敌人过于无情和放肆。普鲁塔克认为，苏拉打破了共和国的传统秩序，他留下的军人独裁制度最终导致了罗马的灭亡。

这些例子证明，人们更愿意将自己的失败归咎于运气或神祇的意志，而不是归因于胜者高超的美德。因为若是运气使然，他们会觉得那份成功属于外在的力量，而非胜者自身的德行；但若是败给了美德，那便意味着失败源于自身的不足，是他们自身的过失。希腊中部的洛克里人对于立法者塞琉古的法律极为推崇，原因之一，据说是立法者塞琉古宣称雅典娜女神曾频繁显现于他眼前，亲自指导并教授他如何立法。他声称，这些法律并非出自他的个人构想，而是完全遵循神明的启示。这一神圣的来源使当地百姓更加欣然接受并信奉这些法律。[1]

上述这些不令人生厌地自我赞美的方法，可以说是某种药剂或慰藉，针对那些极端苛刻或嫉妒心强的人，缓解他们的不满。然而，倘若我们的听众是心平气和、宽厚持重的人，适当地调整一下对自己的赞美也并无不妥。如果有人因学识渊博、财富丰厚或权势显赫而受到称赞，我们应当引导他们不要着眼于这些，而是鼓励他们关注更值得称道的品质——是否为人正直、善良无害、造福他人。这样，我们并

---

[1] 洛克里人（Locrians）是古希腊的一个民族，他们以严格的法律体系和军事传统著称。其立法者塞琉古（Zaleucus）在公元前 7 世纪制定了第一部欧洲成文法典《洛克里法典》。

非在接受赞美，而是在转移赞美的焦点，使其落在更有价值的品德上。如此一来，我们不会显得因被称颂而沾沾自喜，反而更像是在对那些不恰当或肤浅的赞美感到不满，同时也借此向他人隐去自身的缺点。这并非出于对赞誉的渴望，而是希望教导人们如何真正地给予恰当的赞美。德摩斯梯尼《桂冠演说》里说："我确实没有用砖石和砖砌结构来加固雅典：这些不是我最引以为豪的作品。你们应当重视我的防御工事，你们就会发现军队、城市、前哨、海港、船只、马匹，以及准备为保卫它们而战斗的众多军队。"[1] 这句话正是这种理念的体现。希腊政治家伯里克利的例子则更为鲜明。据说，当他临终之际，亲友们围在身旁，满怀惋惜地回忆起他生前的权力、辉煌的战绩，以及他为雅典赢得的无数胜利、丰碑和征服的城市。然而，伯里克利微微起身，责备他们说："你们所称颂的一切，更多归功于人民和命运，而非我的德行。然而，你们却忽略了我最伟大、最独特、最值得称颂的成就——在我的治理下，从未有任何一位雅典人因他

---

[1] 引用自德摩斯梯尼《桂冠演说》第299节。

的行为而披上黑衣哀悼。"[1]

这个伯里克利的例子,向真正具有美德的演说家揭示了一个道理:当人们因他的口才卓越而赞美他时,他应当将赞誉引向自己的品德和人格。同样,一位因卓越的军事才能或战场上的幸运而受到称赞的将军,应当坦率地谈论自己的仁慈与公正,让这些更值得推崇的品质成为赞美的焦点。然而,若有人奉承过度,言辞浮夸,甚至用近乎神化的颂词来赞美他,他应当回应:"我并非神,你为何将我与不朽者相提并论?[2]倘若你真正了解我,那就请称赞我的正直、节制、宽厚或仁爱。"

对于那些拒绝夸大其词、接受谬赞之人,即便是嫉妒之神也更愿意给予他们更恰如其分的赞美。真正的荣誉不会因你摒弃虚妄和浮夸而被剥夺,反而更能彰显其价值。因此,那些不愿被称为神或神之子的君主,却乐于接受诸如"兄弟友爱者"(Philadelphus)、"爱母者"(Philometor)、"施惠者"

---

[1] 普鲁塔克在《希腊罗马名人传》中记载了伯里克利临死前这一幕,普鲁塔克对这句话提供了如下解释:"我们不仅要钦佩伯里克利在肩负重任和面临巨大敌意时仍然保持着理性和温和,还要钦佩他高尚的精神,他认为,在他所有的荣誉中,最崇高的荣誉是,他从来没有在行使巨大权力时满足过自己的嫉妒或激情,也没有把任何一个敌人视为无可救药的人。"
[2] 这句话出自荷马《奥德赛》第 16 卷第 187 行。

（Euergetes）或"亲神者"（Theophilus）等称号。他们并不排斥这些既尊贵又具人性光辉的美誉，反而欣然接受这种真正的敬仰。

同理，人们往往厌恶那些自诩为"智者"的作家和演说者，却欣然接受那些自称为"追求智慧者"[1]或"探索者"的人，因为这些称谓既谦逊，又不会引起嫉妒。然而，那些夸夸其谈的诡辩家，在演讲时热衷于全盘接受听众奉上的"神圣""超凡"或"伟大"这样的溢美之词，最终反而连"中肯克制"或"符合人性"这样的基本称赞都失去了。[2]

正如技艺高超的画家会在画作中调和过于耀眼的色彩，以免刺痛那些眼疾患者的双眼，同样，有些人在谈论自己的成就时，并不会让赞美过于炫目或毫无节制，而是巧妙地融入一些缺陷、失误或小小的不足，以此缓和过度的光彩，避免引起反感或嫉妒。譬如《荷马史诗》中的拳击手厄帕俄斯自负地夸耀自己的拳击技艺，豪言道："我一拳下去，定能撕裂肌肉，粉碎骨骼！"然而，他随即又补充道："难道这还

---

[1] "追求智慧者"（philosophos）也就是"哲学家"（philosopher），但在这里译成"追求智慧者"更为妥当。
[2] 在本文开头，我们看到普鲁塔克贬低了诗人，赞扬苏格拉底学派的哲学家。在这里，我们再次看到普鲁塔克贬低诡辩家，赞扬哲学家。诗人和诡辩家分别是柏拉图哲学中对哲学家提出最尖锐挑战的两拨人。

不足以证明,我虽不擅长作战,却并非毫无实力?"[1]

这个厄帕俄斯或许听起来有些搞笑,他试图用竞技上的夸耀来掩饰自己的怯懦和缺乏男子气概。但真正谦逊而高尚的人,会坦然承认自己的某些遗忘、无知或过度的好胜心,或是对某些学问与言语的忽视,就如同奥德修斯曾说道:

> 我的心渴望倾听,
> 我拼命用眉毛示意
> 催促船员给我松绑。[2]

并且,奥德修斯还说道:

> 我没有听船员的建议,

---

[1] 出自荷马《伊利亚特》第23卷第670行。阿喀琉斯为悼念死去的挚友帕特罗克洛斯,举办了一场拳击比赛。在这个场景中,厄帕俄斯站出来,向所有在场的希腊英雄们挑战,他承认自己在战斗中的表现不如其他希腊英雄(如阿喀琉斯、奥德修斯等),但自信地宣称他的拳击技术无可匹敌。这番谦虚当然是一种明智之举,毕竟在场的还有希腊战斗力最强的第一勇士阿喀琉斯。
[2] 出自荷马《奥德赛》第12卷第192行,奥德修斯回家途中著名的海妖塞壬故事。此时奥德修斯在战争结束后与同伴回国途中经过海妖居住的岛屿,海妖善于唱歌,以娇媚动听的歌声迷惑航海者,使他们如醉如痴,停舟不前,待在那里听下去,一直到死亡为止。奥德修斯用蜡封住同伴们的耳朵,自己却出于危险的好奇心,非要听听海妖的歌声,于是让同伴们将自己绑在桅杆上,抵御住了海妖们的歌声的诱惑,将船驶过海妖岛而活了下来。

——要是听了他们的建议就好了,

当时我想亲眼看看独眼巨人,

看看他会给我怎样的款待。[1]

  总体而言,将自己那些不太可耻或卑贱的缺点与自己的优点并置,往往能有效削弱嫉妒。许多人在颂扬自己时,坦然承认自己的贫困、困境、低微的出身,通过这种方式,使嫉妒的锋芒变得迟钝,逐渐消解。正如阿加托克利斯[2],当他在宴会上向西西里的年轻人敬献金杯——那些雕刻精美、闪耀夺目的器皿时,他同时命人带上陶杯,并说道:"看看吧,这就是持之以恒、勤奋努力和英勇坚韧的成果!我曾经只能烧制陶杯,而如今,我能铸造金杯。"阿加托克利斯出身卑微,因贫困而在陶器作坊里长大,然而,正是从这样的境遇中,他崛起成为几乎统治

---

[1] 出自荷马《奥德赛》第9卷第228行,奥德修斯回家途中著名的独眼巨人故事。奥德修斯和船员路过独眼巨人岛,奥德修斯后来承认如果听从船员的建议,偷走食物和牲畜就赶紧离开,那他们就不会陷入危险。但奥德修斯出于好奇心、求知欲和英雄的自负心理,坚持留下来,希望亲眼看看这个"强大的生物"。他的这个决定最终导致了他们被独眼巨人困在洞穴中,并遭受巨大损失。

[2] 阿加托克利斯(Agathocles,公元前361—前289)是西西里岛叙拉古的僭主。他的崛起是古代史上"穷小子逆袭"的典型案例,如马基雅维利在《君主论》中就认为他是通过实力获得政权的范例。

整个西西里的国王。这种双管齐下的策略可以被巧妙地运用，作为抑制自我吹嘘的一种方式，让荣耀更具说服力，而非惹人嫉妒的夸耀。

另一种消解嫉妒、不令人生厌的方法，并非外在技巧，而是蕴含在受赞美者自身的言行之中。罗马政治家老卡图曾巧妙运用这一点，他宣称别人嫉妒他，是因为他无暇顾及私事，而是整夜为祖国操劳。他还补充道："我怎能自夸？我本可以安于普通士兵的身份，轻松度日，却与最智慧的人一样承受命运的考验。我不因过去的辛劳而索求回报，也不因当前的挑战而退缩。"人们对于荣誉和美德，就像对待房屋和土地一样——那些被认为轻易获得它们的人，往往招致嫉妒，但如果一个人为了荣誉付出了巨大努力、承担了诸多风险，人们反而不会嫉妒，而是心生敬意。

更进一步，自我赞美不仅要避免冒犯别人和招致嫉妒，更应当具有实际价值和激励作用，使其听起来不仅仅是为了自我吹嘘，而是有更高远的目标。首先，要考虑自我赞美是否能够激励听众，引发他们的竞争意识和追求荣誉的热情。正如涅斯托耳在回忆自己过去的英勇战斗时，并非单纯地炫耀功绩，而是点燃了帕特洛克罗斯的斗志，并激励了九名勇士挺身而出，接受赫克托耳的挑战。[1]因为激励不仅仅是言辞，它必须结合行动，以言语、榜样和热情共同激发人心。真正有力的劝勉不仅能唤起听众的斗志，使他们立下坚定的决心，更能让他们相信目标是可以实现的，而非遥不可及的幻想。

正因如此，在斯巴达的合唱团中，代代相传的勇气通过歌声展现：

老人们高唱："我们曾经是英勇无畏的青年。"

孩子们回应："我们将比你们更强大！"

年轻人则自信宣告："我们现在正是如此！若不信，就来看吧！"

这正是立法者的智慧——他们不仅通过言语激励年轻人，更以活生生的榜样为他们树立目标，让他们从身边的先辈身上看到奋斗的方向，使美德和勇气成为真正可触及、可继承的传统。

然而，在某些情况下，适当地夸耀自己或说大话并非坏

---

[1] 出自荷马《伊利亚特》第7卷第123—160行。特洛伊英雄赫克托耳向希腊联军发起单挑挑战，希腊人却一度无人敢应战，直到涅斯托耳（Nestor）鼓舞士气，最终九位勇士站出来抽签决定接受挑战。涅斯托耳是希腊联军中最年长、最受尊敬的长者之一。他并不是最强的战士，但在整部《伊利亚特》中，他以智慧、经验和雄辩的口才发挥着至关重要的作用。

事，尤其是为了震慑对方、遏制傲慢之人，或让狂妄自负者屈服。比如，涅斯托耳说："我曾与比你们更伟大的英雄共事，但他们从未轻视我的忠告。"[1] 有时候，这种话语不仅能激励竞争，更能让自负无礼之人收敛锋芒，从而维护自身的权威和尊严。正如亚里士多德对亚历山大所说："那些统治辽阔帝国的君主可以带着伟大抱负充满自信，那些对神持有真正信念的人，同样有理由自信。"这样的态度不仅能坚定自身信念，也能成为对抗敌人与反对者的有力武器。正如一句战场上的誓言所言："可怜小儿的子孙，竟还妄图与我方抗衡！"[2] 再举个例子，阿格西劳斯[3]听闻波斯国王被称为"伟大"时说道："若非他比我更正义，他又何以比我更伟大？"再举个例子，当斯巴达人指责忒拜人时，忒拜将军伊巴密浓达则回应道："至少我们让你们这些素以言辞简练著称的人

---

[1] 出自荷马《伊利亚特》第 1 卷第 260—261 行。此时阿喀琉斯与阿伽门农正在大吵特吵搞内讧，涅斯托耳作为希腊联军中最受尊敬的长者，试图教育这两个臭小子，他曾与比阿喀琉斯和阿伽门农更强大的希腊英雄共事，但这些英雄从未轻视他，也从未因个人恩怨而破坏团队合作。结果，涅斯托耳调停失败，阿伽门农拒绝让步，阿喀琉斯怒不可遏并一气之下拒绝帮希腊人打仗，直到他好哥们被赫克托耳杀死才重新回到战场。

[2] 出自荷马《伊利亚特》第 6 卷第 127 行。

[3] 阿格西劳斯 (Agesilaüs，公元前 444—前 360) 是斯巴达国王，修昔底德和普鲁塔克对他评价很高，在《伯罗奔尼撒战争史》中，阿格西劳斯之于斯巴达城邦，近似伯里克利之于雅典城邦，是智慧领袖的典范。

无言以对。"

这些自吹自擂的话固然适用于对抗敌人和仇敌,但在朋友与同胞之间,恰到好处的豪言壮语不仅能抑制傲慢者,使其谦逊,也能鼓舞胆怯者,让他们重振信心、挺身而出。波斯大帝居鲁士在危急关头和战斗中言辞激昂,豪言壮语,但在其他时候却沉稳温和,不喜自夸。[1]安提戈涅二世平日里性格谦逊,言行节制,但在科斯海战时,当有人对他说:"难道你没看到敌人的舰队规模远胜于我们吗?"他却从容地回应道:"哦,你们又安排了多少战舰来对付我呢?"通过自吹自擂来鼓舞沮丧的同伴,这也是荷马叙述中的奥德修斯拥有的品质。在同伴因听见海中怪兽的咆哮而惊慌失措时,奥德修斯并未被恐惧吞噬,反而提醒他们回忆自己的机智与英勇,以此唤回他们的勇气。奥德修斯说:

> 这场危机并不比当年更可怕——
> 那时,独眼巨人曾以强大的力量,
> 将我们囚禁在他光滑的洞穴之中。
> 即便如此——

---

[1] 色诺芬《居鲁士的教育》第七卷(1.17)中记录了此事。

我依靠勇气、智慧与计谋，

仍旧带领大家成功逃脱。[1]

这样的自我称赞，并非出于蛊惑人心的政客之口，也不是诡辩家的辞令，更不是为了博取掌声与喝彩，而是以美德和智慧为担保，给予朋友勇气和信心。因为在危急时刻，胜利往往取决于人们对一位有经验、有才能的领袖的信任与依赖，而这样的信念，能成为走出绝境的最大支柱。

我们此前已经指出，一个人不应将自己与他人的赞誉相互比较拉踩，这并非符合政治智慧之举。然而，当错误的赞美助长邪恶，使人们对恶劣行为心生向往，甚至在重大事务上做出错误的抉择时，反驳和否定它便是必要的。但更好的做法，是引导听众转向更高尚的事物，强调更正确的价值标准，让人们看清真正的区别。人们通常乐于看到恶行被谴责和批评，并因此自愿远离它。然而，一旦邪恶之事反被颂扬，享乐和贪婪的追随者因此获得荣誉和美誉，那么即便是最幸运、最强大的人，也难以抵挡这种诱惑，更遑论战胜它。因此，政治家的职责不是迎合那些错误的称赞，而是要

---

[1] 出自荷马《伊利亚特》第 7 卷第 209—212 行。

对抗对邪恶行为的美化。正是这些错误的赞誉扭曲了人心，使人们误将可耻之事视为高尚，并以此为榜样去模仿、追随，而这才是真正值得警惕和批评的对象。

最有效揭露虚假赞美的方式，便是将真正的赞美摆在它的对面加以对照。例如，悲剧演员西奥多罗斯曾对喜剧演员萨提洛斯说道："让观众发笑并不稀奇，真正了不起的，是让他们落泪、动情。"然而，一个哲学家可能会如此反驳这个观点："让人哭泣并非高尚，真正值得称道的，是抚慰悲伤，使人止息哀痛。"那么，他的自我称赞不仅使听众受益，也能改变他们的判断。类似的情况还有，斯多葛学派哲学家芝诺在面对泰奥弗拉斯托斯[1]庞大的学生群体时，坦然说道："他的学派人数众多，而我的学派更加和谐统一。"

同理，雅典名将福基翁在他的政敌利奥斯典纳斯[2]仍然得势时，被人问道："你为城邦做了什么贡献？"福基翁没有炫耀自己的功绩，而是平静地回答："在我担任将军时，你们不需要发表悼词，因为所有战死者都能安葬在祖先的墓地

---

[1] 泰奥弗拉斯托斯（Theophrastus，约公元前371—前287）是亚里士多德最重要的学生之一。
[2] 福基翁和利奥斯典纳斯（Leosthenes）是公元前4世纪晚期雅典的两位重要军事将领，他俩是政敌。有关福基翁，参考第013页注释1。

里。"他的言辞简练，却有力地展现了他带来的和平与稳定，而非更多的战争与牺牲。

同理克拉特斯[1]巧妙地反驳了一种享乐主义的观点。原本的说法是："我所拥有的，不过是我吃过的、恣意享乐的，以及沉溺于情欲所带来的快感。"克拉特斯则针锋相对地回应道："我所拥有的，是我学到的、思考过的，以及在缪斯的引导下所领悟的高贵智慧。"

这样的观点值得称赞，因为它不仅优美，而且有益。它引导人们去敬仰和珍视真正有价值的事物——知识、思考和智慧，而非那些空洞无益的享乐。因此，这个见解也理应被纳入我们对"自我赞美何时适当"的讨论之中。

自我赞美若恰到好处，能够激励人们追求真正的善与智慧；但若流于浅薄的炫耀与自恋，就会成为虚荣的陷阱。接下来，我们需要讨论如何避免不合时宜的自我吹嘘。自我吹嘘往往源自自恋，它像一座坚固的堡垒，不仅支配着人心，还能悄然渗透，即便是那些看似谦逊、不过分追求荣耀的人，也难以完全避免其侵袭。

就像健康的基本原则之一是尽量远离疫病流行之地，或

---

[1] 克拉特斯（Crates，公元前365—前285），犬儒派哲学家。

者在不得不进入时格外谨慎以保护自己一样，自我吹嘘也有其"危险的时机与场合"——这些情境最容易让人滑入自夸的陷阱，而人们往往会为自己的言辞寻找种种借口，使之显得合理。因此，我们应当制定类似的准则，让人在谈论自己时保持警觉，避免在无意间落入自负的泥沼。

第一点，正如之前所说，当听到他人被赞美时，人的好胜心往往会促使他们急于自我夸耀。这种渴望荣誉的心理，就像一种难以忍受的瘙痒，让人控制不住地想要争夺名声，尤其是在看到一个与自己地位相当，甚至比自己更低的人受到称赞时，这种冲动会变得更加强烈。这种现象可以用一个生动的比喻来解释：就像一个饥饿的人看到别人吃东西时，饥饿感会变得更加难耐；同样，那些对荣耀过于贪求的人，在听到身边的人被称赞时，也会被嫉妒之火点燃，变得愈加躁动不安。

第二点，人们在讲述自己顺利完成的事业时，往往难以克制自负之情，不知不觉间便陷入了自我夸耀之中。当他们谈及自己的胜利、政治上的成功，或是在显赫大人物面前的优异表现时，兴奋之情常常让他们忘乎所以，很难保持克制和分寸。这种自我吹嘘在军人、海员和小官中尤为常见，因为他们习惯于夸耀自己的战功；但同样的情况，也常见于那些刚刚从君主的宴席或处理重大事务后归来的人。这些人一旦谈及自己与王侯显贵的交往，往往会刻意融入大人物曾经给予他们的赞誉，并自认为这不过是转述他人的好评，而非自我吹嘘。甚至有些人觉得听众不会察觉，他们大谈自己如何受到国王或皇帝的接见、问候和青睐，假装这不是在炫耀自己的地位，而是在展现这些显贵人物的宽厚仁慈。然而，这种看似无意的讲述，实则是自我夸耀的一种微妙伪装。因此，在转述别人对我们的赞美时，我们必须保持高度警觉，谨防任何自恋或自夸的痕迹，不让自负之心悄然渗透。否则，我们可能会像阿喀琉斯悼念帕特洛克罗斯那样，表面上是在歌颂他人，实则是在借机赞美自己[1]，让听众察觉到，我们真正想强调的不是别人的荣誉，而是自己的光辉成就。

第三点，涉及批评和指责的言辞同样充满风险，尤其容易让那些过度追求名声的人偏离正道，借机抬高自己，以贬低他人为手段来彰显自身的优越。这种现象在年长者中尤为常见。当他们训诫后辈、指责别人的恶习和错误时，往往会不自觉地将自己塑造成德行高尚的典范，暗示自己在相同

---

1 参考荷马《伊利亚特》第19卷第302行。阿喀琉斯因深陷悲痛，拒绝进食，他决定一直忍受痛苦，直到太阳落山，以此表达对帕特洛克罗斯的哀悼。普鲁塔克认为这是阿喀琉斯在借机拔高自己。

的境遇下曾展现出非凡的智慧与节制。倘若这些长者不仅年迈，而且真正德高望重，那么他们的批评就应当受到尊重。因为这种训诫并非无益，反而能激发被批评者的荣誉感与进取之心，促使他们努力改正自身的缺点，追求更高的道德追求。倘若这些长者并非德高望重，他们就应该谨慎避开这种不正当的做法。批评他人本就容易引起反感，难以让人愉快接受，因此需要极大的分寸与技巧。若有人在指责他人的同时夹杂对自己的夸耀，甚至借羞辱他人来抬高自己，那么他不仅令人厌恶，甚至显得卑劣无耻。这样的人试图以羞辱别人的丑态和失态来换取自己的掌声，这不仅不体面，更暴露了其品行的卑下。

最后一点，正如那些天生容易被笑声影响的人必须小心避免被触碰敏感部位，以防止身体因刺激而不自觉地松弛，从而激发更强烈的感官反应；同样，那些对名声过于渴望的人也应格外警惕，不要因别人的称赞而滑向自我夸耀的境地。最合适的态度是，当别人称赞自己时，应当感到羞涩，而非毫无羞耻地欣然接受。一个真正有德行的人，应该谦逊地淡化赞誉，而不是嫌别人夸得不够多。

这正是大多数人常犯的错误——当他们被称赞时，不仅欣然接受，还会自己添油加醋，借机大谈自己的功绩，回忆更多过往的英勇事迹,不断提醒别人自己的成就,甚至不惜夸大事实,使得最初的赞美变得浮夸、乏味,最终削弱了原本真实的敬意,让原本的赞美变成了令人厌烦的自夸。

值得注意的是,有些人利用奉承来轻轻搔痒别人的虚荣心,就像挠痒或吹气一样,鼓励对方沉浸在被夸赞的快感之中,不自觉地沉迷于自我吹嘘。另一些人则更为狡猾,他们带着恶意投下小小的恭维作为诱饵,故意引诱对方开始炫耀自己。而更有甚者,则像在戏弄人一样,不断刨根问底、追问对方的成就,让他们在自我夸耀的泥潭里越陷越深,只为看他们如何在自夸中露出可笑的破绽。正如米南德[1]剧中的那位吹嘘成性的士兵,当他炫耀自己的英勇战绩时,有人问他伤疤的来历,他骄傲地回答:"是被一支标枪刺中的。"对方又追问:"天哪,怎么回事?"他更加得意地补充:"当我沿着攻城梯爬上那高耸的城墙时——你看,就在这里!"说着,他一本正经地展示自己的伤口,但他本以为严肃的讲述,却换来了旁人的讥笑。我们必须保持最大的谨慎,既不能沉溺于别人的赞美,主动掉入自夸的陷阱,也不能因为别

---

[1] 米南德(Menander,公元前342—前291),古希腊喜剧作家。这部普鲁塔克引用的喜剧并未完整保存下来。

人的追问和挑逗而被牵着鼻子走,最终让自己的夸耀变得可笑而不自知。

在所有这些情况下,最稳妥的防范之道,就是留心观察那些喜欢自吹自擂的人,并牢记他们的言行是如何令人厌烦和不快的。没有任何话题比自吹自擂更沉重、更乏味,甚至让人本能地感到压抑,仿佛空气变得沉闷,需要赶快逃离,透一口气。即便是那些谄媚者、食客,或者依附权贵以求好处的人,当他们不得不听一位富人、总督或国王喋喋不休地夸耀自己时,也会觉得难以忍受,甚至觉得这是他们付出过的最昂贵、最折磨人的代价。正如米南德剧中的人物痛苦地抱怨:

> 这些吹牛的家伙简直要了我的命,
> 这饭局让我越吃越瘦!
> 这些夸夸其谈的吹嘘者,
> 自以为聪明,指点江山,
> 实际上只是一个膨胀的空话制造机,
> 让旁人忍不住心生厌倦,
> 恨不得立刻远离!

这些问题并不仅仅出现在军事爱好者和暴发户身上，他们喜欢用夸张而自豪的口吻讲述自己的经历；同样，诡辩家、哲学家和将军也常常陷入这种自我膨胀的陷阱。他们言辞浮夸，沉溺于自己的影响力和重要性之中，仿佛每句话都承载着非凡的智慧和功绩。

然而，我们必须记住，自吹自擂往往伴随着他人的批评，而虚荣的最终结局往往是声名狼藉。正如德摩斯梯尼[1]所说，那些喜欢自夸的人不仅让听众感到厌烦，甚至会引发反感，使人们对他们的评价与他们本希望得到的完全相反。因此，除非我们的言辞能够真正造福自己或听众，否则应当避免谈论自己，以免让本该庄重的演讲沦为令人不快的炫耀之词。

1　引自德摩斯梯尼《桂冠演说》第 128 节。

如何正确地聆听

我已将自己在听讲方面的思考整理成文,并寄送给你,尼坎德[1],以便你能明白如何正确地倾听劝说者的声音。如今,你已不再受管束,踏入成年,肩负起独立生活的责任。

然而,许多年轻人错误地将放纵误认为是自由,实则这不过是因缺乏教养而生的错觉。他们摆脱了童年时父母与导师的约束,却沦入更严苛的约束——他们成为自己欲望的奴役,这种束缚比孩提时期的管教更加暴虐。正如希罗多德所言,妇女在脱去衣衫的同时,也往往丧失了羞耻之心。[2] 同样,一些年轻人甫一褪去孩童的服饰,便一并抛弃了羞耻与敬畏,挣脱了一切约束,随即沉溺于放纵之中。

---

[1] 本文的写信对象尼坎德(Nicander)的具体身份并不清楚,从文本来看,他是一个刚进入成年阶段的希腊年轻人。
[2] 引自希罗多德《历史》第1卷第8章。

但你曾多次听闻，"追随神明"与"服从理性"乃是一回事。因此，你应当明白，对于有智慧的人而言，迈向成年并非意味着摆脱统治，而是统治者的更替。他们不再依赖受到父母雇佣或赚取一份工资的教师的人生引导，而是接受神圣的理性作为人生的引领者。唯有追随理性的人，才配称为真正自由的人，唯有他们深知意志应当追求何物，才能真正按照自己的意愿生活。至于那些未经教养、违背理性的冲动与行为，它们并非自由，而是卑劣的放纵。那些沉溺于欲望之人，在无数次的悔恨之中，真正出于自愿的决定，恐怕少之又少。

就像那些正式入籍成为城邦公民的新移民一样，完全的外邦人和陌生人会对城邦的规则和事务感到困惑，甚至不满；而那些曾作为外来居民、熟悉法律和制度的人，则能更轻松地接受并顺从。同样地，你应当长期沉浸在哲学的熏陶下，并且自幼习惯于将一切学习和听闻都与哲学的理性相结合。这样，当你进入哲学的领域时，就不会感到疏离，反而会带着亲切和归属。而只有哲学，才能真正赋予青年人勇敢、完善的秩序与品格，使他们成长为理性而成熟的人。

我想，你不会介意我先谈谈关于听觉的一些问题。泰奥弗拉斯托斯[1]曾说，听觉是所有感官中最容易受到影响的。视觉、味觉或触觉，虽然也能给人带来感官刺激，但它们不会像突如其来的巨响、喧哗或回声那样，直接使人的灵魂陷入惊骇、动荡和恐惧。然而，听觉不仅仅是被动接受的器官，它也最能与理性相结合。邪恶有很多途径可以渗透进人的灵魂，但美德能影响青年的唯一通道，便是他们的耳朵。只有耳朵保持纯净，不被谄媚的言辞所蒙蔽，也不被邪恶的语言所污染，美德才能通过聆听进入内心，使人真正走向自由与完善。

因此，色诺克拉底[2]认为，为孩子戴上护耳，比为运动员戴更为重要。运动员的耳朵只会因拳击受伤，而孩子的心灵却可能因听闻邪恶的言语而被扭曲。他并不是主张让他们对外界完全封闭，而是告诫他们，在尚未听到良善的言辞之前，要学会警惕邪恶的言语，像由哲学培养的守卫一样，守护住自己内心最容易被触动和说服的地方。

古时的比阿斯曾受命向埃及法老献上祭牲中"最好的也

---

[1] 泰奥弗拉斯托斯（Theophrastus）是公元前3世纪的生物学家和哲学家，曾师从柏拉图，并成为亚里士多德的学生和朋友，此句引言出处不明。
[2] 色诺克拉底（Xenocrates）是公元前4世纪哲学家，柏拉图的学生，柏拉图雅典学院院长。

是最坏的部分",他挑出了舌头送上去。因为言语既能带来最大的益处,也能造成最深的伤害。同样,许多长辈在亲吻年幼的孩子时,会摸摸他们的耳朵,并让孩子也这么做,借此嬉戏的方式暗示:我们最应该珍视的,是那些用言语给予我们帮助的人。

事实上,一个从未接受过良善言语熏陶、被剥夺聆听机会的年轻人,不仅不会在美德上有所成长,反而更容易堕落于邪恶。他的心灵就像一片荒废未耕的土地,如果没有人用正确的言语去引导和培育,它就只会滋生出野蛮和邪恶。这是显而易见的。

人天生就有趋向快感的冲动,也会对痛苦产生本能的抵触,这些情绪并不是后天学来的,而是先天生长在心灵深处的杂草,成为无数情感和疾病的源泉。如果放任它们按照天性自由发展,而不通过正当的言语去引导、矫正,从而锻炼并塑造本性,那么没有任何一种野兽,会比这样的人更危险。[1]

聆听对年轻人来说,既能带来极大的益处,也暗藏不小的风险。因此,我认为,无论是与自己对话,还是与他人交流,我们都应当时常思考:如何正确地聆听?很多人并不

---

[1] 柏拉图《法律篇》505d 也提到类似观点。

懂得如何运用自己的听觉。他们在学会倾听之前，就已经开始练习说话。他们认为言语[1]需要训练，而听则是与生俱来的能力，随便听听总能有所收获。这种想法是错误的。就像玩球时，投掷和接球的训练应该是同步的；但在语言的学习上，懂得如何接受语言，比学会表达语言更为重要。就像在生育之前，必须先受孕、孕育生命一样，只有学会倾听，才能真正掌握言语的力量。人们相信，鸟类若在顺风中产下未成熟的"风卵"，这些卵便只是一些不完整的、无生命的残渣。同样，那些既不懂得聆听，也没有养成从听闻中学习的习惯的年轻人，他们所说的话就像风中的嘘声，毫无影响，未被听见，最终无声无息地消散在空气之中。

当人们向器皿中倒入液体时，通常会调整角度，确保容器真正接纳液体，而不是让其溢出。但在听人说话时，他们却不懂得调整自己的注意力，以免错过有价值的内容。最可笑的是，若谈论的是宴会、游行、梦境或争吵，他们会专注倾听，甚至急切追问细节；可如果有人试图教导他们有益的知识，提醒他们履行责任，规劝他们的不当行为，或者安抚他们的愤怒，他们却毫无耐心。如果他们有能力，就会争辩到

---

[1] 言语（logos）在古希腊语中还有另外一个意思：理性。

底，以在言语上击败对方为荣；如果无法反驳，他们就会转移话题，逃向更琐碎无聊的内容。他们的耳朵就像破损的容器，只能盛装无关紧要的琐事，却无法接纳真正必要的内容。

善于驯马的人，会让马匹顺从嚼子；同样，善于教育的人，会让孩子顺从理性，使他们学会多听、少说。斯平塔洛斯在称赞伊巴密浓达时曾说，很难找到一个人既学识渊博，又言辞谨慎。俗话说，大自然赋予人两只耳朵，却只给了一张嘴，这是自然在暗示：人应当少说多听。

在任何情况下，沉默都是年轻人最安全的秩序，尤其是在聆听他人讲话时。他不应因言语的内容而激动不安，也不应对每句话都立刻做出反应。即便所听之言未必合他的心意，他也应当忍耐，等对方讲完。而在对方停顿后，他也不应立刻反驳，而是如埃斯基涅斯[1]所言，给自己一些时间，看看说话者是否会补充、修正或撤回自己的话。

那些急于反驳的人，既没有真正聆听，也不让别人听清，他们只是用言语对抗言语，显得粗鲁无礼。而习惯克制、带着敬意倾听的人，既能吸收有益的言论，也能敏锐识

---

[1] 埃斯基涅斯（Aeschines，约公元前389—前314）是古雅典的演说家，与德摩斯梯尼并称为最重要的雄辩家之一，因支持马其顿的政策与德摩斯梯尼对抗。

别和揭露虚假或无用的言辞，他展现出对真理的热爱，而非自己争强好胜的性格。因此，有人说得很有道理：教育年轻人时，首先要去除他们的自负和虚荣，这比排出皮囊里的空气更重要。否则，他们一旦被傲慢和自夸充满，就不会接受任何有益的教诲。

嫉妒伴随着诅咒和敌意，不仅不会带来任何善行，反而阻碍一切美好事物。对于聆听者来说，它是最糟糕的伴侣和顾问，使那些本该有益的言论变得痛苦、令人厌恶，甚至难以接受。嫉妒者比起欣赏精彩的言辞，更乐于沉溺在自己的嫉妒之中。如果一个人因别人的财富、声望或美貌而感到痛苦，他的嫉妒只是针对别人的幸运；但如果他因别人的优美言辞而不悦，那他的痛苦便源于自己的缺陷。正如光线对观察者而言是善事，言语对聆听者而言也是善事——前提是，他们愿意接受。

嫉妒他人的成就，源于无知和恶劣的性情；而嫉妒说话者，则出自不合时宜的虚荣心和争强好胜。这种嫉妒让人无法专心聆听，反而让心神骚动不安。他一方面焦虑自己是否逊色于说话者，另一方面又观察在场听众，忌恨在场的人是否流露出赞赏和惊叹。他会因为别人对演讲者的称赞而愤怒，若见众人接受了说话者的观点，更是怒不可遏。

这种人会故意遗忘自己听过的内容，因为记住它们会让他感到痛苦；而对尚未听到的部分，他却满怀焦虑，害怕它比已听到的更加精彩。他最急切的愿望，就是让说话者尽快停下来，尤其是在对方发挥得最好的时候。聆听结束后，他不会回顾言论本身，而是忙于揣测在场人员的反应。对于称赞讲话的人，他像躲避疯子一样避开；但对那些批评和歪曲言论的人，他却趋前迎合。如果这些人无法歪曲内容，他就会搬出其他人的言论，说他们在同一主题上讲得更好、更有力。如此反复，直至彻底破坏整个聆听过程，让自己从中得不到任何益处。

一个既热爱聆听、又渴望名声的人，应当以开放、温和的心态去倾听，就像在神圣的祭坛前接受供奉一样。他应当欣赏那些表达有力的部分，也要理解说话者的热忱，认可对方愿意把自己所知带入公共讨论，并尝试用自己信服的理由来说服他人。当我们看到一场精彩的演讲时，应当认识到，这并非偶然或天赋使然，而是通过勤勉、努力和学习才得以实现的。因此，我们应当带着敬意和向往去效仿。至于其中的错误，我们也不应急于否定，而应停下来思考：它错在哪里？偏差又是如何产生的？

正如色诺芬所说，善于管理家务的人不仅能从朋友那里获益，也能从敌人那里获益。[1] 同样，警觉而专注的听众，不仅能从成功的言论中学到东西，即便在演讲者犯错时，也能有所收获。因为思维的贫乏、言辞的空洞、表达的笨拙，以及急于获得称赞而显得慌乱，这些缺陷往往比我们自己在发言时更容易在他人身上察觉。因此，我们应当在听别人讲话的过程中，把注意力从说话者身上转移到自己身上，审视自己是否也在不知不觉间犯下类似的错误。

世上最容易的事，莫过于指责他人的错误。但如果这些指责不能用来改正自身或避免类似的失误，它们就毫无意义。因此，我们应当像柏拉图这样，时刻自问："难道我也是这样的吗？"正如人们能在他人的眼中看到自己的倒影，我们也应当在别人的言语中映照出自己的表达方式，以免轻率地轻视他人，同时让自己在言谈上更加谨慎。想要做到这一点，类比的方法非常有帮助。在听完演讲后，当我们独自一人时，对于那些表达得不够清晰或尚未充分展开的内容，我们可以尝试用自己的表达方式补充、修正，甚至重新构建，就像柏拉图对吕西阿斯的演说所做的那样。[2] 毕竟，反驳一个已有的

---

[1] 出自色诺芬《经济学》(*Oeconomicus*)第 1 卷第 15 章。
[2] 出自柏拉图《费德罗篇》237b。

演说并不难，真正困难的是提出一个更好的回应。

正如有位斯巴达人在听闻腓力大帝摧毁奥林索斯城后所说："但他无法重建这样一座城邦。"同样，当我们面对相同的论题，却发现自己无法超越前人时，我们的傲慢和自负便会自然收敛。在这样的对比和检验之中，我们能更清楚地认识到自身的局限，进而在言语表达上变得更加谨慎和谦逊。

惊叹和轻视是两种截然相反的态度。表面上看，惊叹似乎更温和、更加善解人意，但它实际上需要比轻视更高的谨慎。轻视他人且态度鲁莽的人，自然难以从说话者那里获得任何益处，而那些过于容易惊叹、单纯天真的人，则更容易被误导。正如赫拉克利特所说："愚蠢的人倾向于对任何言语都感到惊惶。"

因此，我们在评价说话者时，可以坦率地表达赞扬，但在接受他们的言论时，却必须保持谨慎。对于演讲者的表达方式和声音，我们可以做友善且直率的听众；但在考察他们言论的真实性和价值时，我们必须成为严格而冷静的审查者。这样，我们既不会让说话者憎恨我们，也不会让他们的言语对我们造成伤害，因为我们常常因对某个说话者的好感和信任，而毫无防备地接受了许多虚假或有害的信念。我们接受这些观点，并非因为它们本身正确，而仅仅是因为我们接纳、信任这个人。

斯巴达的一位统治者曾要求人民检验一位品行不端之人的建议,并让另一位品行高尚的人转述同样的内容。这种做法是明智的,因为它让人民习惯于依循道德,而不仅仅是盲目听从某个人的言论。但在哲学领域,我们必须更进一步,剥去说话者的名声,仅凭言论本身来评判它的价值。就像战争中充斥着虚张声势的喧嚣,许多演讲也充满了无谓的修饰和误导。演讲者的白发、严肃的神情、精心打造的形象、自我夸耀,以及听众的欢呼、喧嚣,甚至激动的跳跃,往往会使缺乏经验的人感到震撼,并让年轻人如同被水流冲走一般,随波逐流。言辞本身也带有某种欺骗性,当它过于悦耳,并带着某种气势和修饰,往往会使听众沉迷于其表面的光辉,而忽略了实际表达的内容。

当墨兰提俄斯[1]被问及如何评价狄俄根尼[2]的悲剧时,他回答:"我无法真正看清它,因为它被华丽的辞藻所遮蔽。"大多数诡辩家的演讲也是如此,他们不仅用华丽的辞藻掩盖

---

[1] 墨兰提俄斯(Melanthius)是公元前5世纪的一位希腊悲剧评论家或诗人,以犀利的文学批评著称。
[2] 狄俄根尼(Diogenes of Athens)是公元前5世纪末或4世纪初的雅典悲剧作家,其作品包括《阿喀琉斯》《海伦》《赫拉克勒斯》等。此狄俄根尼常与犬儒学派的西诺普的第欧根尼(Diogenes of Sinope)混淆。

思想，还借助和谐悦耳的语调和抑扬顿挫，让听众陶醉其中，被带离真正的思考。他们提供的是一种空洞的快感，而换来的则是更加空洞的声誉。这一点可以从狄奥尼修斯的故事中得到印证。他曾在一位琴师演奏时承诺给予其丰厚的赏赐，但演奏结束后却没有兑现。他解释道："在你歌唱并带给人欢乐的那段时间，你也同样因期待赏赐而感到高兴。这就是你的酬劳。"这就像许多演讲者，他们所获得的声誉，仅仅存在于言辞带来的短暂愉悦之中。一旦聆听的快感消失，他们的光环也随之消散。最终，听众浪费了时间，而演讲者甚至耗尽了一生，却未曾留下真正有价值的东西。

因此，在聆听时，我们应当筛选言语中多余和空洞的部分，直接追求其中的果实，我们应当像蜜蜂采蜜，而不是编织花环的人。编织花环的人只关注芬芳花朵和叶片，把它们交错编织，尽管这项工作是甜美的，最终得到的不过是一件短暂而无用的装饰品。蜜蜂则飞越紫罗兰、玫瑰和风信子，最终降落在最粗糙最辛辣的百里香上，汲取养分，酿造出金黄的蜂蜜。它们汲取了其中的精华后，便带着有益的收获飞回蜂巢，投身于自己的工作。

同样，真正热爱学问的、一心向好的听众，不应沉迷于华丽空洞的辞藻，或是演讲中的戏剧化的夸张表演。这些部分只不过是游手好闲之人的食物,可以置之不理。他们应当专注于言语的核心思想,辨别说话者真正的意图,并从中汲取有益的内容。他们必须牢记,自己并非来到剧场或音乐厅,而是进入学堂与讲习所,以言语修正自身的生活。

聆听之后,我们应当反思自己的收获:我的情感是否变得更加温和?过去的某些烦恼是否得到了缓解?我是否变得更有勇气、更坚定?我是否对美德和高尚之事物产生了更大的热情?正如人们从理发店出来后,会在镜子前检查头发的修剪效果,观察剃发前后的变化,同样,我们从听讲的地方离开时,也应当审视自己的灵魂,看看自己是否变得更加清明、更有智慧、更接近真理。正如阿里斯顿[1]所说:"没有什么比能够净化灵魂的言语更有益。"

年轻人当然可以因言语的优美而获得愉悦,但他们不应把聆听的快感当作最终目的。听完讲座后,他们不应像哲学家那样故作深沉、自言自语,也不应像喷洒香水的人一样沉迷于表面的润饰,而是应当心怀感激——如果有人用犀利的言辞,如同烟雾驱散蜂群一般,驱散他们心中的迷雾和

---

[1] 阿里斯顿(Ariston of Ceos,公元前3世纪)是一位亚里士多德学派(peripatetic)哲学家。

困惑。

对说话者而言,言辞的愉悦性和说服力并非完全可以忽略,但对于听者而言,它应当是最次要的关注点,至少在最初阶段应如此。正如渴了的人会先喝酒,再欣赏酒杯的雕刻,我们也应当先获取知识,再关注语言的修辞和雕饰技巧。然而,一些人却过于执着于演讲的形式,甚至认为只有阿提卡式的简练风格才值得聆听。这就像一个人在寒冬披着一件吕西阿斯文风织成的单薄简陋的斗篷,而拒绝披上保暖的羊毛衫衣服,只因为羊毛不是来自阿提卡[1];或者拒绝饮用解药,仅仅因为解药的容器不是阿提卡陶土烧制的。他们满口修辞之美,坐在那里,一无所成,也毫无行动。这种毛病导致了理智的枯竭,让学堂充满了大量的絮叨和无用的喋喋不休。年轻人不再关注哲学的生活方式、行动和公民责任,而是把辞藻、词句和朗诵技巧当作唯一值得追求的目标。他们既不理解,也不愿意去反思他们朗诵的内容是不是有用,

---

[1] 公元前 5 至 4 世纪,雅典是希腊世界的文化、哲学和政治中心,苏格拉底、柏拉图、色诺芬、修昔底德等人的作品皆以阿提卡方言书写,这使得阿提卡风格被认为是最纯正、高贵的语言形式。吕西阿斯(Lysias)是阿提卡风格最著名的代表,语言风格清晰、简练、自然。他的演讲辞成为许多后代演说家的学习范本。阿提卡风格强调简练、清晰、自然、富有节奏感,避免过多的修饰和浮夸的辞藻。与之对立的是亚历山大时期流行的亚洲风格。后者以繁复、夸张、华丽的辞藻著称。包括西塞罗在内的许多罗马作家也推崇阿提卡风格。

是不是空洞多余。紧随这种风气而来的，是对问题的肤浅探讨和空洞的训示。

就像赴宴的人应当享用摆在面前的食物，而不是无休止地索求或挑剔一样，前来聆听的人，也应当专注倾听，而不是随意打断或引导讨论偏离正题。那些不断插话、制造额外疑问的人，不仅让自己无法真正吸收内容，还会扰乱演讲者的节奏，甚至影响整个听众的体验。

然而，如果演讲者主动邀请听众提问或发表意见，聆听者就应当确保自己的问题有价值且必要。奥德修斯曾被嘲笑，因为他向求婚者索求随从而非羊肉或铜锅，[1]但实际上，给予和索求真正重要的事物，才是高尚心灵的标志。同样，在学术讨论中，若有听众把谈话引向琐碎和无意义的争论，他不仅贻笑大方，也让自己的求知变得肤浅。

一些喜欢炫耀的年轻人，为了展现自己的思辨能力，常常提出诸如"无限分割"或"沿边与对角线的运动"等抽象数学问题。这就像一个患有溃疡和肺病的人去看医生，却只请求医生给他治疗指甲炎的药物，而医生从他的脸色和呼吸便

---

[1] 出自荷马《奥德赛》第17卷第222行。奥德修斯终于回到故乡伊萨卡，伪装成一个衣衫褴褛的流浪乞丐，并被宫殿上的一个仆人嘲笑。

能察觉，他真正的问题远比指甲炎严重，对他说："好人啊，你的问题并不在指甲炎！"同样，这些年轻人此时更该思考的，并不是探讨这些抽象的问题，而是如何克服自负与虚荣，如何远离欲望与闲谈，如何让自己走上没有虚荣、健康正直的生活道路。

提问时，必须选择合适的问题，尊重说话者的经验或天赋能力，在他最擅长的领域提出问题，而不应勉强他讨论自己不熟悉的内容。例如，不应强迫一个倾向伦理学的人讨论数学难题，也不该让钻研自然科学的人分析逻辑悖论或解决谬误推理。这就像试图用钥匙劈木头，或用斧头开门，这样做并不会损害木头或门，而是剥夺了自己正确使用这些工具的能力。同样，那些向说话者索取他天性不擅长或未曾训练的内容的聆听者，忽视了说话者真正拥有并愿意给予的知识，不仅让自己受损，还可能引起说话者的不满，甚至被误解为故意刁难。

另外，我们必须警惕自己过多且频繁地提问，因为这在某种程度上也是一种自我炫耀。而当别人提出问题时，应当从容地聆听，这才是有教养且合乎社交礼仪的表现，除非有什么私人事务烦扰并急迫地需要解决，例如一种需要克制的情绪，或者需要安慰的困惑。在这种情况下，"掩盖自己的无知并不是更好的选择",就像赫拉克利特所说,应当将其暴露出来,并加以修正。比如愤怒、迷信、亲人争执或恋爱带来的狂热,激起了理智中本应沉静的弦,使思绪陷入混乱,那么此时不应逃避到别的话题,以此回避自我反思,而应当在哲学研讨中倾听关于这些问题的讨论,并在讨论之后,私下向哲人请教,进一步自省反思。

但现实中,大多数人的做法恰恰相反。他们喜欢听哲学家谈论别人的问题,并对此感到钦佩,却不愿面对自己的缺陷。如果哲学家不谈论别人,而是指出他们自身的缺陷并提醒他们注意,他们便会抗拒,甚至厌恶这种直言不讳的批评,并认为这是多管闲事。他们以为哲学只是讲堂里的学问,而与现实生活无关,仿佛哲学家一旦离开书本,就和他们没有任何不同。正如有些人认为悲剧演员只能在剧院表演一样,他们以为哲学家的言论也只应限于讲堂之中。确实,诡辩家离开讲坛后,往往显得微不足道,甚至低人一等,因为他们的智慧只存在于言辞的游戏中。但对于真正的哲学家而言,这种看法是不正确的。真正的哲学家,即使在日常生活中,他的言谈、眼神、微笑,甚至一个皱眉,都蕴含着对人的教诲,尤其是当哲学家与某个人单独交谈时。对于习惯专注聆听的人,可以从中获益。

在人际交往中，适度的赞美是必要的，但过度赞美或完全缺乏赞美都是缺乏谨慎和节制的表现，不能算是高尚之举。一个沉闷、不愿表达认可的听众，对所有言论都无动于衷、过于严肃，往往是因为他的内心充满隐秘的自负和对自身的过度关注，自认为能比别人说得更好，因此既不按常规扬起眉毛表示认同，也不发出任何声音以示欣然接受，而是故作沉默，用虚假的庄重来塑造自己刻意的稳重和深思熟虑的形象。这种人对待赞美就像对待财富，仿佛给予他人多少赞美，就是减少自己多少财富。

有很多人误解了毕达哥拉斯的教诲。毕达哥拉斯说，哲学使他超越了对任何事物的惊奇。他的本意是指，哲学让人通过知识和因果分析，摆脱因无知而产生的惊讶。但有些人却以为，拒绝赞美、拒绝尊重，就是一种高尚的态度，他们把庄重等同于轻视，把高傲和冷漠误认为超然的境界。这种态度不仅错误，还与真正的哲学精神相悖。真正的哲学会通过知识和对于事物的开放式探究来驱除大惊小怪，却并不会让人失去谦和，以及对人的关怀。

对于真正善良且坚定的人来说，最美好的荣誉，就是尊敬值得尊敬的人；最体面的装饰，就是欣赏值得欣赏的事物，而这正是源于内心的充实与宽广。而那些吝于赞美他人的人，恰恰暴露了他们自身的贫瘠和焦虑。

与那些刻意沉默、吝于赞美的人形成对比的另一种极端，是毫无节制地鼓掌叫好，他们关注的不是思想，而是单词、语调和音节。他们轻浮、躁动，像鸟儿般喧闹，连演讲者本人都不喜欢这种听众，更是让其他听众感到不快，导致整个场合变得浮躁不堪，扰乱秩序，引发其他人出于礼貌而不得不附和。这种人最终不会从演讲中获得任何实质性的东西，他们离开时，往往只能带走三种评价中的一种：被认为是刻意讽刺的嘲弄者；被视为阿谀奉承的拍马者；被看作对言辞毫无审美的盲从者。

法官在审判时，必须保持中立，不因私情或偏见影响判断，而是以公正为准绳。那么在哲学和文学的讨论中，并没有法律或誓言的约束，我们也应当怀着善意去聆听，不带偏见地接纳值得吸收的思想。事实上，古人甚至在神殿中让赫耳墨斯与三位优雅女神同座，以此象征言辞最需要的是高贵优雅和引人入胜的特质。

即便是再糟糕的演讲者，他的话语也不至于完全没有价值。或许他的论点和意图值得思考，或许他的话语中有一句能够被铭记，而即使连这些都没有，他的遣词造句、表达方式，或许仍能展现某种价值。正如在荒地和荆棘丛生的野地里，依然能绽放出洁白而柔美的花朵。

既然有人可以为呕吐、发烧，甚至宙斯的锅子作颂词，并且仍然能赋予这些内容一定的说服力，那么，一个被视为哲学家或自称哲学家的人所发表的言论，难道不应当至少让宽容、有涵养的听众找到一些可取之处，给予他们一个合适的契机去称赞他吗？

柏拉图[1]曾说，年轻人总能在自己爱慕之人身上发现可爱的特质。白皙的人被称为"神之子"，黝黑者则是"阳刚之美"；鹰钩鼻被视为"王者之相"，塌鼻梁则显得"和蔼可亲"；苍白的人被说成"蜜色"，并因此获得亲吻和喜爱。因为爱情就像常春藤，总能找到可以攀附的理由。同样，一个热爱听讲、欣赏言辞的人，总能在演讲者的表达中找到某种值得赞美之处，使得他的称赞显得恰到好处，而不会突兀或勉强。

柏拉图[2]曾批评吕西阿斯的演讲，认为其构思平庸，结构混乱，但即便如此，他仍然称赞了吕西阿斯的语言表达，认为他对词语的雕琢清晰而圆润。人们或许会批评阿尔基罗

---

[1] 参考柏拉图《理想国》474d。
[2] 参考柏拉图《费德罗篇》234e。

库斯的主题、巴门尼德的诗句、福西尼德的简练、欧里庇得斯的冗长，或索福克勒斯风格的不稳定；在修辞学家之中，有人性格乏味，有人情感表达迟钝，有人缺乏优雅。然而，每个人都有其独特的才华，他们之所以能够吸引听众，正是因为他们身上具备某种能够打动人心、引导思考的特质。因此，听众应当保持开放和宽容的态度，以友善的方式对待演讲者。即使不想直接称赞，至少可以用温和的目光、平静的表情，以及友善、毫无敌意的态度，来表达尊重，这便已足够。

即使面对一场失败的演讲，听众仍然应该遵循基本的听讲礼仪，如同所有听讲情境下的通用规则一样：端正稳固地坐姿，不东倒西歪；目光专注地看着演讲者，展现出认真的聆听态度；保持平和的神情，不流露出傲慢或不耐烦，也不显得心不在焉或忙于其他事情。

正如任何一项作品，美好的成果都源自多个要素恰当的结合，而丑陋的结果则往往仅因缺少某个关键部分，或有某个不合适的元素。在听讲过程中，哪怕只是皱眉、露出厌恶之色、目光游移、身体懒散，甚至随意摆动腿，都是不当之举。此外，向旁人点头示意、窃窃私语；轻浮地微笑、昏昏欲睡地打哈欠；露出沮丧或不满的神色；在不适当的时候发出噪声或做出夸张的反应，这类举止不仅显得缺乏教养，还可能让演讲者和其他听众谴责，因此，应该特别警惕并加以避免。

有些人认为，演讲者承担着全部的责任，而听众只是被动的接受者。他们要求演讲者精心准备、深思熟虑，而自己却毫无准备，也不关心自身的职责，随意坐下，像参加宴席一样，单纯享受他人的辛勤劳动所带来的成果。然而，即便是共进晚餐，也有得体的餐桌礼仪；更何况作为听众，更应有所作为。

听众不仅是言语的参与者，更是演讲者的合作者。我们不应该过度苛刻地审查演讲者的每一个微小失误，逐字逐句吹毛求疵地追究其责任。同时，我们也不应当在听讲时散漫懒散，表现出冷漠或漫不经心。言语交流是一种互动，就像抛接球游戏，投球者的技巧固然重要，但接球者的配合同样不可或缺。只有当双方都认真履行自己的职责和态度，演讲与聆听才能真正相辅相成，保持和谐的节奏。

赞美是必要的，但不应随意滥用。伊壁鸠鲁[1]曾说，他不喜欢朋友们在读信时鼓掌叫好。如今，一些人将夸张的言

---

1 参考狄奥根尼·拉尔修《哲学家列传》第10卷第5节。

辞引入讲堂，用"神圣的""受神启发的""不可接近的"来形容演讲内容，仿佛"精彩""智慧""真实"这些普通的词已经不足以表达他们的敬意。柏拉图、苏格拉底和希佩里德斯一派所使用的那些朴实的赞美才是恰当的，而这些夸张的赞美反而显得举止失当，并诋毁了演讲者，仿佛演讲者渴望得到过度且傲慢的赞美。

有些人甚至在演讲过程中像在法庭上做证一样，反复用誓言来强调演讲者的观点，或在哲学讨论中喊出"聪明！""太华丽了！"这样轻浮的赞美，甚至对年长的哲学家用戏谑的方式表达欣赏，把学术讨论变成了娱乐。这不仅是不合适的，也是在亵渎理智的严谨讨论。就像一位运动员应当佩戴月桂或橄榄冠，而不是玫瑰或百合花环一样，哲学演讲的价值不应被肤浅的吹捧所削弱。

有一次，诗人欧里庇得斯在给舞者们吟唱一首严肃调式的歌曲时，有人突然大笑。欧里庇得斯说："如果你不是无知且迟钝的人，你就不会在我演奏这个调式时发笑。"而我认为，哲学家或政治家在讲述严肃话题时，如果听众浮躁不安，甚至起哄鼓噪，他便大可以打断他们，说："你要么愚蠢，要么无礼，否则你不会在我讨论神祇、政治或国家事务时大声喧哗，发出听戏一般的喝彩声。"试想，当一个哲学家在讨论时，如果一个外人听到屋内的人喧闹喝彩，却无法分辨他们是在为吹笛、弹琴还是跳舞的演奏鼓掌，那将是一件多么荒谬的事？

对于训诫和责备，听众不应毫无反应地接受，但也不应怯懦地逃避。有些人对哲学家的批评听之任之，甚至在被责备时仍然大笑，并称赞批评他们的人，就像那些寄生者被主人辱骂时依旧放肆大笑。他们不仅没有显示出勇气，反而暴露了自己对羞耻的无知与无视。

无伤大雅的玩笑，若是带着机智和风趣被说出来，能够毫无痛苦地被接受，这无可厚非，甚至展现出斯巴达式的自由精神。然而，涉及品德修正的训诫，如同苦涩的药物一般刺痛人的话语，如果听到这样的批评却毫无触动，既不羞愧，也不痛苦，反而漠然或嘲笑对方，这就体现了一种对羞耻毫无反应的麻木。他的灵魂，因长期沉浸在错误与惯性之中，已经变得像一块厚茧，丧失了对痛苦的感知能力。

有些年轻人，一旦听到批评，哪怕只是偶尔一次，就立刻退缩，甚至完全放弃哲学。他们本能地对批评感到羞愧，而这本是通向进步的良好开端。然而，由于他们太过软弱和自我放纵，最终却丧失了这种进步的可能性。他们既不能坚韧地接受批评，也不能以宽容的心态面对指正，反而转向那些温和、讨喜的谈话，去听从那些迎合他们的谄媚者或诡辩家。这些人说的话虽然悦耳动听，却毫无实际益处。就像一个病人在被指出他身上有伤之后逃离医生，不愿接受包扎，他已经承受了伤口的疼痛，却不愿接受治疗的疼痛。如果一个人因为批评刺穿了他的愚昧，就立刻回避，不愿给予自己机会去恢复清醒，那他最终只能在哲学中感到刺痛，而无法真正从中受益。

正如欧里庇得斯所说："忒勒福斯的伤口必须用削下的长矛碎片来治愈。"[1] 不仅如此，那些因哲学而感受到痛苦的年轻人，他们心灵的刺痛，唯有那个使他们受伤的言辞本身才能治愈。因此，被批评者应该在受到训诫时感受到痛苦和刺痛，但不应因此而崩溃或沮丧。应该像在哲学的入门仪式中那样，忍受最初净化带来的不安，期待自己从困惑和焦虑中蜕变，迎接某种甜美而光明的结果，最终收获智慧和清明。即使责备听起来不够公正，依然值得耐心听完，不应急于反驳或逃避。等到批评者讲完，再去回应并为自己辩解，

---

[1] 忒勒福斯（Telephus）是赫拉克勒斯的儿子。阿喀琉斯在战斗中用他的长矛刺伤了忒勒福斯的大腿。忒勒福斯的伤口无法愈合，他四处求医却无人能治，神谕说阿喀琉斯的长矛既是伤他的武器，也能治愈他的伤口。忒勒福斯前往希腊联军的营地，奥德修斯建议他将阿喀琉斯长矛的锈屑敷在伤口上，伤口奇迹般地痊愈了。

同时可以请求对方把这种严厉和坦率的语气用在真正的错误上。

学习任何技能，无论是识字、弹琴，还是摔跤，最初都会充满混乱、痛苦和沮丧。但随着逐渐前进，就像与人相处一样，经过长期的习惯和理解，一切都变得亲切、易于掌握且轻松，无论言语还是行动都变得顺畅。同样，哲学的许多概念在初学时看似晦涩难懂，尤其是那些陌生的术语和理论，让人难以适应，但不应因为害怕而胆怯地放弃最初的学习，而应当不断尝试、努力坚持，并渴望深入理解每一个概念。随着时间推移，哲学最终会使一切美好之事变得愉悦易懂。因为不久之后，学习将带来极大的光明，并在灵魂中激发对美德的强烈热爱。确实有人出于懦弱而自甘堕落放弃了对智慧的追求，他的余生中缺乏这种对于美德的热爱，这样的人要么是一个非常狂妄的人，要么是一个懦夫。

当然，对于缺乏经验和年轻的学习者来说，最初的理解必然是模糊的。但更大的障碍，往往不是哲学本身的难度，而是他们自身的错误态度。有些人因为过于害羞，不敢提问，假装自己听懂了，随声附和；而另一些人则因为幼稚和空虚的争强好胜之心，急于炫耀自己的敏锐和学习能力，在真正掌握之前就假装已经理解，最终却始终无法深入思考。

害羞的人，等到课后才会后悔，陷入困惑，不得不带着更大的羞愧去追问原本可以当场弄清的问题。而那些好高骛远的人，则会选择掩盖自己的无知，不愿承认自己的理解并不扎实，始终遮掩并隐藏他们自身的无知。

因此，要想成为真正的学习者，我们应当彻底摒弃这种愚蠢和自大，使思维专注于吸收那些有益的表达，我们应当忍受那些自以为聪明之人的嘲笑。正如克利安西斯和色诺克拉底，他们曾被同学们讥讽为迟钝的人，但他们既不逃避学习，也不感到疲倦。他们等到自己真正掌握后，便自嘲像窄口的容器和铜盘，虽然接受知识的速度较慢，但一旦接受，便能牢牢保持，不轻易遗忘。

正如福西尼德[1]所说："追求卓越的人，必然会多次被欺骗。"不仅如此，他们还要忍受嘲笑、面对名声受损，甚至被人戏弄，以全部心力驱赶它们，并压制自己的无知。然而，在学习过程中，也不应忽视两种相反但同样有害的倾向。一方面，有些人因迟钝而犯这种错误，他们不愿意独立思考和处理问题，而是完全依赖说话者，不断重复询问相同

---

[1] 福西尼德（Phocylides，约公元前6世纪）是古希腊伊奥尼亚的诗人，以创作带有道德训诫性质的格言诗著称。

的问题，就像未长羽毛的雏鸟，永远张着嘴等着别人喂食，接受现成的答案，而从不主动寻找答案。另一方面，有些人过度追求专注和敏锐的名声，过度钻研琐碎细节，以他们的絮叨使讲授者感到厌烦，总是对一些不必要的事物提出额外的疑问，并要求那些并不需要的证明，反而拖延了学习进度。正如索福克勒斯所说："原本简短的道路变得漫长。"[1]这不仅对他们自己是如此，对其他人也是一样。他们不断地以空洞且多余的问题干扰教师，让学习变得充满停顿和拖延。这样的人，就像希耶罗尼米斯[2]所形容的那种懦弱而吝啬的猎狗，它们从不真正去捕猎，而是躲在家里，咬着兽皮的碎片，徒劳地假装自己曾参与其中。

对于那些懒散的人，我们应当鼓励他们，当他们以理智掌握基本要点时，学会独立思考和整合信息。他们应该用记忆和思考来引导自己的理解，将他人的言辞当作起点和种子，用自己的思考使其成长和壮大。

智性并不像容器那样需要被填满，而是更像需要点燃的火种，只需要一点助燃物，这种助燃物能够激发探索的冲动

---

1 出自索福克勒斯《安提戈涅》第 237 行。
2 希耶罗尼米斯（Hieronymus）应该是公元前 3 世纪的哲学家。

和对真理的渴望。就像有人需要从邻居那里借火，但当他发现一大堆明亮的火焰后，就一直留在邻居家里取暖。同样，若有人前来听讲，却不认为自己需要点燃属于自己的智慧之光和独立思考，而是满足于聆听，沉迷于所听到的内容，这就像是从言辞中吸取表面的光彩和虚饰，而内心深处的湿气和黑暗却没有被哲学的热量驱散，也没有被清除。

如果在聆听他人言论时需要任何建议，那就必须牢记刚刚我们所说的话，并且在学习的同时锻炼自己的思考能力，这样，我们所获得的就不会只是诡辩术的习惯或单纯的记忆知识，而是内在的、真正的哲学素养。

因为我们应当认为，善于倾听，是善于生活的开端。

论喋喋不休

通过哲学思考治疗喋喋不休是一件困难的事情。因为哲学的药剂是言语[1],唯有听者才能受益,而多言者什么也不听,因为他们总是在说话。

无法保持沉默带来的首要祸害,就是无法聆听[2],因为这是自愿选择的聋哑。我认为,这仿佛是人在抱怨自然只赋予他们一根舌头,却给了他们两只耳朵。因此,如果欧里庇得斯对那个不明事理的听众说得恰当:

> 我无法满足那个不肯容纳(知识)的人,

---

[1] Logos 在古希腊语中有双重含义,第一层含义是言语,第二层含义是理性。这也是为什么亚里士多德在《政治学》第1卷中说人的独特之处在于人是唯一一种具有 logos 的动物。

[2] 普鲁塔克幽默地发明了两个不存在古希腊语中的医学名词 asigēsia(无法保持沉默症)和 anēkoia(无法聆听症)来"诊断"喋喋不休的症状。喋喋不休虽然不是一种病,但是普鲁塔克把它当做一种病症来讨论。他在本文结尾又重新回到医学主题。

向不智慧的人灌输智慧的言语。

那么，对多言者来说更合理的说法是：

我无法满足那个不肯接受（言语）的人，
向不智慧的人灌输智慧的言语。[1]

或者更确切地说，和一个喋喋不休的人对话、把言语倾倒给他的这个过程，是在对一个听不见的人说话。即便他偶尔倾听，那也只是他的多言症像退潮一般暂时消停，而随之而来的是他数倍的言语。正如奥林匹亚的那座廊柱厅，由于一个声音会产生多次回响，人们称之为"七声回响"。而多言者的情况也是如此，只要稍微触及一点话语，便立刻四处回响，使原本静止的心灵之弦震动。

或许他们的听觉并未通向灵魂，而是直接通向舌头。因此，对于其他人而言，话语会留存下来，而对于多言者而言，话语则如流水般穿透而去。他们就像空心的器皿，心灵

---

[1] 这两段话在原文中的唯一区别是，普鲁塔克把第一句话中的动词 dexomai 改成了 stegō。dexomai 更强调主动接受某事物（如智慧、知识）。Stegō 更强调被动承受某事物（如某种外来的内容或压力）。

空洞，却让声音游走于世。但如果我们不愿放弃任何治疗的可能，那么让我们对多言者说："孩子，保持沉默，沉默拥有许多美好的事物。"

最首要、最重要的两件事，是"倾听"和"被倾听"。多言者无法获得这两者中的任何一项，甚至连对这件事的渴望都变得遥不可及。对于灵魂的其他疾病，例如贪财、爱慕虚荣、沉溺享乐，至少人们还能获得自己所追求的东西；但对于多言者而言，（获得他们追求的事情）却是最困难的——他们渴望听众，却得不到听众，反而所有人都忙着逃避他们。

即使人们坐在某个半圆形的座位上，或是在同一地点散步，看到多言者走近，他们都会迅速暗示彼此撤离。正如在某个集会中，如果沉默降临，人们会说是赫耳墨斯[1]进入了场合；当某个健谈的熟人进入宴会或会议时，所有人都会沉默，不愿给他提供谈话的机会。而如果他自己开始张口，就像在暴风雨来临之际，站在海上的高地上，北风呼啸吹来，人们预见到即将到来的波涛汹涌与晕船的不适，于是纷纷起身离开。

---

1 赫尔墨斯（Hermes）是奥林匹斯十二主神之一，是雄辩和交流之神。

因此，多言者既不会在宴席上遇到愿意同席的朋友，也不会在旅途中遇到乐意同行的伙伴——无论是在陆地旅行还是海上航行，他们的同伴都是被迫与他同行之人。因为他们无处不在，时而抓住别人的衣服，时而扯住别人的胡须，甚至用手拍打别人的肋部，像敲门一样。

在这种情况下，正如阿尔基罗库斯[1]所说的那样："脚成了最宝贵的东西。"宙斯做证，睿智的亚里士多德也会同意。曾几何时，亚里士多德也被一个多言者所烦扰，被他那些荒谬的叙述折磨。他不停地重复："这不奇怪吗，亚里士多德？"亚里士多德回答："这并不奇怪，真正奇怪的是，有人明明有脚，可以走掉，却仍然忍受你说话。"另一个同样的多言者，在滔滔不绝说了一大堆话后，对亚里士多德说："哲学家，我已经对你说了很多话了。"亚里士多德回答："宙斯做证，我根本没在听。"

即使多言者强迫别人听他们说话，听者的灵魂也早已和耳朵剥离，把耳朵交给多言者，让耳朵充满从外界涌入的言语，而灵魂自身却在内心展开别的思虑，并独自发展自己的思考。因此，多言者既得不到专心听他们说话的人，也找

---

[1] 阿尔基罗库斯（Archilochus，公元前680—前645）。古希腊最早的抒情诗人。

不到真正相信他们话语的听众。正如人们所说，那些沉迷于肉欲与交合的人，他们的精子是无效的，无法带来子嗣；同样，多言者的话语也是无效的，并且不会结出果实。

然而，自然在我们身上给舌头设置了最周密的保护：舌头前有牙齿作为守卫，一旦我们的内部理智——这位沉默的驾驭者——勒紧缰绳，而舌头却不服从、不收敛，我们就可以用牙齿咬住它，让这失控的冲动流血，以此控制住舌头。因为欧里庇得斯曾说："灾祸的根源，不在于无门的库房或敞开的金库，而在于无拘无束的舌头。"[1]

有些人认为，没有门的金库和没有扣件的钱包对主人毫无用处，然而这些人让自己的嘴巴始终敞开、不设门槛，就像黑海的水一样，永不停歇地向外流出。他们似乎把言语当作世间最不值得尊重的东西。因此，他们无法获得信任，而信任正是所有言语所追求的目标。因为言语自身的本质目标，就是在听众心中建立信任。然而，多言者即便在说真话，也不被信任。就像火焰被关进容器之中，火的体积虽然变大，却更无用武之地。同样地，言语如果落入多言者之手，就会使谎言更加泛滥，从而摧毁信任。

---

1 引自欧里庇得斯《酒神的女信徒》(Bacchae) 第386行。

此外，每个有羞耻心和端庄的人都会谨慎地避免醉酒。因为一些人说，愤怒与疯狂共用一堵墙，而醉酒则与疯狂同住一屋。更确切地说，醉酒就是疯狂，虽然持续时间更短，但在其根源上却更为严重，因为醉酒包含了意志的自愿选择。

人们对醉酒最严重的指责如下——它使人在言语上变得毫无节制且无定向。正如诗人荷马所言：

> 酒会促使人放声高歌，即使他原本聪慧，
> 还会让他轻浮地大笑，甚至跳起舞来。[1]

然而，最可怕的并不是歌唱、笑声和舞蹈，这些都算不上什么。真正严重的是，它让人说出了那些本该保持沉默的话。这才是真正可怕而危险的。诗人们在这个问题上或许解决了哲学家们一直探求的问题：诗人区分了饮酒和醉酒的区别——饮酒使人放松，而醉酒使人胡言乱语。正如俗语所说："清醒者藏在心中的，醉酒者却直接挂在舌头上。"

因此，比亚斯在某次宴会上沉默不语，被某个多言者

---

[1] 引自荷马《奥德赛》第 14 卷第 463—466 行。

嘲笑他愚笨。他回答道:"谁能在喝醉时仍然保持沉默,而又仍然是个傻瓜呢?"在雅典,有人宴请国王的使节,想借机炫耀,努力召集哲学家们与他们相会。当其他人都在交谈并参与宴饮时,哲学家芝诺却始终保持沉默。使节们向他敬酒,并问道:"芝诺啊,我们应该向国王如何谈论你呢?"芝诺回答道:"你可以这么说:在雅典,有一位老人能在宴会上保持沉默。"

沉默和清醒带有某种深邃而神秘的特质,醉酒则使人多言。醉酒者无理性,心智低下,因此喋喋不休。哲学家们在定义醉酒时说,醉酒是一种伴随酒精的胡言乱语。因此,饮酒本身并不受指责,前提是饮酒能伴随着沉默,正是胡言乱语使得饮酒变成了醉酒。

醉酒的人好歹只是在酒席间胡言乱语,而多言者则无处不在地胡言乱语——在集市上,在剧院里,在散步时,在醉酒时,在白天,在夜晚。并且,医治多言病比多言本身更令人痛苦,就好像与晕船者同船比晕船本身更让人不适,被赞美比被责备更让人感到负担。比起与善良的多言者相处,与机智的坏人相处反而更令人愉快。

索福克勒斯笔下的涅斯托耳在用言语安抚暴怒的埃阿斯时,说道:"我不责备你,因为你虽言语恶劣,但行动正当。"对于多言者，我们不能如此对待，因为言语的不合时宜会毁坏并消灭一切行动的价值。

吕西亚斯[1]为某个有诉讼案件的人写了一篇辩护词，并交给他。那人多次阅读后，沮丧地回到吕西亚斯那里，说道："起初，当我通读这篇辩护词时，我觉得它非常精彩；但当我第二次、第三次阅读时，它却变得完全平淡无力，毫无效果。"吕西亚斯听后笑了，说道："但你在法庭上不是只需要说它一次吗？"在我心中，吕西亚斯的说服力和文采，好像确实幸运地得到了长发缠绕的缪斯们的眷顾。

关于诗人[2]，最真实的一点是，只有他超越了人类对言语的厌倦，因为他总是以崭新、充满魅力、令人眼前一亮的方式创作。然而，荷马也曾宣告："我厌恶再三地重复已经清楚表达的事情。"[3]他逃避并害怕伴随一切言语而来的厌倦，不断引导听觉，从一个故事进入另一个故事，并用新颖的内容安抚因重复而产生的疲惫。那些多言者却用重复的话语使耳朵疲惫不堪，就像反复擦拭羊皮纸一样，弄得污秽不堪。

1　吕西亚斯（Lysias，约公元前445—前380）是古希腊著名的演说家和修辞学家，他是雅典"十位最伟大的演说家"之一。
2　当古希腊人说"诗人"的时候，他们指的就是诗人荷马。
3　引自荷马《奥德赛》第12卷第452行。

因此，首先让我们提醒他们：正如酒本是为了愉悦和友善的交往而被发明出来的，那些强迫自己大量饮酒且不往酒中掺水的人，却把自己和别人引向厌恶和醉后的放纵行为；同样，言语本是最令人愉悦的、最富有人情味的交流媒介，但那些滥用和轻率使用言语的人，却使言语变得粗鄙无情、招人反感。他们以为自己是在取悦他人，实则令人生厌；以为自己的话语会让人惊叹，实则遭到嘲笑。就像一个带着恶意不让人谈话的人令人讨厌，毫无魅力；同样，那些用言语令人生厌的人，是毫无文采和技艺的人。

其他的情感和疾病，有些是危险的，有些是可憎的，而有些是可笑的，多言症则兼具这三者。多言者在日常谈话中被嘲笑，因为他们传播坏消息而遭人憎恨，并且由于无法保守秘密而身陷危险。

因此，安纳卡西茨[1]在梭伦家中做客并入睡时，被人看到他的左手放在下体上，而右手则放在嘴巴上。因为他认为，舌头比生殖器更需要缰绳来控制，而这一想法是正确的。人们很难轻易地数出有多少人因纵欲失控而堕落，却能

---

[1] 安纳卡西茨（Anacharsis）是一位地位较高的斯基泰人（Scythian），为了追求知识而广泛游历，约公元前597年访问了雅典，向古希腊七贤之一的梭伦（Solon）求教。

数出多少城邦和政权因泄露的秘密言论而被颠覆。

当苏拉围攻雅典时，他没有时间在此久留，因为"其他紧迫事务催逼着他"[1]——米特里达梯[2]军队已经占领亚洲地区，而马略的党羽又在罗马重新掌权。然而，一些老人在理发店聊天时，谈论到"七铜门"未受严密防守，因此整个城市可能从那个地方被攻陷。探子听到后，立刻向苏拉报告了这一消息。苏拉立刻调动军队，在半夜时分将部队带入城中，几乎将整座城市夷为平地，并使其充满了杀戮和尸体，以至于雅典的凯拉米库地区血流成河。他对雅典人怀有极大的愤怒，不是因为他们的行为，而是因为他们的话语。因为他们辱骂他和他的妻子梅特拉，跳上城墙，嘲弄他是撒着面粉的桑葚[3]。他们胡言乱语地说了许多类似的侮辱性话语，结果正如柏拉图所说，因这极其微不足道的事情——几句话，雅典人遭受了最沉重的惩罚。[4]

罗马城在尼禄死后未能获得自由，也全怪一个人的多

---

[1] 引自荷马《奥德赛》第9卷第54行。苏拉（Lucius Cornelius Sulla）于公元前87—前86年围攻雅典。
[2] 米特里达梯（Mithridates，约公元前131—前63）是罗马共和国末期地中海地区的重要政治人物，也是罗马最著名的敌人之一。
[3] 这个比喻是说苏拉皮肤白又长痘。
[4] 参考柏拉图《法律篇》935a。

嘴多舌。[1]原本只剩下一夜,在那一夜之后,暴君就该被杀死了,所有一切都已准备就绪。但那位准备刺杀他的人,在前往剧院的途中,看到一个被囚禁的人站在宫门口悲叹自己的命运,他即将被带去见尼禄。他便靠近那人,轻声对他说:"祈祷吧,人啊,只要今天能过去,明天你就会感谢我了。"那囚犯立刻领会了他的暗示,心想:"只有一个傻瓜才会把眼前的东西抛在一边,去追寻遥不可及的东西。"于是,那名囚犯选择了更稳妥的自保,而不是更正义的行动。他向尼禄告密了那个人的话,那人立刻被逮捕,酷刑、烈火和鞭打随之降临。他在强制之下否认自己曾密谋刺杀尼禄,而那些话,原本是他在毫无压力的情况下因为多嘴多舌而泄露的。

哲学家芝诺,为了不让任何秘密在他不情愿的情况下泄露出去,即使身体遭受酷刑,他仍然咬断了自己的舌头,并把它吐向暴君。莱埃纳[2]因其坚忍自制而获得了崇高的荣誉。

---

1 普鲁塔克对尼禄时代皮索阴谋(Pisonian Conspiracy)如何被泄露的记述,与塔西佗《年鉴》第 15 卷第 54 节及后续章节中的标准版本完全不同。在塔西佗的记载中,该计划一直被保密,直到刺杀尼禄的前一天,刺杀者之一卡尔维努斯(Scaevinus)在家里设宴,释放了一些自己心爱的奴隶,其中一位奴隶跑去向尼禄告了密。
2 莱埃纳(Leaena)、哈尔摩狄奥斯(Harmodius)和阿里斯托革顿(Aristogeiton)的故事与雅典的僭主暴政及民主的奠基息息相关。他们因刺杀僭主希帕库斯(Hipparchus)而成为雅典自由的象征。

她是哈尔摩狄奥斯和阿里斯托革顿的情妇，作为一名女子，她与他们共同怀抱推翻暴君的希望。因为她也曾参与那伟大的事业，狂饮爱欲之酒，并通过神明参与了那些秘密的计划。然而，当他们因失败而被杀害时，她被拷问，并被命令说出那些仍然隐藏的同谋者的名字。但她没有泄露，而是坚持到底，以此表明那些男子所遭受的一切并不辜负他们自身的伟大，因为他们爱上的是这样一位女子。雅典人铸造了一座无舌铜狮，并将其献立在卫城的城门前，以狮子的勇猛象征莱埃纳的不可战胜，以其无舌象征她的沉默与神秘。

没有任何说出口的言语，能像许多未曾说出的言语那样发挥如此大的作用，因为沉默的话语或许有一天还能说出口，但已经说出口的话却无法再被收回，只能散播开来，四处流传。因此，我认为，人类有老师教他们说话，但教导人沉默的，则是神明，因为在神圣的仪式和秘仪中，人们接受的是沉默的教诲。

诗人荷马将最富智慧的奥德修斯塑造为最沉默寡言的人，他的儿子、妻子和乳母亦是如此。你可以听到乳母这样说："他坚定不动，就像强壮的橡树或铁一般。"[1]而当奥

---

[1] 改编自荷马《奥德赛》第19卷第494行。

德修斯坐在佩涅洛佩身旁时,"他在内心怜惜着正在哭泣的妻子,但他的眼睛却像铁一般坚硬,毫不颤动地藏在眼睑之中"。[1] 他的整个身体,从各个方面都充满了自制,他的言语也完全顺从于意志并受其控制,命令自己的眼睛不许流泪,命令自己的舌头不许发声,"自己的心脏不许颤抖或呻吟"。[2] 他的心在坚信中保持坚定,充满忍耐,理智的力量甚至延伸到无意识的冲动之中,使得他的呼吸和血液都服从于他自己,并能被他掌控。奥德修斯的许多同伴也是如此。即便在被独眼巨人拖走,并摔打在地时,他们仍未泄露奥德修斯的计划,也未揭示那根被烧红、准备好刺向独眼巨人眼睛的工具。[3] 他们宁愿被生吞活剥,也不愿泄露任何秘密。这种自制力和忠诚的极致展现,至今仍未被遗忘。

因此,将军皮塔科斯的行为并非不恰当。当埃及国王派人送给他一只祭牲,并命令他选出其中最好的和最坏的肉块时,他取出了舌头,并将其送回去,因为舌头既是善的工

---

[1] 引自荷马《奥德赛》第19卷第210行。
[2] 引自荷马《奥德赛》第20卷第23行。
[3] 奥德修斯和他的同伴们机智对抗独眼巨人的故事出现在荷马《奥德赛》第9卷第289行。

具,也是恶的工具,而且是最伟大的工具。

欧里庇得斯笔下的伊诺,在谈论自身的坦率时说道:"在该沉默的地方保持沉默,在安全的地方说话。"那些真正受过高贵王者教育的人,先学会沉默,然后才学会说话。例如那位国王安提哥那[1],当他的儿子问他"我们什么时候要撤军"时,他回答:"你害怕什么?难道你怕自己听不到号角声吗?"这并不是因为他不愿把秘密托付给即将继承王国的儿子,而是为了教导他在这种事情上保持自制和谨慎。同样,老梅特鲁斯[2]在被问及军事行动时说道:"如果我认为我的外衣知道了这个秘密,我会把它脱下来扔进火里。"

欧迈尼斯听说克拉特鲁斯即将进攻时,没有告诉任何朋友,而是谎称敌人是奈奥普托勒姆斯。[3]因为士兵们轻视奈奥普托勒姆斯,但敬仰克拉特鲁斯的声望,并热爱他的英勇。除了欧迈尼斯,没有其他人知道实情。战斗爆发后,他

---

[1] 安提哥那(Antigonus,公元前 382—前 301),亦称独眼安提哥那(Antigonus I Cyclops)。马其顿大将、国王,他所缔造的安提哥那王朝统治马其顿一直到公元前 168 年。
[2] 老梅特鲁斯(Quintus Caecilius Metellus Pius,公元前 128 —前 63)是罗马共和国晚期的一位著名将领和政治家。
[3] 欧迈尼斯(Eumenes)、克拉特鲁斯(Craterus)和奈奥普托勒姆斯(Neoptolemus)都是公元前 4 世纪亚历山大大帝的继业者战争(Diadochi Wars)中的重要人物。

们战胜并杀死了克拉特鲁斯,却是在他死后才认出他。就这样,沉默巧妙地指挥了这场战斗,并成功隐藏了如此强大的对手。因此,欧迈尼斯的朋友们并未因他没有事先告知他们而责备他,反而更加敬佩他的智慧。即便有人批评他,但被指责因不信任他人而得以生存,也总好过因信任别人而丧命后遭人责难。

谁能原谅自己因未能保持沉默而招致的灾祸呢?如果某件事本应被保密,那么将其泄露给他人便是错误的。而如果你泄露了自己的秘密,却指望别人替你守口如瓶,那你便是放弃了对自己的信任,而去依赖他人的忠诚。如果那个人和你一样不善保密,那么你的秘密遭到泄露,你的毁灭便是咎由自取。如果他比你更值得信赖,你的秘密得以保住,但这不过是意外的幸运——因为你只是碰巧找到了一个比自己更可靠的人。"但这个人是我的朋友。"可是,这个人也有自己的朋友,他会像我信任他一样信任另一个人,而那个人又会信任别人。于是,秘密一代代地传下去,不断扩散,言语因缺乏节制而如连锁一般传播。"一元"始终保持自身的界限,不会增减,因此被称为"一元";而"二元"则是分裂和无限扩展的开始,因为它一旦成倍增长,便立即脱离自身,走向无限。[1]同样，言语如果停留在最初的地方，就真正保持了秘密；但若是传给了另一个人，它便变成了谣言的一部分。

诗人荷马说："言语是长了翅膀的。"因为放飞的鸟不容易再抓住，同样，已经从口中说出的话，也无法阻止或收回。相反，它会迅速飞翔，旋转着它的翅膀，从一个人传到另一个人，不断扩散。如果一艘船被狂风抓住，人们可以试图挽救它，用缆索和锚来减缓它的速度；但对于已经从"港口"冲出的言语，却没有港湾可以停泊，也没有锚可以抛下。它伴随着巨大的声响和回声四处飘散，最终，会将最初说出口的人推入巨大的危险之中。"因为只需一盏小小的火灯，就能点燃整个伊达山的森林。同样，你对一个人说出一句话，最终整个城邦的人都会知道。"[2]

罗马元老院在闭门会议上秘密商议一项决策，持续了许多天。由于此事尚存诸多不确定性和猜疑，一位女子不断

---

[1] 在毕达哥拉斯学派创立的古希腊数学中，数是宇宙的本质，一元（monad）是所有数的起源，即世界万物都是从一元演化而来，一元不会分裂或增加。二元（dyad）是对立分裂的开始，象征着二元对立，如善与恶、光与暗。这种数学思想对哲学影响深远，柏拉图在《蒂迈欧篇》中提到，虽然一元是宇宙秩序的基本单位，但他更关注"理念"（Forms）如何构成现实。亚里士多德在《形而上学》中探讨"数"的本质时认为，一元是数的单位，但本身不是实体，他更倾向于把"数"视为一种抽象关系，而非物理存在。

[2] 应该是欧里庇得斯的某个失传片段。

纠缠自己的丈夫，苦苦哀求想要得知这个秘密。她虽然在其他方面贤明，但毕竟是个女人。她发誓绝不泄露秘密，甚至用眼泪和哀诉相逼，博取丈夫的信任。这位罗马男子想要揭露妻子的愚蠢，便对她说："你赢了，妻子！请听：祭司们向我们报告了一件可怕而怪异的事情，有人看到一只云雀飞翔，头上戴着金色的头盔，并持有一支长矛！我们正在考虑这个奇兆是吉是凶，并与占卜师们商议。但你务必要对此保持沉默。"说完，他便离开前往集市。

结果，妻子立刻拉住第一个走进屋子的女仆，捶胸扯发，大喊："哎呀！我丈夫和国家的命运啊！我们该怎么办？"她故意引导女仆发问，当女仆果然追问时，她便将丈夫的话全盘托出，并在最后加上一句所有多言者惯用的叮嘱："千万不要告诉任何人，保持沉默！"然而，女仆刚刚离开，就立刻将这个消息告诉她看到的第一个闲着的同伴，而这位女仆又在她的情人来访时，把秘密泄露给了他。就这样，这个故事迅速传遍了集市，甚至在最初捏造这个消息的人还没走到集市的时候，众人就已熟知。

当丈夫到达集市，一位熟人迎面问道："你刚从家里出来吗？""是的，刚刚出来。"他答道。"那你什么也没听到？""发生了什么事？""人们看到一只云雀飞翔，头戴金色头盔，手持长矛！官员们正准备召开元老院会议讨论此事。"这位丈夫听后笑了，说道："哎呀，这速度可真快。我的妻子从我那听到的话，竟然比我本人更早到达市场！"他随即去见官员们，向他们解释真相，消除疑虑。但回到家后，为了惩罚妻子，他一进门便说道："你害死我了，妻子！从我们家泄露出来的秘密，现在已经公之于众，因此，由于你的放纵失控，我必须逃离我的祖国！"

妻子试图否认，反驳道："难道这不是你和三百人一起听到的吗？""哪来的三百人？"他问道。"是你强迫我泄密，所以这个故事是我编出来试探你的！"原来，这位男子十分谨慎小心，就像往一个会漏油的油罐里倒水、用来测试它是否漏油一样，他用这个方法测试了自己的妻子。

恺撒奥古斯都的亲信富尔维乌斯，在恺撒年老时，听到他哀叹家族的衰败。恺撒的两个外孙女已去世，而唯一幸存的外孙波斯图米乌斯因诽谤而被流放。他不得不立其妻子的儿子[1]为继承人，尽管他对此深感痛惜，并在考虑是否召回波斯图米乌斯。富尔维乌斯得知后，将此事告诉他的妻子，而妻子又将消息传给莉薇娅。莉薇娅愤怒地责备恺撒："如

---

[1] 这里"妻子的儿子"是指提笔略（Tiberius）。

果你早已决定如此,为什么不召回你的外孙?反而让我与帝位继承人陷入敌对?"

次日清晨,富尔维乌斯像往常一样去见恺撒,向他问候"你好,恺撒",但恺撒冷淡地回答:"愿你安好,富尔维乌斯。"富尔维乌斯立刻意识到恺撒已知晓自己的泄密,便匆忙回家,招来妻子,说道:"恺撒已经知道了我未能守密,因此我打算自杀。"妻子听后说道:"你理应如此!与你生活了这么久,你竟不知我管不住自己的嘴,也没有提防我。但让我先死!"说罢,她拿起剑,在丈夫之前自尽了。

喜剧作家菲利皮迪斯说得很有道理。当国王利西马科斯善意地对待他,并问道:"我可以把我的哪些东西分给你?"他回答道:"陛下,您愿意给我任何东西都可以,只是不要给我秘密。"

喋喋不休的人往往伴随着另一种同样恶劣的毛病——过度好奇。他们渴望听到更多消息,以便有更多话题可以传播。他们特别喜欢追踪和探查那些被隐藏、不应泄露的信息,正如人们把干燥易燃的木材堆放在一起,以助长火势一样,他们用自己的多言助长事态发展。而一旦掌握了这些秘密,他们就像孩子们拿着水晶,既不愿意放手,又无法将之牢牢握住。更准确地说,他们就像把毒蛇藏在怀里的人,不但无法驯服它，反而会被它吞噬。[1] 据说，刺猬和蝰蛇在分娩时会因无法承受而撕裂自己的身体。同样，那些无法守口如瓶的人如果没有把秘密泄露出去，他们就会抓心挠肝地撕裂自己。

塞琉古[2]在与加拉太人的战斗中损失了全部军队和战力，他摘下自己的王冠，骑马带着三四名随从逃亡，穿越无路可走的荒野，长途奔波，最终因饥饿和疲惫几乎支撑不住。于是，他来到一处乡间小屋，恰好遇到屋主本人，并请求一些面包和水。屋主不仅满足了他的请求，还慷慨地提供了田地里所有能拿出的食物，热情地接待了他。然而，在款待过程中，屋主认出了塞琉古的身份。他因这次相遇而欣喜不已，竟无法克制自己，也没有配合国王隐藏身份，而是在送他到路口时，告别道："愿您安康，塞琉古大王。"塞琉古听后，伸出右手将他拉近，假装要亲吻他，同时暗示身旁的一名随从用剑砍下他的头颅。那人刚开口说话，"头颅便已落地，滚入尘埃"[3]。如果他当时能够保持沉默，仅仅忍耐片刻，待

---

[1] 伊索（Aesop，约公元前 6 世纪）的寓言在古希腊广为流传，甚至在普鲁塔克的时代仍然是重要的道德故事来源。这句话很有可能来自伊索寓言《农夫与蛇》。
[2] 塞琉古（Seleucus II Callinicus，约公元前 265—前 225）是塞琉古帝国的国王。他与加拉太人（Galatians）的战斗发生在公元前 239 年左右。
[3] 引自荷马《伊利亚特》第 9 卷第 457 行。

国王日后恢复权势，我认为，他能凭借自己的沉默，获得比款待国王更大的回报。但是这个人至少还能以希望和善意作为自己缺乏节制的借口，而大多数喋喋不休之人，甚至没有任何理由，就毁了自己。

有一次，在某家理发店里，人们正在谈论狄奥尼修斯的统治，称其如金刚石般坚不可摧。理发师听后笑道："你们竟然在我面前讨论狄奥尼修斯的统治？可我几乎每天都把剃刀放在他的喉咙上。"这番话传到了狄奥尼修斯耳中，他随即下令将理发师钉死在十字架上。理发师本就是一个多嘴的职业，因为最爱饶舌的人总是蜂拥而至，在他们店里坐下，使他们也习惯于充满话语的环境。

因此，马其顿国王阿基劳斯的应对方式颇具智慧。当一个喋喋不休的理发师为他披上围布，并问道："陛下，您想怎么理发？"他简单地回答："安静地剪。"

雅典人在西西里遭遇大败的消息，也是由一名理发师最先报告的。他从一个在比雷埃夫斯港逃出来的奴仆口中得知此事，随即丢下理发店，拼命奔向城中，想着："不能让别人抢了头功！"他将这个消息传进城里，希望成为第一个报告消息的人，而第二个到达的人只能算是晚了一步。正如所预料的那样，消息在城中引发混乱，公民们聚集在公民大会上，开始追查消息来源。理发师被带去审问，但他连告诉他消息的人的名字都不知道，只能含糊地将消息归咎于一个无名之人。大会上一片愤怒的呼声："拷问这个恶徒！用刑具折磨他！""这些消息是编造的！""还有谁听到过？谁相信这是真的？"于是，刑轮被搬出，理发师被绑上受刑。就在这时，那些从战场上逃出来的幸存者抵达雅典，他们才是真正的消息传递者。得知战败的噩耗，公民们立即四散回家，为各自的亲人哀悼，留下那个可怜的理发师依然被绑在刑轮上。直到黄昏时，他才被解开。然而，他刚恢复自由，便又问身旁的官员，他们是否也听说过将军尼基阿斯是如何丧命的。由此可见，习惯使多言成为一种无法克制、无法纠正的恶习，即使受刑也无法改正。

那些不得不喝下苦涩恶臭药物的人，会连药杯都厌恶，同理，带来坏消息的人也会被听众厌恶和憎恨。因此，索福克勒斯巧妙地表达了这个困惑："那些传递悲伤消息的人，就像制造悲伤的人一样令人痛苦，但即便如此，流动的舌头既无法被遏制，也无法被惩治。"[1]

在斯巴达，雅典娜神庙被发现遭到洗劫，只剩下一只空

---

[1] 索福克勒斯《安提戈涅》(Antigone) 第317—319行。

空的酒瓶躺在里面。许多人聚集在一起,感到疑惑不解。这时,在场的一个人说道:"如果你们愿意,我可以告诉你们关于这只酒瓶的看法。我认为,那些盗窃神庙的人,为了冒这样大的风险,一定是先喝下毒芹汁,同时携带了酒。这样,如果他们成功逃脱,就可以饮下烈酒,以此化解毒素,安全离开。但如果他们被捕,他们会在遭受拷问之前,因毒药的作用迅速且无痛地死去。"这个人说完后,由于此事包含如此周密的策划和深思熟虑,人们都觉得他不像是在猜测,而是确实知道内情。于是,人们围住他,一个接一个地审问:"你是谁?""谁认识你?""你是从哪里知道这些的?"最终,在审问之下,他承认自己是盗窃神庙的人之一。

杀害伊比库斯[1]的人也是这样自我暴露的。这群强盗坐在剧场中,看到一群鹤突然出现,便互相窃窃私语,带着嘲弄的笑声说道:"看,那是伊比库斯的复仇者来了!"坐在他们附近的人听到了这句话。因为伊比库斯已经失踪许久,人们一直在寻找他的下落,于是他们立刻抓住这一线索,并向官员报告。最终,罪犯因此被捕,并遭到惩罚。他们并非被

---

[1] 伊比库斯(Ibycus)是一位公元前6世纪的希腊抒情诗人,据说他在科林斯附近的某处被一伙盗贼袭击并杀害。在临死前,他看见一群鹤飞过,于是呼喊道:"这些鹤会为我复仇!"

鹤所制裁，而是因自己管不住舌头，就像是被复仇女神或报应之神驱使，不由自主地泄露了自己的谋杀罪行。

正如身体中的病痛部位会吸引周围组织向其聚集，多言者的舌头总是像发炎般不断跳动，吸引着秘密到自己身上。因此，舌头必须受到理性的约束，让理性像一道防御工事，时刻挡在舌头之前，遏制其冲动和滑脱，以免让我们看起来比鹅还愚蠢。据说，当鹅飞越托罗斯山脉时，为了不被满山的老鹰发现，它们会在嘴里叼上一块大石头，就像是一道门闩，阻止自己发出声音，然后趁夜悄然飞越山脉。

如果有人问："谁是最邪恶、最可憎的人？"所有人都会命名那些叛徒。例如，德摩斯梯尼控诉说，欧西克拉底用来自马其顿的木材给自己盖房子；[1]菲洛克拉提收受大量金钱，用来购买妓女和海鲜。[2]而出卖俄瑞特利亚城邦的欧福耳布斯和菲拉革鲁斯，则从国王那里得到了大片土地。[3]然而，喋喋不休之人是免费的叛徒，甚至是自愿的叛徒。他们不出卖战马或城墙，而是泄露诉讼、政治斗争和国家事务中的秘密。没有人因此感激他们，他们自己听到这些话时，还觉

---

[1] 引自德摩斯梯尼《论虚假的使团》(*De Falsa Legatione*)第265节。
[2] 引自《虚假的使团》第229节。
[3] 参考希罗多德《历史》第6卷第101章，这里的国王是大流士一世。

得别人应该感谢他们。有句话常被人们用来形容那些随意、不加思考地浪费自己财富并以此为恩惠的人："你并非慷慨之人，你是有病的，你只是沉迷于赠送。"这句话稍加改变，同样适用于那些多嘴多舌之人："你泄露这些事情并非出于友谊，也非出于善意。你是有病的，你只是享受喋喋不休的快感。"

这番讨论不应被视为对多言者的指责，而应当被看作治疗多言病的方法。因为我们战胜自身恶习的方法是先认识它们，再通过修炼克服。而判断力必须先于修炼。没有人会主动避开或驱逐自己并不厌恶的东西，只有当我们通过理性认识到这些恶习所带来的伤害和羞耻，我们才会对它们感到厌恶。我们现在对饶舌者的分析揭露了他们希望被喜爱，却遭人憎恶；想要施恩，却令人厌烦；自以为受人敬仰，却被人嘲笑；费尽心力，却一无所获。他们伤害朋友，帮助敌人，最终毁掉自己。因此，要治疗这种病，首要的解药便是理性思考，深刻认识其带来的羞耻和痛苦。

其次，我们应当运用另一种反向的思考方式，即不断聆听、记住，并牢记那些有关谨言慎行的赞美之词，牢记沉默所带来的庄重、神圣和神秘。我们要认识到，那些言辞简洁、表达精准的人，往往比喋喋不休、语无伦次的人更受敬佩，更受喜爱，也更显得智慧。正如柏拉图称赞这类人，说他们就像高超的标枪手[1]，言辞精练、紧密而有力。而斯巴达立法者来古格士，为了让公民做到精准犀利的表达，从他们童年起便通过沉默训练使他们的言语更为简练、集中。这就像凯尔特伊比利亚人锻造铁器的方式：他们将铁埋入土中，以去除其中较多的杂质，使其更加锋利。同样，斯巴达式的言辞没有多余的外壳，而是通过去除一切冗余，锤炼出最具效力的表达。斯巴达人简练精确的语言风格，以及在对答中的机智和敏锐，正是源于他们长期的沉默训练。

我们应当特别向饶舌者展示这样的例子，让他们明白简洁的言辞具有何等的魅力和力量。例如下面这封来自斯巴达人的信："斯巴达人致腓力：狄奥尼修斯在科林斯。"当腓力写信威胁斯巴达人说："如果我入侵斯巴达，我将让你们流离失所。"斯巴达人仅用一个词回复："如果。"而当国王德米特里愤怒地质问："斯巴达人竟然只派了一个使者来见我？"那名使者毫不畏惧地回答："一对一。"

---

[1] 参考柏拉图《普罗泰戈拉篇》342e。

在古代，言简意赅的人受到敬仰。近邻同盟[1]并未在阿波罗神庙上镌刻《伊利亚特》或《奥德赛》的诗句，也未刻上品达的颂歌，而是铭刻了"认识你自己""凡事勿过度""做担保，祸患至"这三句格言。人们敬仰这些话语的优雅与简洁，因为它们在短小的篇幅中凝聚了深刻的智慧。阿波罗神在传达神谕时不也刻意求简吗？他的别名难道不是"洛克西亚斯"，意为"隐晦者"吗？[2]这难道不是因为他宁愿晦涩难懂，也要避免多言吗？

那些能够以象征方式、无须言语表达必要之事的人，难道不是特别值得赞美和敬仰吗？例如，赫拉克利特曾被同胞们要求发表对和睦的看法。他登上讲坛，拿起一杯冷水，撒上一些粗麦粉，又加上一点薄荷搅拌，然后喝下，随即离开。通过这一举动，他向众人展示：知足于简单之物，不贪求奢华，正是维系城邦和平与和睦的关键。

斯基泰国王西锡卢勒斯在临终时，留下八十个儿子。他要来一捆长矛，并让他们试着折断整捆紧紧扎在一起的长

---

[1] 近邻同盟（Amphictyons）是一个古希腊的宗教与政治联盟，负责管理和保护与神庙相关的事务。
[2] 洛克西亚斯（Loxias）是阿波罗的一个别称，传统上被解释为"隐晦的"或"晦涩的"，因为他的神谕往往需要解读。普鲁塔克认为，阿波罗之所以言辞隐晦，不是因为他刻意让人难以理解，而是因为他追求简洁寡言，而非喋喋不休。

矛。当他们发现无法折断时,他便一根根地抽出长矛,轻松地折断了每一根。他以此向儿子们展示,团结一致则强大且难以摧毁,分裂则脆弱且无法持久。

如果有人不断地思考并铭记这些道理,也许就不会再沉迷于饶舌之乐了。下面这位奴仆的故事让我深刻意识到,谨慎对待言辞并掌控自己的意志是多么重要。演讲家皮索不愿被琐事打扰,便命令仆人们只对所问之事作答,不要多说一句。后来,他想款待罗马执政官,便准备了一场盛宴,并命仆人去邀请。到了约定的时间,其他宾客都已到场,唯独执政官迟迟未至。皮索多次派那位惯常负责邀请的仆人去看看他是否快到了。等到夜幕降临,他终于彻底失望,于是问仆人:"你去请过他了吗?"仆人回答:"是的。"皮索又问:"那他为什么没来?"仆人答道:"因为他拒绝了。"皮索大怒:"那你为什么不早点告诉我?"仆人淡然回应:"因为您没有问过我这个问题。"

这就是言简意赅的罗马人的仆人,而雅典仆人在做挖地中日常工作的时候,也会主动和主人交谈。这足以说明,习惯对一切事物的影响之大。因此,让我们来探讨这一点吧。

我们不能像给马套上缰绳那样,控制住饶舌之人,而是必须通过习惯的培养来治愈这种病态。在别人被问及某事时，应训练自己保持沉默，直到所有人都放弃作答。正如索福克勒斯所言，"决策者的目标与赛跑者的目标并不相同"。同样，发声与回答的目标也不一样。在赛跑中，胜利属于跑在最前的人；但在对话中，如果别人已经做出充分的回答，那就很好，此时附和并表示赞同，反而会赢得"友善"的美誉。如果别人的回答不够充分，那么再去补充遗漏之处，既不会招致怨恨，也不会显得不合时宜。

我们尤其要注意，不要在别人被问及某事时，自己抢先作答。这不仅是不合适的行为，还可能显得自己在插手他人的事务。抢先作答会使被询问者看起来无法提供所需的信息，也会使提问者看起来不懂得向真正能够提供答案的人求助。这样的抢先发言，尤其是在回答问题时的傲慢和鲁莽，常常被视为一种侮辱。因为抢先回答的人实际上是在暗示："你为什么需要问这个人？""他懂什么？""有我在，你根本不需要问别人。"

然而，我们很多时候向别人提问，并不是为了真正寻求答案，而是希望引出他们的声音，表达友善和尊重，或者是为了引导他们进入对话，就像苏格拉底对待泰阿泰德和卡尔米德那样。[1]

抢先回答别人的问题，转移他人的听觉注意力，并试图将其从原本关注的人那里拉向自己，就好像是两个人正在试图亲吻，你却抢先跑过去亲吻其中一个人。或者像是两个人正在彼此对视，你却强行让他们扭转目光来看自己。即使被询问者无法作答，旁人也应稍做等待，尊重提问者的意愿，这样回答才能合乎分寸，而不会显得唐突或僭越，从而使回答者能以谦逊而得体的方式作答。

此外，若被询问者在回答时犯错，人们通常会给予宽容与理解。但那些主动插嘴、抢答别人的问题的人，即便他们的回答是正确的，也让人厌恶；而如果他们答错了，那就更是让人幸灾乐祸，成为众人嘲笑的对象。

在回答问题时，饶舌者尤其需要注意训练自己的回答，首先要避免无意间落入那些故意挑衅、只为取笑和羞辱他人的圈套，以免过于认真地回应他们。有些人并非真正想要获得信息，而是出于消遣或玩笑的心理，精心设计问题，故意引诱爱唠叨的人展开冗长的对话，激发他们的喋喋不休。对此，必须保持警惕，不要轻率地跳入话题，也不要像感激

---

[1] 参考柏拉图《泰阿泰德篇》143d,《卡尔米德篇》154e。

对方给予发言机会一样急于回应，而应当先观察提问者的态度，以及这个问题是否真正具有意义。如果提问者确实是出于求知之心，那么回答者应养成一个习惯，即在问题和回答之间留出一点时间间隔。在这短暂的停顿中，提问者可以补充他所需的信息，而回答者也能仔细思考自己的回答，而不是急于作答，甚至在对方的问题尚未完全提出时，就匆忙作出一连串冗长的回应。这种急切的回答不仅可能掩盖问题本身，还容易让人在仓促间答非所问。

德尔斐神殿的女祭司，有时在提问者发问前，就已经给出神谕。这是因为她所侍奉的神明"能够让聋人明白，并且即使人不说话也能听到"。[1]然而，想要恰当地回答问题的人，必须耐心等待，准确理解提问者的意图，以免出现如谚语所说的情况："他们要的是犁，而对方却拒绝了他们的铲。"

此外，那种急躁的性情以及对言语的过分急切必须加以抑制，以免让人觉得，话语就像早已在舌尖蓄积的洪流，在问题一出现时便欣喜地倾泻而出。苏格拉底正是用类似的方法来控制自己的欲望的。他在剧烈运动后不会立刻喝水，他总是先打上一整桶水，将这桶水倒掉，以此训练自己的非理

---

[1] 参考希罗多德《历史》第1卷第47章。

性部分，让它学会服从于理性，判断合适的时机。

对别人的提问，有三种回答方式：必要的回答、友善的回答和多余的回答。比如，如果有人问："苏格拉底在家吗？"你可以不太情愿地、简短地回答："不在家。"如果你想要更加简洁，就直接省去"在家"二字，只说"不"，正如斯巴达人当年回复腓力的信，只写了一个大大的"不"字。而友善的人可以回答："不在家，他在银行。"如果想再详细一点，或许会补充："他在那里等着一些客人。"但多言而喋喋不休的人，尤其是那些读过安提玛科斯[1]的人会这样回答："苏格拉底不在家，而是在银行，他在等待来自伊奥尼亚的客人。这些客人由亚西比德写信推荐、慕名而来。当时亚西比德在米利都，住在提萨斐尼那里。提萨斐尼是伟大波斯王的大总督，他过去支持斯巴达人，但现在因亚西比德的游说而转向雅典，因为亚西比德渴望返回祖国，所以他成功地使提萨斐尼改变立场……"然后，这个多嘴之人可能会接着说下去，直到他滔滔不绝地背诵完《修昔底德史》第八卷，直到讲完米利都的战争和亚西比德的第二次放逐，用冗长的言

---

[1] 安提玛科斯（Antimachus，公元前5世纪）的古希腊诗人，他在古典文学传统中成为"冗长诗风"的典型代表，乃至于古罗马诗人卡图卢斯（Catullus）在《卡图卢斯诗集》(*Carmina*)第95首第10行中讽刺安提玛科斯很"臃肿"(tumidus)。

辞彻底压倒那个原本只是想简单问一下苏格拉底在不在家的人。

在回答问题这一点上，必须严格约束多言，让问题沿着既定的轨道前进，并且以提问者的需要为中心，设定回答的界限和范围。卡涅阿德斯[1]在尚未成名时，有一次在体育馆里争辩，因为他嗓音极大，如雷贯耳。馆长派人去通知他，让他降低声音的音量。卡涅阿德斯回答道："请给我一个衡量声音的标准。"馆长机智地回道："与你对话的人就是你的标准。"同样，回答者应该以提问者的需求，作为衡量自己回答的尺度。

苏格拉底说，人们应当提防那些在不饥饿时仍诱使人进食的食物，以及那些在不口渴时仍诱使人饮用的饮品。[2]多言者也应对时刻引诱自己的言谈保持警惕，当话语不断涌上心头时，他应当竭力克制，不让它们轻易地倾泻而出。例如，军人们特别喜欢讲述战争故事，就像荷马笔下的涅斯托

---

[1] 卡涅阿德斯（Carneades，约公元前214—前129）是古希腊怀疑论哲学家、新柏拉图主义学院的学派领袖，以怀疑主义和逻辑辩论著称，曾猛烈批判斯多葛派的道德与知识体系。

[2] 参考色诺芬《苏格拉底回忆录》第1卷第3章第6节。普鲁塔克在"论多管闲事"一篇中也引用过这个故事。

耳，时常回忆并叙述自己英勇的战绩。[1]此外，那些曾在法庭上获胜，或是在国王面前意外获得青睐的人，仿佛患上了一种难以自制的疾病，会让他们不断回顾并反复讲述自己的经历：如何被引见、如何辩论、如何据理力争、如何驳倒对手、如何赢得喝彩……这种陷入回忆中的沾沾自喜，比起戏剧中那些令人失眠的焦虑更为聒噪，它不断自我煽动，使每一次叙述都仿佛焕然一新，使人乐此不疲。因此，对于这些人来说，这类话题总能轻易找到借口滑出口中。正如"人总会把手放在疼痛之处"，[2]愉悦的事物会吸引人不自觉地讨论它，牵引舌头围绕它转动，因为它渴望不断地在记忆中停留。同样，恋人们也沉浸在谈论爱人的话语之中，他们总是唤起对所爱之人的回忆；即便无人倾听，他们也会对物体喃喃自语、投射情感："哦，最亲爱的床啊！幸福的灯啊！巴克斯[3]视你如神！你看似众神中最伟大的！"

无疑，多言者对言语而言，像是一条纯白的测量尺，毫无界限可言。那些比别人更容易沉溺于特定话题的人，必须

---

[1] 参考荷马《伊利亚特》第1卷第269行。
[2] 一句谚语，拉丁语中也有相对应的版本："Ubi dolor, ibi digitus"（哪里疼痛，手指就指向哪里），通常被用来比喻人总是关注自己受伤的地方。
[3] 巴克斯（Bacchis）这个名字在希腊化时代的文学和铭文中较为常见，特别是在涉及爱情、情感诉求或对恋人的思念时。

对这些内容保持警惕，克制自己远离它们，并尽可能避免，因为它们总是能因带来的快感而不断扩展、蔓延。同样的情况也发生在那些自认为在某些话题上比他人更有经验或知识的人身上。这种人既自恋又爱慕虚荣，总是将大部分时间投入自己擅长的领域，以确保自己成为最优秀之人。博览群书的人沉迷于讲述历史，文法学家热衷于分析修辞，游历广阔地域的人则不断讲述异国奇闻。这些内容同样需要我们警惕，因为多言者会像不自觉走向熟悉领地狩猎的野兽一样，被同一类话题重复吸引。

在这方面，居鲁士[1]的做法值得惊叹。他从不挑战自己擅长的比赛，而是主动选择那些自己不熟悉的领域，以避免因轻易获胜而令他人不快，同时也能从失败中获得学习的机会。多言者则完全相反。如果有一个可以让他增长见识、填补无知的话题出现，他反而会推开它、拒绝它，甚至不惜付出代价，也不愿忍受哪怕片刻无知带来的沉默。他会不断绕着那些陈旧且被反复讨论过的话题打转，并且像吟诵史诗般滔滔不绝。正如我的某位同乡，他一共就读过埃福罗斯写的两三本历史书，便开始折磨所有人，让每一场宴会都不得安

---

[1] 这个有关居鲁士大帝的事迹被色诺芬《居鲁士的教育》第1卷第4章第4节记载。

宁，喋喋不休地讲述留克特拉战役及其相关事件，最终被人戏称为"伊巴密浓达"。[1]

这种毛病算是诸多弊端中最轻微的，因此，我们应该引导饶舌者将其倾向转向学术讨论，因为在这样的场合，即便言辞过多，也比在其他情境下更容易被接受。此外，这类人还应当养成写作的习惯，并在私下进行辩论，以减少他们在公共场合滔滔不绝的倾向。斯多葛派的安提帕特就是一个例子。他似乎既无法也不愿与卡涅阿德斯正面交锋，后者像湍急的河流一般猛烈冲击着斯多葛学派的讲坛。因此，安提帕特选择用写作的方式填满书册，以文字回应对方的挑战，因而被讥讽为"笔头怒吼者"。[2] 多言者若能将精力转向写作这种"与无形影子对战"的活动，远离每日喧嚣的公共舆论，或许能变得更为可亲，就像恶狗把怒气发泄在木头和石头上后，对人类就不再那么凶猛。

此外，饶舌者若能经常与比自己优秀的人和年长者交

---

[1] 忒拜将军伊巴密浓达（Epaminondas，约公元前418—前362）指挥了留克特拉战役（Battle of Leuctra，公元前371年），这是忒拜击败斯巴达的重要战役，对希腊世界的格局影响深远。
[2] 安提帕特（Antipater，死于公元前130年）和卡涅阿德斯（Carneades，约公元前214—约公元前129）是活跃在公元前2世纪的古希腊哲学家，他们分别属于斯多葛学派和怀疑主义学派，在哲学辩论中针锋相对。

往，将会大有裨益。因为在这些人的威望面前，他们会因羞愧而不敢多言，久而久之，便能养成沉默的习惯。我们必须始终与那些善于自制的人交往，并培养他们的习惯，在话即将出口时，选择专注并思考："这段急于说出口的言论究竟是什么？为什么我的舌头如此急不可耐？说出来会带来什么好处？保持沉默又会造成什么不利？"

语言不应被视为一种让我们迫不及待急于脱手的负担，因为即使说出口，它依然存在，不会消失。人们说话，要么是因为自己有某种需要，要么是为了使听众受益，要么是为了让彼此的交流更愉悦，就像用盐调味一样，使交谈和活动更有滋味。如果所说之言既对自己无益，又对听众无关紧要，既无乐趣，也无优雅，那又何必开口呢？言语和行动一样，都可能是徒劳无益的。

除此之外，我们必须随时牢记西蒙尼德斯的箴言："多言者常常后悔，而沉默者从不后悔。"我们还应认识到自制训练至关重要，这种训练凌驾于一切之上，能给予我们强大的力量。人们甚至能通过专注和努力克制住哭泣和咳嗽，尽管过程中可能伴随着痛苦和不适。正如希波克拉底所言，沉默不会带来焦渴，也不会导致忧虑和痛苦。

论多管闲事[1]

倘若一间房屋没有空气流通、幽暗、寒冷、潮湿，甚至充满疾病，那么最好的选择是逃离它。然而，若有人因长久居住而对其生出依恋，那么可以通过调整灯光、改变楼梯、开关门窗等方式，使其变得更加明亮、通风和健康。

一些城邦也曾因类似的改造而受益。例如，我的故乡原本朝向西方，承受着从帕那苏斯山投下的斜阳，而据说是开戎将其方向调整，使之朝向东方。此外，自然哲学家恩培多克勒[2]曾封堵一座山的裂口，阻止该裂口把传播病害的南风吹向平原，从而据传驱逐了当地的瘟疫。

---

[1] 虽然这篇文章的拉丁语标题看似只是有关好奇心（De Curiositate），但是它的古希腊语标题（peri polupragmosunē）却含有贬义，polu 意为"多"，pragma 意为"事物"，故译为"多管闲事"。它的书写时间略早于"论喋喋不休"，略晚于"论心灵的健康"。
[2] 恩培多克勒（Empedocles，约公元前 495—前 435），古希腊哲学家。他的作品主要以诗歌形式流传下来，最著名的是《论自然》和《净化》。他以神秘主义者的形象著称，传说他最终跳入西西里岛的埃特纳火山，以示自己已成神。

同样，在人的心灵中，也潜伏着一些有害的状态，它们如同严寒和黑暗一般，使灵魂受损。最好的做法便是将其彻底清除，使心灵如同晴朗的天空，充满光明与清新的空气。但如果无法完全去除，那至少可以在一定程度上做出调整和转变，使之朝向更好的方向。比如，多管闲事实际上是一种对他人不幸的求知欲，这种病态的心理既非看似纯粹无害的嫉妒，也非单纯的恶意。

"你为何如此敏锐地察觉别人的过失，却对自己的缺陷视而不见呢，讨厌的家伙？"[1] 把你的好奇心从外界移开，转向自身。如果你乐于研究灾难和过失，那么你在自家事务中就有足够的素材可供探究。"如同阿利宗河川流不息的水，或橡树周围纷飞的落叶。"[2] 你在自己的人生中会发现同样多的过错，在自己的灵魂中会发现种种情感的缺陷，在自身应尽的责任中会发现许多疏忽。

正如色诺芬在《经济学》中所言，谨慎的管家会给不同的器物安排适当的位置：祭祀的器具有其专属之处，宴席的器皿有其安放之地，农具与武器各归其位。[3] 同样地，你的

1　出处不明。
2　出处不明。
3　参考色诺芬《经济学》第8卷第19章。

各种恶行也有其不同的根源——有些源自嫉妒，有些源自猜忌，有些源自怯懦，有些源自斤斤计较。你应当审视、反思它们的根源，停止窥视邻居窗户的缝隙，避免做出多事之举；你应该打开那扇通往自身的门，通往自己家的男子居室、妇女居室，以及仆人居室。在那里，你的多管闲事之心将获得有益而非无益、善意而非恶意的用途，它们将成为一种有助于自省和自救的力量。

如果每个人都对自己说："我在哪里犯了错？我做了什么？我应做而未做的是什么？"那么，他的关注点将从外界转回自身，而他的心灵也将因此得到真正的净化。然而，我们平时的行为就像神话里的蛇妖拉弥亚：她在家沉睡时，把自己的眼睛拿出来存放在一个罐子里，因此她在家什么也看不见；但一旦走出家门，她便安上眼睛，睁大眼睛观察，随时发动攻击。同样，我们在外面观察他人时，我们的好奇心如同眼睛一般，用来恶意地窥探和评判别人。对于自身的不足，我们却常因眼盲而无视，因为我们既不用光明照亮自身的错误，也不用视觉看清自身的缺陷。

因此，多管闲事的人对敌人比对自己更有益。他不停地揭露、批评敌人的过错，提醒他们应该警惕什么、改正哪儿，专注于外界，而对于自己家中的种种问题视而不见。奥德修斯的谨慎正与此形成对比。他进入冥府后，甚至在与母亲交谈之前，都坚持要先从先知那里获悉自己此行的缘由；在得到答案后，他才转向母亲，并询问了其他亡魂的身世：谁是堤洛，谁是美丽的克洛里斯，以及为何伊俄卡斯忒会"悬绳自尽，从高高的屋梁上投身而下"。[1]

我们对自身事务极度懒散，无知且漠不关心，却热衷于打探别人的家世：某人的祖父是叙利亚人，祖母是色雷斯人[2]；某人欠了三斤铜钱，还未偿还利息。我们甚至连这类琐事也要细细探究，比如某人的妻子是从哪里回来的，某甲和某乙在角落里单独交谈了什么。

苏格拉底四处游走，他在探究深刻的问题：毕达哥拉斯究竟用什么言辞使人信服？亚里斯提卜在奥林匹亚遇见伊斯科马科斯，向他询问，究竟是什么让苏格拉底的言谈如此深

---

[1] 参考荷马《奥德赛》第 11 卷第 229—278 行。在第 10 卷中，女巫喀耳刻（Circe）告诉奥德修斯，要想回家，他必须前往冥界，向盲人先知忒瑞西阿斯（Tiresias）求助，才能找到返乡的正确道路，这是第 11 卷中奥德修斯著名的"冥界之旅"的由来，在冥界，奥德修斯见到了众多已故的英雄和贵族女子。
[2] 这种家世意味着，不管祖辈是叙利亚人还是色雷斯（Thrace）人，这个人应该是奴隶出身。

刻地影响雅典人？[1] 仅仅听闻苏格拉底言辞的片段和片面例证，亚里斯提卜便受到了强烈的震撼，以至于身体虚弱，变得苍白消瘦，几近崩溃。最终他乘船前往雅典，怀着燃烧的渴望，从源头汲取智慧之泉，探究苏格拉底其人、其言辞及其哲学。而这门哲学的终极目标，正是认清自身的缺陷，并从中解脱。

有些人无法忍受直视自己的人生，就像观看一场乏味至极的表演，也不愿让理性的光芒折返到自己身上，照亮自我。这些人的灵魂中充斥着各种各样的恶习，怀着对内心的畏惧逃向外界，在别人的事务中流连徘徊，滋养并壮大自己的恶意。就像一只家禽，即便面前摆满食物，却仍然钻进角落，在粪堆里翻找隐藏的大麦。同样地，多管闲事的人无视公开的言论与历史，也不关心那些可以自由探讨、不会惹人厌烦的事物，而是专门挖掘每个家庭隐秘而不为人知的丑闻。有一个埃及人的故事很有趣：当有人问他包裹里装的是什么，他回答："正因为不想被你知道，我才把它包裹起

---

[1] 亚里斯提卜（Aristippus，约公元前435—前356）是古希腊哲学家，昔勒尼学派（Cyrenaicism）的创始人，苏格拉底的学生。伊斯科马科斯（Ischomachus）是色诺芬《经济学》中的一位雅典绅士，以贤良的家庭管理者形象著称。他在书中与苏格拉底讨论如何治理家政、与妻子合作、管理农场等希腊社会的经济伦理观念。

来。"如果不是某种不想被人知的东西，又何须隐藏？然而，多管闲事的人偏要去揭开这些隐秘。

进入别人家门，至少要先敲门；古时有门环可供叩响，如今有门卫把守，以免外人闯入，正巧撞见屋内的女主人和少女，或撞见正在受责罚的尖叫的仆人。多管闲事的人却专门偷偷潜入这样的场合。若受到端正有序的家庭光明正大的邀请，他反而毫无兴趣。他孜孜不倦地追求揭露那些被门锁、门闩和庭院大门遮掩的家庭，并渴望公之于众。

正如阿里斯顿所说，我们最讨厌的风是掀起衣袍、暴露身体的风。多管闲事者不仅揭开他人的衣服，还要剥去墙壁的遮掩，推开门户，如同一股无孔不入的风，渗透进少女柔嫩的肌肤，窥探并诋毁酒神祭仪、舞蹈和狂欢。

就像喜剧中被嘲讽的克里昂，"他的双手在一个地方，而心思却在另一个地方"。[1] 同样地，多管闲事之人的心思遍布各处：他窥探富人的宅邸，也潜入贫民的房间；他在国王的宫廷游走，也探听新婚夫妇的卧室。他无所不查，无论是外国人的私事，还是统治者的隐秘。这种探求可能会带来危险，就像有人因过度好奇而品尝毒药的性质，结果在察觉毒

1　引自阿里斯托芬《骑士》第79行。

性之前就已丧命。试图揭露权贵秘密罪恶的人，也往往在获得真相之前就先毁灭了自己。

有人无视太阳洒满大地的光辉，却偏要无礼地直视太阳本身，并强行让光线直射眼睛，最终他只会因眩目而失明。同样地，喜剧作家菲利皮迪斯的回答堪称睿智。当国王吕西马科斯问他："我该把我的哪些东西分给你？"他答道："国王啊，任何东西都可以，唯独不要给我你的秘密。"[1]因为国王最愉悦、最美好的事物都外显在公开之处：宴席、财富、庆典、恩惠。而凡是被隐藏的，就不要靠近，也不要触碰。幸福的国王不会隐藏自己的喜悦，嬉笑之人的笑声不会被掩盖，仁爱的布施与恩惠也不会被藏匿。真正可怕的是那些隐藏的事物，它们阴沉、无笑容、难以接近，可能是潜伏的怒火，是深思熟虑的复仇计划，是女人的嫉妒，是对儿子的怀疑，是朋友之间的猜忌。逃离这团黑暗而凝聚的风暴吧！那些被隐藏的秘密最终爆发时，它带来的暴风、雷鸣与闪电不会放过你！

那么，该如何逃离呢？方法便是转移注意力，将多管闲事的心思引导到别处，让灵魂转向更高尚、更愉悦的事物。

---

[1] 同一个故事，普鲁塔克在"论喋喋不休"一篇中也讲过。

去探究天上的事物吧，去探究地上的、空气中的、海洋中的奥秘！你的天性更倾向于微小的细节，还是宏大的景象？如果你渴求宏伟的事物，那就去探究太阳吧，弄清它从何处升起，又向何处沉落。探究月亮的变化，就像探究人类的变迁一样。她如何消耗光辉，又从何处重新获得光辉？她如何从幽暗无形中生出新月，渐渐丰满，装点她的面容？当她展现最明亮美丽的姿态时，又为何逐渐衰减，最终归于无形？这些是大自然的奥秘，而大自然并不会厌恶那些探究她的人。

你不想探究庞大的自然事物吗？那就去研究微小的自然事物吧。为何有些植物四季常青，繁茂生长，展现自身的繁荣，而另一些植物却如同挥霍无度之人，一瞬间耗尽所有的丰盈，最终贫瘠裸露，一无所有？为何有些果实是长条状，有些棱角分明，而另一些浑圆光滑？

但或许你的多管闲事之心并不会对这些属于自然的问题感兴趣，因为它们并不涉及罪恶。如果你的好奇心注定如毒蛇一般，非要栖息、盘踞、沉溺于邪恶之地，那么就让它去研究历史吧，那里有取之不尽的灾难和罪行。在历史中，你可以看到人性的堕落和生命的毁灭、妇女的沉沦、仆人的背叛、朋友的诽谤、毒药的调配、嫉妒、猜忌、家族的覆灭、统治者的垮台。在历史中，你可以沉浸其中，自得其乐，而不至于打扰到身边的人，也不会让他们感到厌恶。

可是，多管闲事之人似乎并不喜爱陈年往事，而是热衷于那些新鲜温热的灾祸。他们乐于观看最新上演的悲剧，却对喜剧或更轻松的事物不太感兴趣。因此，当有人讲述别人的婚礼、祭祀或隆重的仪式时，他们是懒散而漫不经心的听众，总是说自己早已听过这些内容，并催促讲述者尽快跳过这些部分。然而，如果有人在他身旁开始谈论少女的失贞、妇人的通奸、即将展开的诉讼或兄弟反目成仇，那么他既不会打瞌睡，也不会因其他事务分心，反而全神贯注、追问细节，每一句话都铭记在心。有句俗语说："哎呀，幸福的事情对人的耳朵竟是一种折磨！"这句话适合用来形容多管闲事之人。

正如拔罐杯会吸取最糟糕的成分，好管闲事之人的耳朵也总是吸取最卑劣的话语。更进一步，就像城邦里几扇阴森污秽的城门，专门用于送出被处死的人、排放污物和丢弃净化宗教仪式后的废弃物，任何神圣或洁净的事物都不会从这些城门进出。同样，多管闲事之人的耳朵从不接受任何有益或高雅的事物，反而充斥着关于谋杀的言辞，不断回响着不洁和污秽的故事。对多管闲事之人来说，哀号和哭泣就像是灵感缪斯和诱惑人心的塞壬歌声，没有比这些声音来得更加悦耳。

多管闲事就是对隐秘之事的贪求。当然，没有人会刻意隐藏自己的善事和好事，甚至有时，人们会虚构一些关于自己的好事拿来公开。因此，那些热衷于探寻灾难故事的人，实际上是被幸灾乐祸的心理所驱使的，这种情感源自嫉妒和恶意。嫉妒是对他人的幸福感到痛苦，幸灾乐祸则是对他人的不幸感到快乐。二者都源自野蛮且兽性的情感，即本性中的恶毒。

每个人都会对自身丑事的揭露而感到痛苦，以至于许多人宁愿被揭露之前就死去，也不愿向医生展示自己隐藏的疾病。试想，如果赫罗菲拉斯、埃拉西斯特拉图斯，或阿斯克勒庇俄斯本人（在他仍是凡人时）[1]，带着药物和手术器械，挨家挨户地盘问谁的手指长了脓肿，哪位妇人子宫内生了恶性肿瘤，会出现什么结果？虽然医学探究可以救治顽疾，但任何人都会厌恶这种不请自来的调查，因为它并未等待真正的需求，而是强行闯入，窥探他人的病痛。多管闲事的人

---

[1] 赫罗菲拉斯（Herophilus）和埃拉西斯特拉图斯（Erasistratus）都是公元前3世纪的古希腊医学家。前者是首位人体解剖学研究者，被称为解剖学之父；后者是生理学家，提出心脏的泵血作用和胃的消化机制。他们共同奠定了亚历山大医学派。阿斯克勒庇俄斯（Asclepius）是希腊神话中的医神，后被宙斯升上天空化为蛇夫座。

做的正是这样的事情，甚至比这更恶劣。他们并不是为了治疗，而只是为了揭露别人的隐私，因此理应被人憎恶。

我们对税吏的厌恶，并不在于他们检查那些进口货物，而在于他们翻动他人的箱子，搜查隐藏的物品。不过，法律赋予了税吏这样的权力，如果他们不这样做，反而会损害自己的利益。[1] 多管闲事的人却白白浪费自己的时间精力，忽视自己的事务，执迷于翻动别人的生活。他们很少去农村查看自己的田地，因为他们无法忍受乡间的宁静和寂静。即便偶尔经过那里，他们关注的也不是自己的葡萄园，而是邻居家的地。他们打听邻居有多少头牛、死了多少、多少酒变酸了。一旦满足自己的好奇心，他们便匆匆离去。而真正的农夫，甚至不愿意听那些从城里不请自来的消息。他会说："他要在我忙着耕地的时候跟我说什么？城里的争吵和纠纷吗？那个该死的家伙，现在正四处奔走传播这些消息，多管闲事！"

多管闲事之人认为乡村生活乏味、冷淡且缺乏戏剧性。因此，他们逃离乡野，挤入集市、市场和港口，四处打听："有什么新消息吗？"如果有人对他们说："你今天早上不是

---

[1] 在古希腊，关税征收被外包给税吏，如果没有对应税物品进行细致搜查，税吏本人的利益就会受损。

已经去过集市了吗？难道你认为在短短三小时内，城里就会发生翻天覆地的变化？"他们仍然不会死心。如果真的有人带来了新消息，他们便会立刻下马，先握手寒暄，亲吻对方，站在那里专心听讲。但如果那人告诉他们："没有新消息。"他们便会显得失望且不满，追问道："你没去集市吗？没经过将军府吗？没碰见从意大利来的信使吗？"正因如此，洛克里人的法律很有智慧。如果有人从外地归来，问道"有什么新消息吗？"，他们就会对其处以罚款。

正如屠夫祈求能收到大量牲畜，渔夫祈求鱼群丰收，多管闲事之人则祈求灾难不断、新闻频出、局势变动，以便他们能不断捕捉、传播各种消息。

图里的立法者也做得很好，他禁止公民在戏剧中被嘲弄，唯独奸夫和多管闲事之人例外。事实上，通奸本身就是某种形式的多管闲事，是一种对他人亲密领域里的快乐的窥探和侵入，涉及那些被隐藏于外人视线之外的私密。多管闲事则是对隐秘之事的侵扰、腐蚀和剥夺，强行揭露别人的秘密，并侵犯隐私。

博学的人往往话多，因此，毕达哥拉斯要求他的弟子们保持五年的沉默，称其为"守密"。而对于过度好奇之人，恶语中伤难免随之而来。他们乐于听闻，也乐于传播，也会带着喜悦告诉他人自己辛苦搜集来的秘密。

除了我们已经讨论过的其他坏处,多管闲事这种毛病甚至成为它自我满足、自我实现的障碍。因为所有人都会对多管闲事者提高警惕,尽力隐藏好自己,不会在他们的注视下贸然行动,也不会在他们聆听时自在交谈。人们甚至会推迟决策、搁置事务,一直等到这个多管闲事的人离开。如果正在讨论某个秘密话题,或正在完成某项重要事务,突然有个多管闲事之人闯入,就像猫从餐桌上跑过,人们会立刻收起食物并藏起来,不愿让其得知。所以,许多对别人坦坦荡荡、可说可见的事情,唯独对多管闲事之人而言,变成了不可言说、不可见的秘密。

多管闲事之人会完全失去别人的信任,我们宁愿将书信、文件和印章交给仆人或陌生人,也不愿托付给多管闲事的朋友或亲人。那位著名的柏勒洛丰,甚至能够凭借自制力,在传信时不私拆控诉自己的信件,他能像克制自己拒绝国王之妻的诱惑一样,克制自己不去打开国王的信。[1] 因为

---

[1] 参考荷马《伊利亚特》第6卷第168行。柏勒洛丰(Bellerophon)是希腊神话中的一位传奇英雄,他因为政治迫害跑去普罗透斯(Proteus)王宫寻求庇护。普罗透斯国王的妻子疯狂地爱上了他,被拒后心生怨恨,谎称柏勒洛丰试图侵犯他。国王不愿亲手杀了柏勒洛丰,于是让他带着写有杀害柏勒洛丰指令的密函去另一位国王那里,希望借那位国王之手除掉柏勒洛丰。柏勒洛丰却并未将这封密函拆开查看。

多管闲事就像通奸一样，都是放纵的表现，而且这种放纵还伴随着极端的愚蠢和狂妄。放着那么多可以公开追求的普通女人不管，反而去追求那些被别人精心保护的妻子，而且她可能并不美丽。这是一种极端的疯狂和愚昧。这也是多管闲事之人的所作所为，他们放着美好的景象、动听的声音、宁静的时光和有益的学问不管，却去偷拆别人的信件，把耳朵贴在邻居的墙上偷听，并与仆人和妇女窃窃私语。他们的行为哪怕不会带来危险，也总是能带来声名狼藉。

对付多管闲事之人，最有效的办法就是让他们回忆过去。正如西蒙尼德斯所说，每当他打开自己的箱子，总是发现存放报酬的那只箱子是满的，而存放恩惠的箱子却是空的。如果一个人时不时打开自己多管闲事的"储藏箱"，会发现自己曾经关心的全都是无用的、徒劳的、毫无乐趣的往事，这或许能让他意识到自己行为的荒谬，因为它令人厌恶且毫无意义。

试想，如果有人阅读古籍，却只在笔记本中摘录其中最糟糕的部分，并把这些编成一本书，比如《荷马史诗》中断章取义的诗句，悲剧作品中语法错误的句子，诗人阿尔基罗库斯忏悔自己对妇女说过的放荡不雅的言辞。这样的人，难道不该遭受悲剧中的诅咒——"愿你早日灭亡，因为你只从凡人中挑选灾祸"吗?即便没有这样的诅咒,他那装满他人罪行的"宝库"也无耻且无用,就像那座被腓力大帝称为"恶人之城"的城邦,因为它是由最邪恶、最无法教化的人建立的。多管闲事之人不收集诗歌或文学作品,而是积攒他人的错误、过失和荒谬之事,他们把自己的记忆变成了一座毫无艺术感、毫无乐趣的邪恶档案馆,随身携带,四处传播。

就像在罗马,有些人对市场上待售的美丽少年和妙龄女子的雕像毫不在意,却流连于怪物市场,仔细观察那些没有小腿的、侏儒的、驼背的、三只眼睛的、鸵鸟头的怪物。如果让一个人不断观看这些怪象,他们很快就会厌倦,甚至恶心。然而那些沉溺于人生过失、家族丑闻和各种家庭丑事的人,整天在别人的家中探听隐私,捕捉他人的错误,他们应该首先提醒自己:这种行为无法带来任何恩惠或益处。

最有效的防止这种恶习的方法就是习惯的养成。如果我们能够从小处着手,逐步训练自己,并教育自己培养克制力,那么这种恶习便不会一点一点地加深,而是能够得到遏制。至于如何克服它,我们可以通过共同探讨训练的方法来学习。

首先,我们应当从最细微、最不起眼的事情入手。在路上，我们可以训练自己不去读墓碑上的铭文；在散步时，也不去注意墙上的涂鸦。我们要提醒自己：这些字句既无用，也不有趣。铭文上不过是写着"某人因善行被铭记"或"此人为朋友中最优秀者"，以及许多类似的空话。虽然这些内容看似无害，但它们会在无形中培养我们去探求那些与己无关之事的习惯，让好奇心变得泛滥而无法自控。

正如猎人训练猎犬，不会让它们随意追逐所有的气味，而是用缰绳拉回并引导它们，使它们的嗅觉保持纯净，专注于正当的目标，以便更准确地追踪野兽的足迹。同样，我们也应该抑制自己对所有景象和声音的漫无目的关注，引导自己专注于真正有价值的事物，保持自制力。

正如老鹰和狮子在行走时会收起爪子，以免磨损爪子的锋利，同样，我们也应当将好管闲事视为对求知锐气的一种消耗，不应让它浪费在琐碎无用的事情上，以免让求知的锋芒变得迟钝。

其次，我们应当训练自己不要在经过别人家门时向内窥视，也不要用目光去攫取屋内的景象，就像不应伸手去触碰他人的物品一样。我们应牢记哲学家色诺克拉底的话：把一只脚踏入别人家中，和把眼睛瞅向别人家中，并无区别。这样做既不坦荡，也不体面。屋内景象往往不堪入目，杂乱的器物、懒散的女仆，既无重要之事，也无值得欣赏的景象。这种窥视和斜视他人生活的行为，不仅可耻，而且会扭曲人的灵魂，形成卑劣的习惯。

狄奥根尼曾目睹奥林匹克冠军狄奥克西波斯[1]驾着战车在城邦中游行，有一位美貌女子站在一旁观看游行，而他竟无法移开目光，不断回头偷看。狄奥根尼讥讽道："看哪！这位所向披靡的运动员竟被一个小女孩拉住了脖子！"多管闲事的人也被各种无关紧要的景象牵着走，四处游荡，因为他们已经养成随处张望的习惯，心灵被这些琐碎的事物束缚，而无法专注于真正重要的事物。

但我认为，我们不应让感官像任性的仆人那样四处游荡，而应让灵魂引导它，使其迅速获取有益的信息，并将之传递给心智，然后有秩序地回归理性，专注于思考。否则，就会像索福克勒斯所说："幼马挣脱缰绳，四处狂奔。"[2] 未受正确教养或缺乏训练的人，会任由他们的感官拖拽着心智，奔向不该涉足的领域。

---

[1] 狄奥克西波斯（Dioxippus）是公元前4世纪的古希腊运动员，他在奥运会中的表现出色到很长一段时间没有其他运动员敢在赛场上和他较量，乃至于有很多次他被自动加冕为冠军。
[2] 引自索福克勒斯《厄勒克特拉》（*Electra*）第724行。

有一个故事说,哲学家德谟克利特主动弄瞎自己的双眼,靠在烧红的铜镜上,让炽热的反光刺入眼睛,以防双眼不断吸引心智向外分散,制造喧扰,从而让思维安定于内,专注于理智事物,就像封闭了通向街道的窗户一样。虽然这个故事是虚假的,然而,比任何事情都更真实的是:那些最善于运用心智的人,最少受到感官的干扰。他们远离城市建立学术馆[1],并称夜晚为静思之时,他们认为,宁静和不受干扰对于思考和探索极为重要。

此外,当集市里有人互相辱骂、恶言相向时,不去凑热闹,并不是什么困难的事;当发生聚众骚动时,选择坐着不去围观,或者若实在控制不住自己,就站起来直接离开,也并非难事。你将自己混入多管闲事的人群,不会从中得到任何益处,但如果你能强迫自己远离多事之举,并加以抑制,使自己习惯于服从理智的引导,你将获得极大的益处。

在此基础上,应当进一步加强训练。即便经过一场热闹上演的戏剧或音乐表演,也能径直走过;如果朋友邀你去观看某个舞者或喜剧演员的演出,也应当拒绝;即便在竞技场

---

[1] 这里"学术馆"的原词是 Mouseion,字面意思是献给缪斯的神殿,也是后来的"博物馆"(museum)一词的来源。

或赛马场听到喧闹声，也不应回头张望。正如苏格拉底所劝诫的，要避免那些诱使人在不饿时进食的食物，以及让人在不渴时饮用的饮品；同样，我们也应远离那些能吸引并控制我们却并非我们实际所需的视觉和听觉诱惑。[1]

年轻的居鲁士拒绝去见绝世美人潘特娅。当朋友告诉他，这位女子的容貌值得一看时，他回答道："正因如此，我更应当远离她。若因你的劝说去看她，也许她便会说服我，让我不再专注于正事，频繁探望她，欣赏她的美貌，甚至长时间陪伴她，从而放弃许多真正值得用心的事务。"[2] 同样，亚历山大也没有去看大流士的妻子，尽管据传她是极为美丽的女子。亚历山大只是去探望了她年迈的母亲，而不愿意去看那位年轻貌美的妻子。我们却偷偷将目光投向女子的轿子，甚至从窗户探出头去偷看，却仍然以为自己没有做错什么，从而使得我们的好奇心变得毫无节制，滑溜而不可控，无孔不入。

---

[1] 参考色诺芬《苏格拉底回忆录》第1卷第3章第6节。
[2] 参考色诺芬《居鲁士的教育》第5卷第1章第8节。世界上最美丽的女人潘特娅（Pantheia）和她的丈夫被居鲁士的军队俘获，居鲁士并未亲自见她，而是将她托付给他的亲信阿拉斯帕斯（Araspas）照看，并嘱咐他要善待她。阿拉斯帕斯被潘特娅的美貌所吸引，最终对她生出非分之想，然而居鲁士始终不为所动，坚持不去看潘特娅。

为了实现正义，你有时可以放弃自己正当的利益，使自己习惯于远离不义之人。同理，为了培养节制，你有时可以克制自己，不去接近自己的妻子，以便自己永远不会被别人的妻子所诱惑。然后将这一克制的习惯应用于多管闲事的冲动，可以尝试偶尔对自己家中的一些事情不去听、不去看，即使有人想告诉你家里的某些事，也要置之不理，甚至如果听说有人在谈论你，也要将其推开，不去理会。正是过度探究让俄狄浦斯陷入了极大的不幸。他探寻自己的身世，认为自己是个外乡人，而不是科林斯人，于是在路上遇到他的父亲拉伊俄斯，杀死了他，又在王位的名义下迎娶了自己的母亲为妻。他自以为他是幸福的人，却又忍不住开始追寻自己的真实身份。尽管他的妻子——他的母亲——极力阻止，他却更加急切地强迫那位知情的老人坦白真相，对其施加各种压力。最终，随着事情的发展，他将自己的怀疑引向他弑父娶母的真相，而那位老人终于忍不住喊道："唉！你逼我说出那惊悚可怕的真相！"但俄狄浦斯仍然被激情燃烧，痛苦挣扎着回答："我要听！无论如何，我必须听到真相！"[1]

如此，这种好管闲事的冲动是何等甜蜜又苦涩，难以

---

[1] 引自索福克勒斯《俄狄浦斯王》第1169—1170行。

抑制！它就像令人发痒的伤口，当人去抓挠它时，反而会流血。而那些摆脱了这种多管闲事的病症、性情温和的人，如果对某些麻烦事一无所知，可能会说："啊！遗忘之女神，你是多么智慧啊！"[1]

因此，我们必须在这些方面训练自己，不要急于打开收到的信件，不要像大多数人那样，如果手慢了，就用牙齿撕开封口。当使者前来报信时，不要立刻跑过去或站起来听。如果朋友对你说："我有一个新消息要告诉你。"你应当问："这事有用吗？有益处吗？"

有一次，我在罗马演讲时，听众席间坐着那位著名的鲁斯提库斯[2]，就是后来被罗马皇帝图密善出于嫉妒而处死的那位。这时，一名士兵穿过人群走来，递给他一封来自恺撒的信。全场安静下来，我也停顿了一下，让他可以读这封信。但他并没有这样做，也没有先拆开信件，而是等我把演讲讲完，听众解散后，才去读信。所有人都惊叹于他的沉稳自持。

然而，当一个人不断放纵自己的好奇心，让它变得强大

---

[1] 引自欧里庇得斯《俄瑞斯忒斯》第213行。
[2] 鲁斯提库斯（Junius Arulenus Rusticus）是斯多葛学派的代表，公元69年担任法官，因撰写《色雷传》被罗马皇帝图密善（Domitius）处死。

而难以控制时，他就不再容易克制自己去追逐那些本应避免的事，因为习惯使他难以自控。这样的人会擅自拆开朋友的信件，闯入秘密会议，观看不该看的神圣仪式，踏足禁地，甚至探查君主的事务和言论。

那些必须知晓一切的暴君，最令人厌恶的地方，正是他们安排的那些帮他窃听秘密的耳朵和眼线。第一个设立窃听"耳朵"的暴君是年轻的大流士，因为他对自己缺乏信任，怀疑所有人，并且充满恐惧。暴君狄奥尼修斯则在叙拉古人当中安插了告密"眼线"。因此，在政权更迭时，这些眼线是叙拉古人逮捕并处死的第一批人。实际上，这群窃听告密的人和多管闲事的人来自同一个圈子。告密者寻找的是某人是否曾自愿策划或实施过邪恶之事，而多管闲事的人，即便是旁人的非自愿的不幸遭遇，也要揭露出来，让所有人知晓。据说，"邪恶狂徒"[1]这个称呼最初是因多管闲事而得名的。在雅典饥荒严重时，那些拥有小麦的人不愿将其带到市场上，而是秘密地在夜间在家中碾磨小麦，于是有些人四处走动，偷听磨坊里传出的声音，看看谁在偷偷磨小麦，后来

---

[1] Alitírios，古希腊标准词典 Liddell & Scott 将其翻译成"邪恶的人、有罪的人"(wicked, sinful)，在此译为"邪恶狂徒"。

这群偷听者被称为"邪恶狂徒"。同样,"告密者"[1]这一称谓也是这样来的。由于法律禁止人们将无花果运出城外,那些告发和揭露偷偷运走无花果的人,便被称为"告密者"。因此,多管闲事的人应当记住这一点,好让他们为自己感到羞耻。他们的行为方式竟然与那些最受人憎恨、最令人厌恶的人如此相似,并且有着某种血缘一般的关联。

---

[1] Sukophantēs,在古希腊语中的意思是"告密者",有趣的是,英文中的谄媚者(sycophant)是从这个词延伸而来的。

关于友谊

如何从敌人身上获益

科尼利厄斯[1],我看到你在公共事务中,选择用最温和的方式执政,尽可能地发挥作用;同时,在私人交往中,你又展现出从容与亲和,使得遇见你的人都能感受到你的温厚与友善。这世上或许可以找到没有猛兽出没的土地,比如记载中的克里特岛,但至今还未曾有过这样一种政体:它既不孕育嫉妒,也不滋生竞争——而这两者,恰恰是仇恨最为丰沃的土壤。事实上,即便没有其他原因,仇恨本身也往往与友谊交织在一起。因此,那位贤者契罗[2]曾深思此理:当他听闻有人自夸没有敌人时,便问他是否也没有朋友。

---

[1] 本文是一篇面对科尼利厄斯(Cornelius Pulcher)的即兴演讲,文本中仍然保留了一些在演讲中常见的省略、重复和小失误。从上下文可以推测出,科尼利厄斯是一位执政官,从他随身携带普鲁塔克的《政治箴言》可以推断,他是普鲁塔克忠实的学生。
[2] 契罗(Chilon),公元前6世纪的斯巴达监察官,因其智慧闻名,被称为"希腊七贤"之一。

在我看来，政治家理应深思与敌人有关的话题，且不应忽略色诺芬的忠告——他说，真正有理智的人，即便是从敌人那里，也应当学会获取益处。[1]因此，最近我得以就此议题发表些许看法，遂将相关内容整理归纳，以相同的标题寄呈于你，并尽可能省略与我自己那本《政治箴言》[2]重复的内容，因为我常见你手边备有此书，时常翻阅。

原始人与野兽争斗的最终目标，就是摆脱野兽的侵害。然而，他们的后代学会了如何利用野兽：以其肉果腹，以其毛御寒，以其胆与脏腑制药疗疾，以其皮革制甲护身。因此，若野兽灭绝，人的生活反而可能变得更加野蛮、困苦而无文明。如此看来，对于大多数人而言，不遭受敌人的伤害就足够了；但色诺芬认为，真正有理智的人甚至能够从敌对者那里获得益处。[3]对此，我们不应持怀疑态度，而应当探索其中的方法与技巧，使得这一善行得以实现——尤其是对于那些注定无法让敌人从自己生活中消失的人来说。

农夫无法驯化每一棵树，猎人也无法驯服每一只野兽。

---

1 引自色诺芬《经济论》(*Œconomicus*) 第 1 卷第 15 节。
2 这部作品《政治箴言》(*Praecepta gerendae reipublicae*) 已被保存至今，参考普鲁塔克《道德论丛》798A—825F。
3 参考色诺芬《经济论》第 1 卷第 15 节；《居鲁士的教育》第 1 卷第 6 章第 11 节。

因此，他们各自根据不同的需要去寻找利益——农夫从那些不结果的树木中也能获取价值，猎人则从野兽中也能获得益处。海水既不可饮用，又苦涩有害，但它孕育着鱼类，是四通八达的交通通道，也是运送物品的可行之途。

当半兽人萨堤尔第一次见到火时，便想要亲吻并拥抱它。但普罗米修斯警告他说："山羊胡子的人啊，你难道不怕为你的胡须哀悼吗？"[1]因为火会灼烧触碰它的人，但与此同时，它也带来光明与温暖，并且对于那些学会运用它的人而言，它是一切技艺的工具。

因此，也请审视你的敌人，即便敌人在许多方面是有害的、难以应对的，他是否仍然以某种方式为你提供了一个可以利用的切入点，使你能够从他那里获得独特的益处？生活中许多境遇似乎冷漠无情，令人厌恶且难以忍受，然而，你会看到，有人利用身体的疾病来获得清静安宁，而突如其来的苦难使许多人更加坚韧，并锻炼了他们的意志。

---

[1] 引自埃斯库罗斯（Aeschylus）的《送火者普罗米修斯》(Promētheus Pyrphoros)，目前只有片段残存。埃斯库罗斯是公元前 5 世纪的古希腊悲剧诗人，与索福克勒斯和欧里庇得斯并列为古希腊最伟大的悲剧作家。萨堤尔（Satyr）是希腊神话中的一种半人半兽的森林精灵，常被用来形容未经教化的状态。在普罗米修斯的故事里，萨堤尔第一次见到火时，想要亲吻和拥抱它，表现出对新事物的无知和冲动，而普罗米修斯则警告他火的危险性。

有人甚至将从祖国流亡与丧失财富，视作通往闲暇与哲学的助力，如第欧根尼与克拉特斯。[1] 斯多葛学派的芝诺在得知自己运载货物的商船沉没后，非但没有哀叹，反而说道："哦，命运，你做得好，让我不得不穿上哲学生活清贫的粗布长袍。"[2]

正如那些最强健的胃能够消化蛇蝎，某些最健康的动物甚至能以石头和贝壳为食——它们因体内的强劲活力与温热气息而能将这些异物转化为养分；而虚弱多病的人，即便是面包与美酒这类最宜人的食物，也会使他们恶心难耐。同样，愚昧之人甚至会毁掉自己的友谊，而智慧之人却能够善加利用自己的敌意与仇怨。

因此，我认为，对于那些警觉、谨慎的人而言，敌人最具害处的地方，反而能成为最大的益处。这是什么意思呢？你的敌人始终保持警觉，埋伏在你的事务之中，四处巡察，寻找可乘之机和可以攻击的把柄，审视你的生活。他不像林

---

[1] 第欧根尼和克拉特斯都是生活在公元前4—前3世纪犬儒学派哲学家，克拉特斯是第欧根尼的学生，他们都崇尚极端简朴的生活方式，蔑视社会规范，选择贫穷生活，以幽默和讽刺的方式宣扬简朴。克拉特斯后来成为了斯多葛学派创始人芝诺（Zeno）的导师。有关他们的故事，参考第欧根尼·拉尔修《哲人言行录》第6卷第20章和第85章。

[2] 参考第欧根尼·拉尔修《哲人言行录》第7卷第5章。

叩斯[1]那样只是透过橡树、石头或瓦片窥探，而是通过你的朋友、仆人，甚至每一个熟人，竭尽所能地探查你的一举一动，密切监视你正在进行的事情，并不遗余力地挖掘和调查你所筹谋的计划。

我们的朋友即使生病，甚至濒临死亡，也往往因我们的冷漠和疏忽而被忽视；但我们对敌人的关注却细致入微，几乎连他们的梦境都要探究。而至于我们自己的疾病、债务、与妻子的争执，这些我们自身生活的种种困扰，我们的敌人往往能优先察觉到。敌人抓得最紧的正是我们的过失，并且他们会竭力追查它们。正如秃鹫被腐败尸体的气味吸引而飞去，但它们对洁净健康的身体毫无察觉，同样地，我们生活中病弱的、卑劣的和受苦的事物，会立刻激起敌人的注意。他们如同猛禽一般，扑向这些缺陷，紧紧抓住不放，并加以撕裂。

那么，这对我们而言是有益的吗？当然，非常有益。它促使人谨慎地生活，关注自身，不轻率，三思而后行，也不随意发言，而是始终如同在严格的纪律中那样，使自己的

---

[1] 林叩斯（Lynceus）在古希腊神话中拥有世界上最敏锐的视力，甚至能看到阴间之物，视力如夜猫。

生活无可指摘。因为这种谨慎能够收敛情感、约束理性，从而培养深思熟虑的态度，并促使人选择一种合宜且无可指责的生活方式。正如有些城邦，因邻近城市的动荡战争和持续的军事行动，而变得谨慎，最终珍视良好的法律秩序和健康的政体。同样，那些因某种敌意而被迫在生活中保持清醒的人，会谨防懒散与傲慢，并以合宜的方式行事。由于习惯的引导，他们在不知不觉中趋向无过失的境地，使自己的品行更加端正，在这个过程中，理性也无须起很大的作用。

因为，人们若时刻牢记那句话——"这会使普里阿摩斯和他的儿子们欢喜"[1]，便会促使自己回头反思，有所迟疑，并远离那些让敌人得以欢喜和嘲笑的行为。

此外，我们可以看到，那些演员和音乐家在剧场里独自排练时，往往表现得松懈、缺乏热情，甚至不够精准。然而，一旦进入竞争或比赛，与他人较量时，他们不仅会让自己更加专注，甚至会更加留意自己的乐器，仔细调整琴弦，进行更精准的调音和演奏，使整体表现更为和谐。因此，那些知道自己的敌人在跟自己较劲、竞争荣誉的人，会更加关

---

[1] 引自荷马《伊利亚特》第 1 卷第 255 行。涅斯托耳试图调解希腊联军统帅阿伽门农和希腊最强战士阿喀琉斯的争执，涅斯托耳呼吁他俩想想大局，这场争执会让敌方特洛伊国王普里阿摩斯 (Priam) 有多么开心。

注自身，仔细审视自己的事务，并调整自己的生活节奏，使之更加和谐。

因为我们身上的一个特征，正是我们更害怕让敌人看到自己的过失，反而不在乎朋友看到我们的恶习。因此，在迦太基王国被毁灭、希腊城市已被尽数奴役后，一些罗马人认为罗马的霸权已经稳固，无人再能挑战他们，罗马政治家纳西卡却说道："现在我们反而处于危险之中，因为我们已经失去既能让我们恐惧的人，也能让我们感到羞耻的人。"[1]

此外，你还可以参考第欧根尼的一句极富哲理且极具政治智慧的名言：

"我该如何抵御敌人？"
"使自己成为一个真正善良高尚的人。"

人们常常因为敌人的马匹、猎犬收获称赞而感到痛苦，若见到敌人精心耕作的田地，或欣欣向荣的花园，便会叹息

---

[1] 这应该发生在第三次布匿战争（Punic War）之后，罗马在公元前146年彻底摧毁迦太基并征服希腊。纳西卡（Nasica）的担忧是有远见的——在迦太基灭亡后不久，罗马内部开始出现严重的政治腐败，社会不平等加剧，最终引发内战，导致共和国衰落并走向帝制。

不已。那么你认为呢？若你展现出自己是一个公正、明智、善良之人，在言辞上受人敬重，在行动上清白无瑕，在生活方式上端庄有节，并在心智中深耕智慧，使高尚的谋略从中萌发，那么你的敌人将会因此而痛苦不堪。

诗人品达说："战败者因不眠之夜而沉默。"但并非所有人都如此，那些被敌人的勤勉、善良、高尚精神、仁爱和善行而击败的人，才会真正沉默。用德摩斯梯尼的话说，这些美德"使舌头转向，使嘴巴闭塞、窒息，使人无话可说"[1]。"你理应不同于恶人——因为你完全可以做到。"[2]

若你想要让憎恨你的人感到痛苦，不要辱骂他是淫荡、软弱、放纵、粗俗或吝啬之人，而是要让自己成为真正的君子，节制克己，言行诚实，并以仁爱与正义对待你所遇见的人。如果你被激怒而忍不住辱骂对方，那么就应当使自己远离那些让你想要破口大骂的恶行。审视你的灵魂，仔细检查其中的腐败之处，免得某种邪恶从某个角落低声潜入你的内心。正如悲剧诗人所说："医治他人的人，自己却满是伤口！"

---

[1] 引自德摩斯梯尼《论虚假的使团》第 208 节。这是公元前 343 年发表的一篇演讲，德摩斯梯尼起诉他的政治对手在出使马其顿期间涉嫌行为不端。
[2] 引自欧里庇得斯《俄瑞斯忒斯》(*Orestes*) 第 251 行。

如果你指责敌人无知，那就努力增强自己的求知欲和勤勉精神；如果你指责他懦弱，那就更加激发自己的勇敢与刚毅；如果你指责他放荡无节，那就从灵魂中彻底抹去任何潜藏的享乐主义痕迹。因为，没有什么比谩骂反噬自身更可耻或更令人痛苦的了。正如光的反射最能刺痛视力脆弱的人，批评若是最终回击批评者本身，那批评者就会因事实反噬而受到困扰。正如恶劣的风会聚拢乌云，充满恶习的生活本身会吸引谩骂。

因此，柏拉图每当遇到品行不端的人时，便习惯于扪心自问："我是不是也是这样的人？"同样，那些辱骂他人生活方式的人，若能立刻反省自己的生活，并调整自身，使其朝相反的方向加以矫正和改进，那么他的谩骂便能得到某种益处。否则，谩骂就只是毫无用处的、空洞的，既被认为如此，事实也确实如此。

因此，当我们看到一个秃子嘲笑另一个秃子、一个驼子嘲笑另一个驼子时，大多数人都会发笑。去辱骂或嘲弄任何可能使自己遭受同样回击的事情，本就可笑至极。正如拜占庭的利昂，当他被一个驼背者辱骂其视力衰弱时，他回答说："你嘲笑的是一种人类的共同疾患，而你却在背上背负着天谴（你的驼背）。"

因此，如果你有恋童癖，那你不应辱骂奸夫。如果你是一个吝啬的人，那你不应辱骂浪荡子。在欧里庇得斯的剧中，阿尔克迈翁对阿德剌斯托斯说："你是一个弑夫女子的亲生子。"阿德剌斯托斯反击道："而你，却亲手杀害了生你的母亲。"[1]

同样，多米提乌斯对克拉苏嘲讽道："难道不是你，在家中豢养一条海鳝，并在它死去后痛哭流涕吗？"克拉苏反驳说："那么你呢？难道不是你，在埋葬了三位妻子之后，竟然都没有落泪？"[2]

因此，一个准备辱骂别人的人，不需要机智、声音洪亮或大胆无畏，而是应当无可指责、不受辱骂。对此，天神似乎没有比这更明确的训示："认识你自己。"[3]这样，那些企图批评他人的人，才不会在说自己想说的话时，听到自己不想听的话。因为这种人，正如索福克勒斯所说："空口放言之

---

[1] 阿尔克迈翁（Alcmaeon）和阿德剌斯托斯（Adrastus）的这场对话出现在欧里庇得斯只有残篇存留的悲剧《阿尔克迈翁》中。
[2] 多米提乌斯（Domitius）和克拉苏（Crassus）是公元前1世纪的罗马政敌。克拉苏对一条海鳝异常宠爱，并在它死去后痛哭不已，甚至为此举行隆重的葬礼，这在当时也是一段佳话。
[3] "认识你自己"（γνῶθι σαυτόν；Know Thyself）这句名言刻在德尔斐神庙的前殿上，德尔斐神庙是太阳神阿波罗的圣地。苏格拉底在柏拉图的对话中多次引用这句神谕，强调他唯一认识到有关自己的知识就是他的无知，这也是苏格拉底哲学的起点。

后，却不得不听到自己本不愿听到的话。"

因此，在辱骂敌人这件事中，确实蕴含着某种有益和有用的东西。但同样重要的，是被敌人辱骂并听到他们的恶评。正如安提斯泰尼[1]所言："凡是想要得救的人，要么需要真诚的朋友，要么需要炽热的敌人。"因为朋友会劝诫那些犯错的人，而敌人的辱骂则能阻止他们继续犯错。

然而，如今的友谊，在需要直言不讳时寡言少语，在需要阿谀奉承时喋喋不休[2]，在需要劝诫时却沉默无言。那么，我们必须从敌人那里听取真相。正如忒勒福斯在找不到合适的医生时，只能将自己的伤口托付给敌人的长矛，让敌人来治愈他。[3] 同样，那些无法得到善意劝诫的人，也不得不忍受憎恨他们的敌人的言辞。如果这些言辞能够揭露并惩戒他们的恶习，那么，他们应当关注事情本身，而不是批评者的动机。比如，一个人本想杀死一位受病痛折磨的人，却用剑刺破并切开了他的脓肿，结果反而使那人得救，因为脓肿破

---

1 安提斯泰尼 (Antisthenes, 约公元前 446—前 366)，雅典哲学家，苏格拉底的弟子。在《道德论丛》其他两处（74c 和 82a），普鲁塔克把同一句话归到第欧根尼身上，所以这里有可能是他引用错了。
2 直言不讳和阿谀奉承的区别是普鲁塔克另一篇文章"如何区别真朋友和谄媚者"的主题。
3 这是希腊神话中一个著名的故事，参见第 063 页注释 1。

裂而痊愈。同样，许多时候，由愤怒或敌意而来的辱骂，竟治愈了灵魂中某种被忽视或被轻视的恶疾。

然而，大多数人在被辱骂后，并不考察所说的话是否真实地适用于自己，而是急于寻找辱骂者自身的过失。他们就像在摔跤场上翻滚于尘埃中的人，并不拂去自己身上的尘土，反而把尘土撒向对方，最终在相互纠缠与冲撞中一起跌倒，越陷越深。因此，被敌人辱骂的人，应该首先去除自身真正存在的过失，就像人们在被指出衣服上的污点后，会优先清理污渍一样。

如果对方的指责并不属实，仍然应当探究这诋毁的来源，并保持警惕，以免自己无意间犯下类似对方所指责的错误，而未能察觉。例如，国王莱西德，仅仅因为他的发型和步态稍显柔美，就被人诋毁为软弱无能。庞培只是用一根手指挠头皮，竟被认为是极端女性化和放荡的表现，哪怕他与这些特质毫无关系。克拉苏则因与一位贞女有所接触而受到指责和诟病，而他其实只是想从她那里购买一处美丽的地产，因此才多次私下与她见面，并对她表示恭敬。贞女波斯图米娅因笑得过于随意，以及对男子言辞过于大胆，而遭到诽谤，甚至被控诉不贞。然而，她最终被证明清白无辜。但在宣布她无罪时，大祭司提醒她："你的言辞应当与你的生活方式同样庄重。"雅典政治家特米斯托克利虽无任何不当行为,却因与斯巴达国王帕萨尼亚斯频繁交往、书信往来不断,并时常派遣使者,而陷入叛国的嫌疑。

因此,当某些控诉并不真实时,不应仅仅因为它是谎言就轻视或忽视它,而应当仔细考察,在你所说、所做、所追求或所牵涉的事情中,究竟是什么使这些诽谤之词看起来可信,并对此保持谨慎以尽量避免。因为别人可以因不情愿地陷入某些境况而得到教训,并从中学到有用的东西,正如墨洛珀所说:

> 命运夺去了我最珍爱的事物,
> 作为使我变得更智慧的代价。[1]

那么,是什么阻止我们把敌人当作一位无须支付学费的老师,从中获益,并学习到那些我们自己未曾察觉的事情呢?毕竟,敌人往往比朋友更能察觉到我们的不足,因为正如柏拉图所说,爱会使人对所爱之人变得盲目。[2] 而憎恨却

---

1 墨洛珀(Merope)是欧里庇得斯《克瑞斯丰忒斯》中的角色,该肃剧只有片段留存。
2 参考柏拉图《法律篇》731e。

伴随着好管闲事和多言，使敌人更加敏锐地洞察和揭露我们的缺点。

希尔罗被某个敌人辱骂他的口气难闻。于是，他回到家里，对妻子说："你怎么看？难道你从未告诉我这件事？"但她是一个谨慎而纯良的女人，回答道："我一直以为所有男人都是这个味道。"同样地，关于可感知的、身体上的，以及显而易见的事情，比起朋友和熟人，人们往往可以从敌人那里更早地得知。

然而，对舌头的克制本身是美德的重要组成部分。如果没有这种克制，那么让它始终服从理性并顺从约束是不可能的，除非一个人通过训练、实践和勤奋努力，去克服最恶劣的情感，比如愤怒。因为那些不由自主地说出的言语，像"话语逃出了牙齿的栅栏"，自动溜出口中，往往发生在未经训练的性情中，这一切都是由于精神的软弱、缺乏自制的思考以及放纵的生活方式。最轻微的言语，却可能带来最沉重的损失，正如神圣的柏拉图所说："惩罚既来自神明，也来自人类。"[1]

沉默在任何情况下都是无可指责的，它不仅不会让人产

---

[1] 参考柏拉图《法律篇》717C，935A。

生更大的渴望，正如希波克拉底所言，而且在面对辱骂时，它是一种庄重的、苏格拉底式的行为，甚至更接近赫拉克勒斯的风范，如果赫拉克勒斯确实如传闻所言，连一丝微不足道的谣言都不曾理会。

然而，没有什么比让辱骂你的敌人陷入沉默更庄重、更美好，就像浪涛冲刷光滑的岩石，使它们因得不到回应而最终平息，没有比这更伟大的修炼了。如果你能习惯默默承受敌人的辱骂，那么你便能轻松忍受妻子因愤怒而口出恶言，也能无动于衷地听到朋友或兄弟最尖刻的指责；甚至即便遭受父母的责打或呵斥，你依然能保持冷静，无怒无怨。苏格拉底忍受着他的妻子粘西比，尽管她脾气暴躁，性格严厉，因为他认为如果自己能够习惯忍受她，就更容易与他人相处。[1]然而，更好的做法是，让自己在敌人不断地侮辱、愤怒、嘲弄和谩骂中锻炼，从而使自己的情绪习惯于保持沉静，并且在遭受辱骂时不感到痛苦或愤怒。

因此，温和与宽容可以在面对敌意时展现，而朴实、高尚与善良则更应在友谊中流露。对朋友而言，施以善行并

---

[1] 色诺芬在《会饮篇》第2卷第10章中记录了苏格拉底和他妻子粘西比（Xanthippe）的关系。

不算是特别高尚，而在朋友需要帮助时袖手旁观，却是真正可耻的。至于对敌人，即使在有机会复仇的情况下，选择放弃惩罚也是一种宽厚之举。如果有人不仅对陷入困境的敌人表示同情，并在对方请求时伸出援手，甚至在敌人的子女或家人遭遇困境时，展现出某种关心与热忱帮助，那么，谁不会敬佩他的宽厚之心？谁不会称赞他的善良？如品达所说："唯有铁石心肠之人，才会锻造出一颗冷酷无情的黑心。"

当恺撒下令恢复庞培被废除的荣誉时，西塞罗说道："您虽然重新树立的是庞培的形象，却让自己的形象更加高大牢固。"因此，对于一位曾经是我们的敌人，后来却正当地赢得声誉的人，我们不应吝惜赞美或尊敬。这不仅能为发出赞美之人赢得更大的荣誉，也能在他日后批评他人时为其增添可信度，使人相信他不是出于私怨，而是出于对行为本身的谴责。

然而，最美好、最有益的事情莫过于，习惯于赞美敌人的人，也就能远离对朋友幸福或亲人成功的嫉妒。他不会因别人的顺遂而痛苦或心怀妒忌。而又有什么修炼，比消除我们心中的嫉妒和猜忌更能改善性情呢？

正如在旷日持久的战争中，许多原本低劣的做法，在日积月累习惯的恶化中获得法律的效力，即便大家都知道对社会有害，也难以废除。同样，敌意往往使仇恨伴随着嫉妒，并在心中留下猜忌、幸灾乐祸和记仇的痕迹。此外，狡诈、欺骗和阴谋，虽然在对付敌人时似乎无可厚非，甚至被认为不算卑劣或不公正，但一旦这些恶习植根于心，便难以摆脱。接下来，人们会因习惯而对朋友也使用这些手段，除非他们在对待敌人时便能保持谨慎和克制。

参考一下毕达哥拉斯的做法——他劝诫人们不要猎杀飞鸟，买下渔网中的鱼只为将其释放，并禁止杀害任何经过驯养的动物，来训练人们在对待无理性的动物时远离残忍和贪婪。那么，在人与人的纷争和争执中，更加值得重视和实践的，无疑是做一个高尚、公正、诚实的敌人，以此来抑制邪恶、卑劣和狡诈的情感，并彻底克服它们。这样，我们才能在与朋友的交往中，始终保持冷静，远离作恶，做到光明磊落、坦诚相待。

举个例子：斯考鲁斯是多米提乌斯的敌人，也是他的控告者。然而，在审判前，多米提乌斯的一名仆人来到斯考鲁斯面前，声称掌握了关于主人的一些秘密罪证，并愿意揭发。但斯考鲁斯并未接受，而是直接逮捕了这个仆人，并将他送回给他的主人。[1] 再举个例子：当加图指控穆雷纳从事煽动民众的活动，并收集证据时，按照当时的惯例，那些专门监视案件进展的探子们会跟随在他身边。他们经常询问："今天你是否要收集证据，或是处理起诉的事务？"如果加图回答"没有"，他们便相信他，并随即离开。这些事迹无疑证明了加图拥有极高的声誉。[2] 然而，比这更伟大、更可贵的是，那些习惯于对敌人也遵循正义之道的人，绝不会对自己的朋友和亲近之人施加不公正或狡诈的手段。

正如诗人西莫尼德斯所说，"所有云雀都必须长出冠羽"，人类的天性都带有争强好胜、嫉妒和妒忌的特征。这些情感用诗人品达的话说，是"空虚之人的伴侣"。那么，一个人若想适当地利用这些情感，可以将它们作为针对敌人的净化手段，并且像引导污水渠那样，将这些情感远远地导向敌人，而不是朋友和亲人。奥诺马德摩斯——一位有政

---

[1] 斯考鲁斯（Marcus Aemilius Scaurus）和多米提乌斯（Lucius Domitius Ahenobarbus）是罗马共和国晚期的政治人物。

[2] 加图（Marcus Porcius Cato，也被称为小加图）是罗马共和国政治家，以严苛的道德标准、坚定的共和主义立场以及强烈反对恺撒独裁而闻名。他效仿斯多葛哲学的节制和正直，被认为是罗马道德的典范。穆雷纳（Lucius Licinius Murena）在公元前63年竞选并当选为执政官，但因涉嫌贿选被小加图指控。

治远见的人——也察觉到了这一点[1]：当他在内乱中站在掌权一派时，他劝诫自己的同伴，不要将所有反对派都驱逐，而是应当留下其中一部分。他解释道："这样，我们就不会在完全摆脱敌人之后，开始内部争斗，伤害自己的朋友。"

同样地，若我们将这些嫉妒或愤怒的情感消耗在敌人身上，它们对朋友的影响就会减少。正如诗人赫西俄德所言："陶工不应嫉妒陶工，歌者不应嫉妒歌者，邻居、堂兄弟或兄弟也不该因对方努力追求财富并获得成功而心生嫉妒。"[2]但是，如果没有其他方法可以摆脱纷争、嫉妒和争强好胜的情绪，那就习惯于对敌人的成功感到痛苦吧，并在他们身上磨砺自己的争胜之心。

正如那些聪明的农夫认为，若在玫瑰和紫罗兰旁边种植大蒜和洋葱，这些芳香植物会长得更好，因为土壤中所有刺激性、辛辣的养分都会被吸收到大蒜和洋葱里。同样地，敌人吸收并包容所有邪恶与嫉妒的情感，这将使你对成功的朋友更加友善，并且不再感到痛苦。

因此，我们应该以荣誉、权力或获取正当的财富为目

---

[1] 这个有关奥诺马德摩斯（Onomademus）的故事在普鲁塔克的《政治箴言》《道德论丛》813a）中几乎一字不差地被重新讲了一遍，在历史中没有其他记录。
[2] 引自赫西俄德《工作与时日》第25—27行。

标，与敌人展开竞争，而不是仅仅因他们比我们拥有更多而痛苦。我们应当仔细观察他们是通过哪些手段获得优势的，并努力在勤奋、努力、谨慎自持和自我反省上超越他们。正如特米斯托克利所说，米太亚德在马拉松的胜利不会让他安然入睡。[1]

如果有人认为敌人之所以胜过自己，是因为其运气好，其在官职、辩论、政治事务，或是在朋友与统治者之间更得宠，那么他就会从最初的模仿和嫉妒完全陷入消极与沮丧之中，只能与无所作为的嫉妒和怠惰为伴。但如果一个人没有因憎恨而变得盲目，而是公正地观察敌人的生活方式、品德、言论和行动，他就会意识到，那些引起嫉妒的成就往往是通过勤勉、远见和正当行动赢得的。因此，如果他朝着这些目标努力，就会激发自己对荣誉和美好的追求，并摆脱懒散与怠惰的性情。

如果敌人通过阿谀奉承、欺诈、行贿或卖身侍奉的方式，在宫廷或政治事务中获得了可耻而不自由的权势，我们不应因此烦恼，反而应当感到欣慰，因为我们可以将自己

---

[1] 希腊将军特米斯托克利在看到希腊的另一个军事领袖米太亚德（Miltiades）在马拉松战役（公元前 490 年）中大获全胜时，深受刺激，意识到自己必须在历史上留下同样伟大的成就。

的自由、纯洁无辱的生活与他们形成对比。正如柏拉图所言："所有地上和地下的黄金，都不值得用来交换美德。"[1]我们也应牢记梭伦的教诲："我们不会用美德去换取财富。"同样，我们不会用美德换取富人宴后戏剧中的掌声，也不会为了太监、妾侍或国王总督的恩宠与特权而放弃自身的品德。因为从可耻之事中，永远不会生长出值得羡慕或真正高尚的事物。

然而，正如柏拉图所说，爱会使人对所爱之人变得盲目。相反，我们的敌人在行为丑陋时，反而让我们更能看清现实。因此，我们既不该因他们的过失而幸灾乐祸，变得懒散，也不该因他们的成功而感到痛苦，而是应当借此机会思考，通过警惕他们的错误而使自己变得更好，通过模仿他们的优点而使自己不至于变得更糟。

---

[1] 引自柏拉图《法律篇》728a。

如何区分真朋友和谄媚者

亲爱的菲洛帕布斯[1],我们人人都爱自己。柏拉图认为,人们或许可以宽恕一个人对自己的偏爱,但过度的自爱会引发诸多恶行,其中最严重的便是让人无法成为公正、不偏私的裁判。[2]正如柏拉图所言,爱者对被爱者是盲目的。[3]因此,当一个人过度沉迷于自身,他将无法客观评判自己,而是被

---

[1] 菲洛帕布斯(Philopappus,65—116)是罗马帝国中一个附庸王国里的王子,他出身贵族,这篇文章应该是他向普鲁塔克请教,普鲁塔克为他而写的教诲。我们可以想象这样一个社会地位高贵的王子身边一定围绕着很多溜须拍马之辈,所以他有辨别真朋友和谄媚者的困扰。不过,普鲁塔克写给他的教诲对于我们普通人也十分有帮助。有意思的是,普鲁塔克讨论的起点并不是朋友和谄媚者的区别,而是从自我出发,承认每一个人都或多或少地拥有自恋的倾向,普鲁塔克的开篇和亚当·斯密《道德情操论》开篇、曼德维尔《蜜蜂的寓言》通篇论述一模一样。古代哲学家普鲁塔克与现代哲学家亚当·斯密、曼德维尔的不同之处在于,普鲁塔克要教我们如何通过克制和反省人性中自然的自恋而成为更智慧的个体,而亚当·斯密和曼德维尔想要教我们通过利用人性中自然的自恋建设更美好的现代社会。在这点上,普鲁塔克可能比现代哲学家更适合做我们个人的良师益友。

[2] 参考柏拉图《法律篇》731e。

[3] 参考柏拉图《斐德罗篇》232a。

欲望和偏见所蒙蔽。然而，唯有通过学习和训练，培养对真正高尚之物的敬仰和追求，而不仅仅珍视那些与自己亲近或属于自己的事物，人才有可能克服这种盲目自恋的缺陷，迈向真正的智慧与公正。

过度的自爱，为谄媚者在友谊之中提供了广阔的立足之地，因为他们能够巧妙地利用我们的自恋作为突破口，迎合我们的虚荣和偏见。事实上，我们每个人都是自己最早、最强烈的奉承者——我们喜欢自吹自擂，沉迷于自己的优点，因此更容易接受来自外界的阿谀奉承，特别是那些正好符合我们内心期待、满足我们欲望的夸奖。这使得谄媚的奉承者不仅迎合我们，更成为我们的见证者，甚至是虚荣的认同者和保证人。这就进一步巩固了我们的自恋，让我们沉醉在被赞美的幻觉中，难以自拔。

一个爱听奉承话的人，本质上往往是极度自恋的。这个人对自己怀有过分的偏爱，不仅渴望拥有一切美好的品质，甚至深信自己天生具备这些优点。这种追求卓越的愿望本身并不荒谬，但一旦这种认知变成盲目的自我满足，便会变得极其危险，需要高度警惕，以免陷入自欺的陷阱。

如果真理是神圣的，并且如柏拉图所言，真理是一切美好事物的起源，[1]无论对神还是对人而言都如此，那么谄媚者便可以说是众神的敌人，尤其是阿波罗的敌人，因为谄媚者始终与德尔斐神庙上的阿波罗神谕"认识你自己"背道而驰。他在每个人心中制造自欺的幻象，让人对自身的优缺点、善恶是非都一无所知。他的欺骗不仅让原本尚未完善的美德更加残缺，也让那些本就不可挽回的错误变得彻底无可救药。

如果谄媚只会影响卑鄙或无足轻重之人，那么它既不会如此可怕，也不会难以防范。真正的危险之处在于，正如蛀虫最喜欢侵蚀柔软甜美的木材，谄媚者最容易依附于那些追求荣誉、品性高尚、宽厚仁慈的好人，并从他们的美德中汲取养分。

正如诗人西莫尼德斯[2]所说："养马业不会在贫瘠的扎金索斯岛兴盛，而是在肥沃的土地上蓬勃发展。"同样，谄媚不会围绕贫困者、无名小卒或软弱之人，而是滋生于富贵之家、高官权贵的府邸之中，成为重大事务中的隐患，甚至常常导致王国的覆灭和统治的毁灭。因此，警惕谄媚之害绝非小事，而是一项需要深思熟虑的任务。只有通过审慎的识别

---

1 参考柏拉图《法律篇》730c；在《理想国》第六卷507b—509c的太阳比喻中，苏格拉底把真相比作太阳，是一切良善和美好的起源。
2 西莫尼德斯（Simonides，公元前556—前468），古希腊科奥斯的抒情诗人。

和警觉的预见，我们才能确保这种潜伏在友谊中的毒害不会腐蚀真诚的关系，破坏真正的美德。

虱子在宿主死后便会离开，因为它们赖以生存的血液已然枯竭，尸体对它们来说毫无价值。但谄媚者远比虱子更为狡猾，他们不会浪费时间停留在衰败或冷却的权力之中，而是始终紧跟名声与权势，依附其上以壮大自身。一旦权势发生变动，他们便会迅速溜走，毫不留恋。但如果等到这种时刻再去检验他们的忠诚，那不仅毫无意义，反而极其危险。因为最可悲的莫过于在真正需要朋友的时候，才发现自己身边的尽是伪友，而那时已无力再做出选择，这是极其痛苦的事情，这意味着我们用真诚和信任换来了虚假和不可靠的关系，而这种损失是不可挽回的。

因此，朋友应当在关键时刻到来之前就接受某种考验，正如货币在使用之前应先验证其真伪，而不是等到真正需要时才发现它是假币，无法流通。我们不应等到受伤害之后才警觉，而是要在此之前就学会识别谄媚者，以免落入他们的欺骗之中。否则，我们的下场就如同那些试图通过亲自品尝毒药，来判断其致命性的人——他们在得出结论之前，便已经毒死了自己。

我们既不赞同那些对友谊过于随意的人，也不认同那些将朋友仅仅视为高尚之人和有益之人[1]，从而把所有愉快融洽的交往都当作谄媚的迹象的人。事实并非如此——真正的朋友既不会让人厌恶，也不是毫无节制的逢迎之徒。友谊的高贵不在于它的严肃庄重，而在于它本身所蕴含的甜蜜与温情，使其既可敬又可爱。"在友谊旁边，恩惠三女神和爱欲之神共同安居。"[2] 友谊不仅仅是对不幸之人的慰藉，正如悲剧诗人欧里庇得斯所说："看见友善者的眼睛，是一种甜美的幸福。"[3] 此外，友谊既能将快乐和恩惠带给一帆风顺的人，也能减少身处低谷之人的痛苦和困境。它不仅在逆境中抚慰人心，更能在顺境中锦上添花，使幸福更加闪耀。

正如欧埃诺斯[4]所说："火是最好的调味品。"同样，神将友谊作为调味品融入我们有限的生命中，使这短短数十载

---

[1] 这是亚里士多德的观点。亚里士多德在《伦理学》第八、九卷着重讨论了友谊。他将友谊分成三个等级，最高尚的友谊以良善为目的，第二等友谊以愉悦为目的（普鲁塔克接下来会长篇累牍地讨论真朋友和奉承者给我们提供的愉悦有何不同），第三等友谊以功利用途为目的。

[2] 这句话从赫西俄德《神谱》第64行改编而来，恩惠三女神（Charites）代表了真善美，爱欲之神（Himeros）则代表了性欲。

[3] 引自欧里庇得斯《伊翁》第732行。这部古希腊戏剧写于公元前414年至前412年之间，讲述了一个乐意在阿波罗神庙当仆人的年轻孤儿伊翁的故事，他在无意中发现自己的身世，而他的母亲遭受神明虐待，并质疑诸神是否有权主宰人类的命运。

[4] 欧埃诺斯（Evenus）是一位公元前5世纪的诗人，大致与苏格拉底同时代。柏拉图在《斐多篇》《斐德罗篇》和《苏格拉底的申辩》中多次提到过他。

变得愉悦、甜美、辛辣——友谊赋予短暂的人生以牵挂和光明，使人乐在其中。真友谊能够给我们提供愉悦的快感，当然，谄媚者也能试图给我们提供这种快感而换取我们的信任。然而，正如假黄金只能模仿真金的表面光泽，谄媚者也只能在表面上模仿真朋友的亲密——谄媚者总是显得和我们手牵手、心贴心，避免任何对立和冲突，但这不过是一种刻意营造的伪装。

因此，我们不应将所有夸奖我们的人一概视为谄媚者。恰当且真诚的称赞对友谊而言，和适时的批评同样重要。相反，那些总是挑剔、抱怨、从不愿给予赞美的人，才是真正冷漠且难以相处之人。真正的友谊是慷慨而真诚的——它既会欣然赞美真正的美德，也会在必要时直言规劝。而我们之所以能欣然接受朋友的批评，是因为我们深知，他的指责并非出于苛刻，而是基于对我们的善意与珍视。

有人可能会说，如果真朋友与谄媚者都能通过赞美使我们感到愉悦，那么区分真正的朋友与谄媚者岂不是极其困难？更何况，在服务与讨好我们时，谄媚者往往比真朋友更加殷勤周到。那么，我们该如何辨别那些狡猾且手法高明的谄媚者呢？

首先，我们不能像大多数人那样，把那些在富人餐桌旁趋炎附势的"食客"或"溜须拍马的穷光蛋"当作主要的谄媚者。这些人不过是宴席上的寄生虫,他们的庸俗与卑劣,一顿饭、一杯酒就能暴露无遗,根本不值得花费心思去揭露。比如,我们无须揭发墨兰提俄斯,这位赖在费赖暴君亚历山大[1]府上的食客,当有人问他亚历山大是如何被刺杀的,他竟然回答:"刀虽刺入他的肋骨,却直达我的肚子!"仿佛他的命运与主人紧密相连,一损俱损。同样,那些整天出现在富贵宴席上,连刀山火海、铜墙铁壁都无法阻挡他们赴宴的人,他们的贪婪无须进一步揭露。更不必去揭发昔日塞浦路斯的那些谄媚者,他们移居叙利亚后,被人称作"阶梯党",因为他们甘愿匍匐在地,让国王的妻妾踩在他们的背上登上马车。

那么,我们究竟该提防谁呢?我们要提防的,并不是那些拙劣的谄媚者,他们会围着厨房转悠,盯着日晷计算晚餐时间,酒醉后瘫倒在地,暴露得一清二楚。我们要提防的,是那些并不承认自己在谄媚,看起来也毫无谄媚之意的人。他们从不沉溺酒色,而是保持清醒,四处插手事务,极力想

---

[1] 亚历山大(Alexander of Pherae)是费赖地区的专制君主,统治时期为公元前369年至前356年。普鲁塔克在《希腊罗马名人传》的佩洛庇达斯卷中记载了这位暴君在任期内屠杀公民、暴虐统治的行径。

要参与政治决策，并渴望进入权力核心的机密谈话。他们在友谊中并非滑稽可笑的丑角，而是披着正直庄重面孔的伪装者，扮演的角色更像是悲剧中的英雄，而非喜剧里轻佻的弄臣小丑。

正如柏拉图所言，最极端的不公，莫过于一个人看起来正直，实际上却并非如此。[1] 同样，最危险的，不是那些公然讨好的拙劣小人，而是那些隐藏得最深、精心策划的谄媚者。我们最应该警惕的，正是这种不露痕迹的奉承，而非那些赤裸裸的恭维。因为这种隐秘的谄媚会渗透真实的友谊，使其蒙上怀疑的阴影，让人真假难辨。它模仿真正的朋友，巧妙地融入一切感情、行动、需求和习惯，甚至让人怀疑真正的友谊是否也不过是伪装而已。如果我们不加警惕，它将腐蚀人与人之间最珍贵的真诚关系，让友谊也沦为欺骗的一部分。

（在希罗多德《历史》中）葛布利亚斯冲入黑暗的房间，与逃跑的祭司扭打在一起。在搏斗之中，大流士一世站在

---

[1] 这是在柏拉图《理想国》开篇（361a）年轻人格劳孔向苏格拉底提出的问题。格劳孔希望苏格拉底证明：正义本身是值得追求的内在的善，而不仅仅是为了获得社会上的好名声或外在回报。因此，他要求苏格拉底给这个最具挑战性的案例一个解释：一个完全不正义的人，却拥有正义的完美外表，这样的人能否获得更大的成功与幸福？我们可以说，这个问题是一整部《理想国》最核心的问题。

一旁犹豫不决,葛布利亚斯大声喊道:"快,用你的剑刺穿我们两人!"他宁愿冒着被误伤的风险,也要确保敌人被消灭。[1]

然而,对我们来说,即便我们绝不认同"让朋友与敌人一起毁灭"的做法,在面对谄媚者与真朋友难以区分的情况时,我们依然需要极其谨慎。谄媚者往往伪装得与真正的朋友极为相似,以至于在清除他们时,我们可能会连忠诚的朋友一同误伤,或因为珍惜友谊而让真正的害人者继续潜伏。这就像筛选小麦中的杂草种子——它们的外形、大小与麦粒极为相似,以至于难以分离。如果筛网的孔隙太小,杂草种子无法被筛出;如果孔隙过大,它们又会与麦粒一同落下,无法彻底剔除。同样,谄媚者会渗透进友谊的一切层面——情感、行动、需求和习惯,像杂草与麦田共生一样,极难被分辨和剥离。因此,我们在辨别真朋友与谄媚者时,必须谨慎审视,不可鲁莽行事,否则不仅无法铲除谄媚者,还可能伤害真正的友谊。

---

[1] 这段话引自希罗多德《历史》第 3 卷第 78 章。《历史》是西方首部较为完备的历史著作,第 3 卷主要讲述了波斯帝国的扩张、征服埃及和印度、宫廷阴谋以及大流士(Darius)的崛起。在普鲁塔克引用的这段话中,七位波斯贵族联合起来,其中包括葛布利亚斯(Gobryas)和大流士。他们在宫殿中杀死大祭司,并推翻祭司的统治,最终,葛布利亚斯支持大流士成为波斯国王,所以他是大流士忠诚的朋友兼支持者。

真正的友谊是世间最甜蜜的事物，没有什么比它更令人愉悦。因此，谄媚者总是以取悦为手段，环绕着人们的快感而行动。正如人们常说，朋友比火与水更不可或缺，而谄媚者正是借助这一点，伪装成忠诚的助手，极力表现得勤勉、热情、不辞辛劳，以此获取信任。

此外，维系友谊最关键的纽带在于相似性——真朋友之间往往兴趣相投，性情相近，行为和品性上趋同，喜爱相同的事物、排斥相同的事物，因此能产生某种情感上的共鸣，越走越近建立友谊。谄媚者知道这一点，便像柔软的材料一般调整自己、塑造自己，千方百计去迎合他想攀附的人。他善于模仿，如同变色龙一般伪装自己，让人几乎难以分辨真假，以至于让人不禁惊呼："你并非阿喀琉斯的儿子，而是阿喀琉斯本人！"

但谄媚者最狡诈的手段，莫过于他甚至连朋友间坦率直言的特质也加以模仿。他清楚，直言不讳是友谊的象征，正如动物各自拥有其独特的叫声，而只说好话、从不批评挑刺的人可能被视为不够坦率和真诚，难以令人信任交心。因此，他不会放过这个细节，而是像高明的厨师用苦味和酸味去调和甜腻的菜肴一样，在谄媚中偶尔掺杂几句看似尖锐、实则无关紧要的批评，以避免阿谀奉承显得太过露骨。但他的批评并非真正出于真诚的关心，而是一种无关紧要的假意批评，仅仅是为了让谄媚听起来更具可信度。

正因如此，要识别谄媚者极其困难。谄媚者如同某些野兽，天生具有改变自身颜色的能力，使自己与周围环境完美融合，让人难以察觉其伪装。然而，既然他依靠相似性来欺骗并隐藏自己，我们的任务便是借助察觉差异，将他的伪装一一剥去，使其在众人面前暴露无遗。正如柏拉图所言："他因自身贫乏，而不得不披上别人的色彩和形态。"[1]

让我们退一步，从头考虑这件事情。友谊的基础，是人与人之间的相似性。无论是性格、习惯、兴趣爱好，还是生活方式，人们往往更容易与那些喜欢相同事物、厌恶相同事物的人建立联系。这正如古人所言："老人最爱与老人交谈，孩童最容易亲近同龄人，女人最懂女人，病人最能同情病人，而命运坎坷者最能彼此安慰。"

谄媚者深谙这一点，于是他便从这里下手。他不直接暴露自己的意图，而是悄悄模仿、慢慢接近，巧妙地调整自己的言行举止，使自己看起来与你极为相似，就像一名猎人步步靠近野兽，等待合适的时机。他会主动迎合你的兴趣、行

---

[1] 参考柏拉图《斐德罗篇》239d。

为模式，甚至连生活方式都努力与你保持一致，直到你习惯他的存在，放松戒备，并最终将他视为知己。

然而，谄媚者的真正手段远不止于此。一旦取得信任，他便开始进一步操控你的情感——他会猛烈抨击你所厌恶的人和事，表现出比你更激烈更夸张的反感，以此加深彼此的情感共鸣。他不仅会称赞你所喜爱的一切，还会夸张至极，带着惊叹与震撼的情绪，使你沉浸在被认可的快感之中。最狡诈的是，奉承者会让你相信，他的赞美与批评并非出于感情冲动，而是他理性思考后的审慎判断。这样，他的奉承不再像是简单的阿谀之词，而是深思熟虑的共鸣，让你更加信赖。

那么，我们该如何揭露谄媚者？又能从哪些细微的差异中识破他呢？谄媚者在本质上并不与你相似，他也从未成为与你相似的人，他只是一个模仿者，精于伪装而非真正与你共鸣。

首先，想要分辨真朋友和谄媚者，我们应当观察他的言行是否稳定一致，兴趣是否持之以恒。真朋友有明确稳定的价值体系，倾向于稳定的人际关系，忠于自己的习惯，他不会朝三暮四，也不会因为迎合他人而不断改变自己。然而，谄媚者没有固定的性格和行为准则，也没有独立自主的生活方式，他总是随环境变化，不断调整自己的形态，以适应身边的人。他就像一汪水，从一个容器流向另一个容器，随时随地改变自己的形状，迎合接纳他的器皿。

猴子在试图模仿人类时，常因模仿动作滑稽拙劣而暴露，而谄媚者则更加狡猾——他不仅模仿，还会主动引导别人，带动他们进入自己的节奏，让自己看起来更"自然"。但他不会用同一种方式去模仿所有人，而是根据不同目标投其所好——遇到热爱歌舞的人，谄媚者便跟着随之起舞、引吭高歌，表现得比谁都热情奔放；遇到热衷体育竞技的人，他便与之摔跤、翻滚于尘土之中，假装同样热爱运动；遇到狩猎爱好者，他便大声吟诵欧里庇得斯剧中的台词："诸神在上！我多么渴望像猎犬一样呐喊！"[1]他兴奋地追逐猎物，但实际上，这人对狩猎本身毫无兴趣，他真正想捕获的是那个猎人，猎人才是他的猎物。

若谄媚者想取悦的是一个热爱学问、求知若渴的文艺青年，他会立刻装出书生模样，留着胡茬，披着哲学家朴素的长袍，表现出对物质毫不在意的态度，端坐在书卷之间，满

---

[1] 《希波吕托斯》是古希腊悲剧作家欧里庇得斯的作品，讲述了阿佛洛狄忒（Aphrodite）如何因为受到藐视而报复希波吕托斯（Hippolytus），最终导致无辜者的悲剧性毁灭。

口谈论的只有数学公式、柏拉图的理念和毕达哥拉斯的三角形。

若谄媚者遇到的是一个放荡不羁、嗜酒成性且富裕的人,他又会立刻抛弃哲人的长袍,剃去胡茬,就像"狡猾的奥德修斯丢掉了他伪装自己的破旧衣物"[1],彻头彻尾地改变自己的形象。他开始把酒言欢,放声大笑,在街头巷尾嬉戏玩闹,并对哲学家们冷嘲热讽。

就像当年柏拉图初次抵达叙拉古时,国王狄奥尼修斯一度沉迷于学习哲学的狂热,于是他的整个王宫都挤满了钻研柏拉图几何学的人,空气中弥漫着沙尘——那是众多几何学家在地上画几何图形的痕迹。然而,一旦柏拉图失宠,狄奥尼修斯便放弃哲学,重新沉溺于酒宴、女人和享乐,整个宫廷仿佛受到了女巫的魔咒,变得愚钝、懒散、庸俗,曾经的学术氛围烟消云散。

这种随境而变的性格,不仅存在于普通的谄媚者中,也

---

[1] 这句话引自荷马《奥德赛》第 22 卷第 1 行。《奥德赛》第 1—21 卷讲述了特洛伊战争结束后,伊萨卡国王奥德修斯历经十年漂泊、遭遇众多磨难,最终返回故乡的故事。在第 22 卷,奥德修斯回归伊萨卡,揭露了自己的身份,并开始对那些长年霸占他家园、追求他妻子的求婚者们展开血腥的复仇。

可见于某些政客和煽动者，最典型的代表便是亚西比德。[1]在雅典时，他是贵族中的风流人物，嬉戏调笑、养马赛跑，过着风趣优雅、轻松愉快的生活；到了斯巴达，他又剃去头发，换上斯巴达战士的粗布长袍，习惯于冷水沐浴，刻意表现得严肃坚毅；在色雷斯，他变成一个嗜血成性的好战分子；当他投奔波斯王国，他又立刻沉溺于奢华，模仿波斯人的娇贵、虚荣和骄傲，努力展现自己符合东方宫廷文化的一面。他不断调整自己的生活方式，来迎合不同的文化和人群，融入他们的圈子。

与之形成鲜明对比的是，忒拜将军伊巴密浓达和斯巴达国王阿格西劳斯[2]虽然曾游历多个城邦，接触不同的文化和生活方式，但无论身处何地，他们在衣着、行为、谈吐、生活方式上都始终如一，保持自己固有的品格，从不因讨好别人而改变。柏拉图也是如此，他在叙拉古时，与他在雅典学院时别无二致；他面对国王狄奥尼修斯的态度，就像他面对

---

[1] 亚西比德（Alcibiades，约公元前450—前404），他是雅典第一美男子，以其聪明才智、野心勃勃、反复无常而闻名，是希腊历史上最具争议的人物之一。苏格拉底对他极有兴趣，他们的关系在多个柏拉图对话中被记录。
[2] 阿格西劳斯（Agesilaüs，约公元前444—前360）是最智慧的斯巴达国王，被色诺芬、修昔底德、普鲁塔克高度评价。

雅典朋友迪翁一样。[1]

识别谄媚者最有效的方式，在于观察其言行是否前后矛盾，尤其是在不同环境和交际对象之间，观察谄媚者是不是见人说人话、见鬼说鬼话。谄媚者的特点类似墨鱼，其颜色随环境而变，缺乏稳定的原则和立场。因此，对其进行测试的方法之一，是在不同的情境下观察其言辞是否一致。谄媚者往往会轻易贬低自己曾经称赞过的事物，同时突然接受或推崇自己之前厌恶的观点或生活方式。通过这种反复无常的态度，你会发现他的情感并非发自内心，而是依赖外界环境而调整。谄媚者呈现给你的表象并不反映他真实的内心和真实的价值判断，而是像一面镜子折射着你喜恶的倒影。

此外，谄媚者在评价他人时，通常表现出极端的迎合态度。例如，当听到你对某人的批评时，他会慢吞吞地声称自己早已察觉该人的缺陷："你终于发现了这个人的问题，我其实从前就不喜欢他。"但如果你改变态度，开始称赞这个人，他又会迅速调整立场，以热烈的语气表示："天哪，我

---

[1] 普鲁塔克其实在这里揭露了一件很重要也很难得的有关柏拉图的细节，因为后世很多人认为柏拉图晚年跑去非民主的叙拉古、待在暴君狄奥尼修斯宫殿，是想通过辅佐僭主而成为哲学王，他们认为这段经历是柏拉图人生的败笔。普鲁塔克在这里说柏拉图在民主雅典城邦和他在非民主叙拉古的品行如一，可以说是一种对柏拉图生平的维护。

也同样欣赏他,真心喜欢这个人!"

如果谄媚者听到你说你累了,想改变生活方式,比如离开政治生活、归隐田园、远离尘世喧嚣,他会立即表示支持,并强调:"你早该避开纷争与嫉妒小人!"然而,若你反过来决定重新投身政治或公众生活,他又会立刻调整话术,低声附和:"安逸生活虽好,但缺乏荣誉,太卑微了!"进而鼓励你重新追求政治事业。我们应当直接对这种人说:你小子怎么今天和昨天判若两人?我不需要一个随时随地改变立场、随波逐流、从不与我相左的人。你还是个人吗?我看你更像我的影子,而不是独立的人格。我需要的真朋友,是一个有话直说、与我共同追求真理、能够独立且明智判断的人——这便是揭露谄媚者的一种方式。

因此,揭露谄媚者的最直接方式,便是直截了当地指出其前后不一的立场。例如,可以明确地对其表示:"你今日的态度与过去完全不同。"谄媚者之所以难以被察觉,正是因为他极善于迎合周围人的情感与判断,使自己看起来像是最贴合对方的朋友。然而,真正的友谊并不建立在盲目附和之上,而是基于共同的真理追求与理性判断。因此,与其被这种表面的和谐所蒙蔽,更应当警惕这种缺乏稳定性和独立思考的行为模式。

其次，想要分辨真朋友和谄媚者，我们必须注意以下这种区别，那就是两者对于模仿的态度。真正的朋友不会盲目地模仿所有人和品质，而是仅限于效仿和称颂最优秀的人和品质。正如索福克勒斯所言，真正的朋友不是因共同仇恨而结合，而是因为共同追求良善而团结。[1]真朋友致力于共同成就卓越，而非合谋作恶。尽管人与人之间的长期交往，可能会在无意间导致某些性格或习惯上的相互影响。例如，柏拉图的学生开始模仿柏拉图的微微驼背，亚里士多德的门徒学会亚里士多德的轻微口吃，甚至亚历山大大帝的随从也开始模仿他的脖颈倾斜，以及粗犷不羁的说话语调。但这种影响往往是潜移默化的，而非刻意迎合。

相较之下，谄媚者的模仿则完全不同。他像变色龙一般，随环境和目标人物的偏好而不断改变自己。他能够适应所有颜色，唯独无法变成白色——正如他擅长模仿不三不四的无关紧要的低劣品质，却无法效仿真正重要的美德。对于值得追求的卓越品质，他缺乏能力去学习和实践，但在丑陋的习惯上，他却毫无遗漏。他如同那些拙劣的画师，由于缺乏技艺，无法描绘真正的美，便在皱纹、疤痕和雀斑上大做

---

[1] 参考索福克勒斯《安提戈涅》第532行。

文章，以此假装再现现实。同样，谄媚者的模仿并非出于真诚，而是出于迎合和投机。他专门模仿缺乏控制力之人的放纵，模仿迷信者的狂热，模仿那些对仆人苛刻冷酷、对亲友猜忌不信的人。这种模仿不仅源于他本性上的恶劣倾向，更是他对良善事物的逃避。他宁可彻底沉浸于低俗之中，也绝不会批判或反思这些恶习，因为他的生存策略正是依附于这些行为并借此获取认同。

事实上，并不是人人都能欣赏真朋友——那些追求真正高尚事物的人，或者会对朋友的错误表现出痛苦与不满的人，往往会被视为危险人物，甚至遭受猜忌和迫害。迪翁因这一点而遭到狄奥尼修斯的忌恨，[1] 萨摩斯的菲利普和克里昂米尼也因类似原因被托勒密所陷害并最终丧命。[2] 相较而言，谄媚者则刻意营造自己既讨喜又忠诚的形象。他们并不因朋友的错误而感到痛苦，而是刻意表现出毫不介意的态度，甚至假装认同，仿佛爱和忠诚足以让他们包容你身上的一切恶

---

1 迪翁（Dion）是柏拉图最聪明最能干的门徒，他最初是叙拉古王国的僭主狄奥尼修斯一世的亲信，后来成为其子狄奥尼修斯二世的顾问。迪翁直言不讳，狄奥尼修斯二世察觉到迪翁对他的批评和指导中隐含着对他统治方式的不满，开始怀疑迪翁的忠诚，决定将迪翁流放，剥夺了他的权力和财富。
2 关于菲利普（Philip of Samos）和克里昂米尼（Cleomenes）因被托勒密（Ptolemy）猜忌而陷害并最终丧命的故事，似乎没有在现存的古典文献中有详细的记载。

行。他们努力表现出与朋友完全一致的感同身受，以此与他们密不可分。

因此，谄媚者甚至会模仿你的不幸和厄运，假装遭遇同样的厄运或者生同样的疾病，以此通过同病相怜的感觉来奉承你。跟近视者宣称自己视力也不好，跟耳背者假装自己也耳背。例如，狄奥尼修斯的谄媚者们知道这位君主视力衰退后，便假装自己也视力模糊，在宴席上故意撞到彼此，甚至打翻餐盘，以此取悦国王。更有甚者，他们不仅在表面上表现出共情，还利用这种伪装进一步渗透到朋友的私人事务中。当他们察觉某人因婚姻不幸或对亲属产生怀疑时，便会毫不吝惜地编造自己的家庭悲剧，诉说自己在子女、配偶或亲戚方面遭遇的不幸，甚至主动泄露一些秘而不宣的个人经历，以此博取对方的信任。相似的经历使人更容易产生共鸣，而那些被倾诉的人往往会因这种共情而放下戒心，主动向谄媚者吐露自己的秘密。你一旦向这种谄媚者吐露了秘密，便像人质一样被扣押，被困在所谓的信任之中，不敢轻易离开、脱离这段关系。我甚至认识一个人，竟然因为他的朋友休妻，便将自己的妻子也赶出家门。然而，这个谄媚者后来被发现私下仍与自己的妻子保持联系，并秘密传递信息，最终被其朋友的前妻察觉。

有些人对谄媚者的危险本质毫无了解，竟然误以为这几句抑扬格诗句描绘的是螃蟹，而非谄媚者：

> 整个身体都是胃，
> 到处张望的眼睛，
> 用牙齿爬行的野兽。

然而，这种描述更适合形容那些寄生于宴席之上的食客，他们如欧波利斯[1]所讽刺的那样，是"围着油炸锅打转，蹭完饭才和你称兄道弟"的一类人。这些人并非真正的谄媚者，而只是靠吃白食为生的小丑。真正的谄媚者远比这些寄生之徒更狡猾、更善于伪装。

让我们回到适当的讨论范围。在谄媚者的模仿策略中，有一个特别狡猾的诡计值得注意：即便他模仿的是被奉承者的优点，他依然会确保对方占据优势地位。真正的朋友之间不存在嫉妒、攀比和互相猜忌，无论他们在成就上是否对等，抑或有所差距，都能心平气和，坦然接受彼此的优劣。

---

[1] 欧波利斯（Eupolis，约公元前446—前411）是一位雅典古喜剧诗人，活跃于伯罗奔尼撒战争时期。

然而，谄媚者时刻牢记自己只能扮演"位居第二"的角色，他在模仿中刻意让步，避免与你真正平等。他在一切优良品质上都甘愿示弱，承认自己比他奉承的对象逊色，唯独在恶行上除外。在恶行上，谄媚者不仅不会甘居其后，反而要超越对方。如果奉承的对象脾气暴躁，他就自称比对方更加易怒；如果对方迷信，他便声称自己虔诚到能感知神灵的存在；如果对方只是陷入热恋，他便夸张地宣称自己已为爱情疯狂；甚至如果对方只是笑得稍微过了头，他就会说："你只是笑得有些不得体，而我几乎要笑死了！"

然而，一旦涉及美德，谄媚者的态度就完全相反，他不会直接与你竞争，而是刻意退让，确保你始终保持优越地位。例如，他会说："我跑得还算快，但你简直是在飞翔！"或者："我骑马技术尚可，但和你这个'半人马'相比，又算得了什么呢？"在艺术方面，他或许会自称："我是个天赋不错的诗人，我的诗句也不算拙劣，"但接着补充道，"然而，雷霆属于宙斯，而非我。"[1]

通过这种方式，谄媚者一方面表现出对被奉承者兴趣的认可，假装与其品位一致，另一方面在才能和成就上主动示

---

[1] 这句话的意思是，至高无上的灵感和权威只属于宙斯，不属于我。

弱，承认自己远远不如他，让他始终感到优越。因此，在模仿这件事上，这就是谄媚者与真朋友的区别。

我们之前已经说过，真朋友和谄媚者都能带来愉悦：一位良善贤者能从与真朋友的交往中获得愉悦，一个低劣小人从谄媚者身上也能获得愉悦。孰多孰少？孰真孰假？接下来，让我们来区分一下这两种愉悦，它们的目的不同在何处。我们可以用香味来做类比：香气既可以存在于香膏之中，也可以出现在解毒剂中。二者虽然都散发着宜人的气味，但区别在于，香膏的香气纯粹是为了愉悦感，而解毒剂的芳香则拥有净化、温热或促进愈合的药理作用。同样地，画家会在绘画中使用亮丽的颜料，这些颜料与一些鲜艳的药物看起来十分类似，两者虽然有着相似的视觉外观，但颜料纯粹只是外观鲜艳，药物的鲜艳则服务于它内在成分的特性。那么，它们的区别在哪？很明显，我们需要通过用途和目的来区分它们相似的外观。

基于这一原则，我们也可以区分真朋友与谄媚者带来的愉悦。真朋友之间的愉悦，无论是休闲娱乐、饭局酒席，甚至是插科打诨和嬉皮笑脸，都根植于某种高尚且有益的目标。这种愉悦不仅仅是短暂的感官享受，更像是通往美德和严肃交往的调味品。

也正是因此，人们说："他们以故事取乐，相互讲述。"[1]以及："除了相互的爱与欢乐，别的事物无法将我们分开。"[2]对于谄媚者而言，提供这种所谓的乐趣，就是他的最终手段和目的。谄媚者所做的一切，不管是娱乐、言谈还是行动，都以取悦为目的，经过刻意调味，使其变得愉悦可口，仿佛一桌精心烹制的宴席，唯一的目的就是讨好取悦。

简而言之，谄媚者认为他必须时刻取悦你，而真朋友并不以取悦为目的，真朋友言行的目的总是做应该做的事，哪怕有时让人愉悦，有时让人难受。真朋友并非刻意让你难受，但如果批评你、提醒你对你更好，他就不会回避。就像医生一样，该用温和的护理时会使用芳香的番红花和香料，给予你温暖的浴疗和适当的调养，但在必要时，也会毫不犹豫地施用苦涩难闻的海狸香、刺激性药物，甚至强迫病人服下苦涩的黑嚏根草。医生的目的既不是制造痛苦，也不是带

---

[1] 引自荷马《伊利亚特》第11卷第643行。此时，特洛伊战争仍在进行，而希腊联军在战场上遭遇了一系列困境。这是荷马诗歌中的一个经典场景：英雄们在激烈战斗间歇的休憩时刻，通过豪情宴饮和交心畅谈来恢复精力。

[2] 引自荷马《奥德赛》第4卷第178行。奥德修斯仍然在流浪中，无人知晓他在哪。奥德修斯的儿子忒勒玛科斯（Telemachus）在女神雅典娜的引导下，踏上了找爸爸的旅途，前去拜访了很多特洛伊战争中跟他父亲一起作战的元老。跟奥德修斯一起打过仗、如今已经年迈的墨涅拉俄斯（Menelaus）温情脉脉地回忆了奥德修斯——他最尊敬的英雄，感慨他的命运，追忆两人的友谊。

来愉悦，而是引导病人走向痊愈和康复，最终目标是病人的健康。同样，真朋友有时通过令人愉悦的赞美，引导你走向美德。以下三个《伊利亚特》中的例子把这点真朋友的直言不讳体现得淋漓尽致——"透克洛斯，亲爱的战士，忒拉蒙的儿子，众军的统帅，就这样射击吧！"[1]或"我怎能忘记神一般的奥德修斯？"[2]但在需要直言规劝时，也会毫不犹豫地批评："被宙斯钟爱的墨涅拉俄斯，你太愚蠢了，你根本不应该如此愚昧！"[3]

不仅如此，真正的朋友有时不仅用言语，也用行动来纠正对方的过失。例如，哲学家门尼迪默斯[4]为了帮助朋友改正其儿子的放荡行为，拒绝与这位年轻人交谈，甚至关上家

---

[1] 引自荷马《伊利亚特》第8卷第281行。这是特洛伊战争中的一场激烈战斗。透克洛斯（Teucer）疯狂射杀特洛伊人，目睹他的英勇，希腊国王阿伽门农非常高兴，赞扬他为父亲忒拉蒙（Telamon）赢得荣耀。

[2] 引自荷马《伊利亚特》第10卷第243行。希腊阵营正在商讨如何应对特洛伊人的攻势，狄俄墨德斯主动请缨，并在众英雄之中选择"神一般"的奥德修斯作为搭档。

[3] 引自荷马《伊利亚特》第7卷第109行。此时战况陷入胶着，特洛伊第一勇士赫克托耳（Hector）要求单挑，无人敢应战。看到所有人噤若寒蝉，墨涅拉俄斯痛心疾首，感慨希腊人都是懦夫，他决定自己拼死一搏，挑战赫克托耳。希腊联军统帅阿伽门农立刻站起来拦住他，痛斥墨涅拉俄斯自不量力，提醒他根本不是赫克托耳的对手。墨涅拉俄斯听从了阿伽门农的劝告，冷静下来并且承认自己确实不如赫克托耳，默默退回队列。

[4] 门尼迪默斯（Menedemos，约公元前345—前260）是一位哲学家，他的哲学观点已佚。

门，将他拒之门外，以此促使他反思。而另一位哲学家阿尔克西拉乌斯[1]在听说巴同[2]在一部喜剧中讽刺斯多葛派的克里安西斯[3]后，就禁止他进入学园，直到他最终得到克里安西斯的谅解，并意识到自己的错误，二人才得以和解。

在真正的友谊中，会出现一些必要情况让朋友感到不悦，但这是出于帮助他的目的，不能因此破坏友谊。对朋友的批评应该像使用带有刺痛感的药物一样，它可能令人难受，但最终能够治愈并促进病人的健康。真朋友会基于你的良善和你的利益进行判断，有时给予宽容，有时加以严格要求，就像技艺高超的乐师，根据情况调整琴弦，有时放松，有时绷紧。取悦于你不是他最高的目的，但是他始终为你着想。

相比之下，谄媚者只尊崇一个准则，那就是取悦你以博取欢心。谄媚者只会迎合，他不会反驳，不会指出错误，更不会说让人不悦的话。他只知道顺从有权势者的意志，一味

---

[1] 阿尔克西拉乌斯（Arcesilaus，约公元前316—前241）是一位哲学家，他是学院怀疑论的创始人。
[2] 巴同（Baton）是一位雅典新喜剧诗人，活跃于公元前280年左右，有一些喜剧片段存世。
[3] 克里安西斯（Cleanthes，公元前331—前232）是一位斯多葛学派哲学家。在学习哲学前是个拳击手，后在雅典师从芝诺，并成为斯多葛学派的领袖。

附和，如同一个永远不变调的和声。

正如色诺芬所说，斯巴达国王阿格西劳斯[1]尤其乐于接受那些愿意批评他的人对他的称赞，因为这意味着那些人的赞美是出于真心，而不是盲目奉承。因此，一个能够让你愉悦并施恩于你的人，若也能在必要时对你提出批评，不畏忠言逆耳，他才是真正的朋友。

相反，那些始终只带来愉悦，从不批评，也不愿直言的交往方式，应该引起我们的警惕。正如斯巴达人曾如此评价国王查里洛斯[2]："一个连对恶人都不敢严厉的人，又怎么能算是一个卓越的人呢？"

据说，公牛的狂躁是因为牛虻从耳朵钻入，而狗的烦躁则源于蜱虫附身。同样，对于那些渴望荣誉的人，谄媚者用赞美填满他们的耳朵，紧紧依附在他们身上，令人难以摆脱。因此，在这种情况下，最需要保持警觉的便是清醒的判断力，必须仔细辨别赞美究竟是针对事情本身，还是仅仅为了奉承个人。

如果赞美的是事情本身，那么赞美者往往更倾向于在背

---

[1] 阿格西劳斯（Agesilaüs），伯罗奔尼撒战争中最智慧的斯巴达领袖，普鲁塔克和修昔底德对他评价很高。
[2] 查里洛斯（Charillus），公元前8世纪中叶的斯巴达国王。

后称赞，而不是当面对人谄媚。此外，如果他们自己也渴望做同样的事情，并且不仅称赞我们，也对所有做成这件事情的人统统加以褒扬，这才说明他们的称赞是真诚的。相反，如果他们今天说这些，明天却做出或说出完全相反的言论，这便显露出他们的虚伪。

最重要的是，我们自身的良知应当成为检验的标准——如果我们清楚自己不会因所受的赞美而感到惭愧，更不会希望自己其实做了相反的事情，那么这些赞美就算得上真实可信。因为内心的判断才是最可靠的反证，它不会被轻易蒙骗，也不会因奉承而受到干扰，失去它原来的方向。

然而，不知为何，大多数人在遭遇不幸时，无法忍受平铺直叙的劝慰，反而更容易被那些与他们一同唉声叹气和同病相怜的人所影响。当他们犯错或行为不当时，如果有人以责备和批评使他们感到刺痛，并引起悔悟，他们便会将其视为敌人和苛责他们的人；而对那些赞美并美化他们所作所为的人，他们会热情地接纳，并将其视为善意的朋友。

那些轻率地附和称赞某个人的言行、努力或戏谑的谄媚者，他们的危害仅限于当下具体的事物。然而，那些通过奉承深入影响我们的性格、心智和生活习惯的谄媚者，其危害更为深远。天哪，(这些更危险的奉承者)腐败了我们的性情，他们所做之事，正如那些家仆，不是从已经堆积的谷物中偷取，而是直接窃取播种的种子。因为人的品格和性情是一切行动的种子，是人生的根本和源泉，而这些危险的奉承者却通过谄媚将其扭曲，赋予恶行以美德之名。

修昔底德曾说过[1]，在政治派系斗争和连年战乱之中，希腊人逐渐扭曲了原本的语言体系，让语言给自己的行为提供正当性：鲁莽无谋被称为勇敢且忠诚，谨慎的深思熟虑却被认为是体面者的懦弱，节制成了胆怯的借口，而全面的审慎则被斥为毫无行动力的懒惰。

同样，在谄媚之中，我们也必须时刻观察、保持警觉，以防挥霍无度被美化为慷慨，懦弱被包装成谨慎，狂妄被称作敏锐，斤斤计较被粉饰为节制，沉溺情欲被称赞为善解人意且感情充沛，暴躁傲慢者被称为勇敢，而卑微低贱的人则被赞为仁慈。

正如柏拉图所言[2]，恋人总是其所爱之人的谄媚者——扁鼻子被称为可爱，鹰钩鼻被说成高贵，肤色黝黑者被赞为刚健有力，皮肤白皙者则被誉为天仙，至于棕黄色的肤色，则

1　参考修昔底德在《伯罗奔尼撒战争史》第3卷第82章对于世风日下的忧伤感慨。
2　参考柏拉图《理想国》474e。

是恋人编造出的美称。然而，一个丑八怪被说服相信自己是英俊大帅哥，或一个小矮个被吹捧相信自己还挺高大，这种欺骗终究无关紧要、无伤大雅。更严重的是，那些使人习惯于恶行的谄媚，让我们不仅不厌恶自己的恶习，反而欣然接受，仿佛它们是美德一般，同时剥夺了我们对自身不足的羞耻。正是这种颠倒是非的奉承，毁掉了整个西西里，因为它将暴君狄奥尼修斯和法拉里斯[1]的暴虐美化为"疾恶如仇"。它还毁灭了埃及，因为它将托勒密[2]的怯懦、宗教狂热、鼓乐喧嚣和狂呼乱叫，美化成"虔诚"和"对神的敬拜"。这种奉承还摧毁了罗马人的道德，因为它将安东尼[3]的奢靡、放荡和狂欢，粉饰为"洒脱率真"和"仁慈博爱"，以掩盖他毫无节制地挥霍权力和好运的事实。

如果不是这些谄媚者的赞美，谁会把长笛和喂食槽塞

---

1 叙拉古僭主狄奥尼修斯的暴行我们已经很熟悉了，法拉里斯（Phalaris）是公元前 580 年左右的西西里僭主，以为人残忍而闻名于世，他曾把其敌人生置于空心青铜雄牛腹中活活烤死。

2 普鲁塔克在这讨论的托勒密是托勒密四世（Ptolemy IV Philopator，公元前 244—前 204），是托勒密王朝埃及的第四任法老。

3 安东尼（Marcus Antonius，约公元前 83—前 30），是古罗马晚期共和国的政治家，与恺撒大帝关系密切。普鲁塔克在《希腊罗马名人传》中的安东尼传中，着重描写了安东尼的雄心、放纵、政治手腕以及最终的失败和自我毁灭。

到托勒密手里？是谁为尼禄[1]搭建戏剧舞台，戴上面具，穿上喜剧演员的厚底靴？又是谁，让许多国王陶醉于虚假的神话？当他们被奉承者称作"乐神阿波罗"，他们就拿起琴来弹奏；被称作"酒神狄奥尼索斯"，他们就沉湎于酒；被称作"大力士赫拉克勒斯"，他们就去摔跤。他们欣然接受这些称谓，却一步步被谄媚引向最深的羞耻和堕落。

因此，我们最应警惕的，就是谄媚者的赞美。谄媚者深知这一点，因此他非常擅长隐藏自己的意图，避免被人察觉。如果他遇到的是性情轻率或愚钝的人，就会毫无顾忌地恭维，肆意夸张，就像喜剧作家米南德描绘一个谄媚者围着另一个角色转悠，借机用赞美来嘲弄他的迟钝："你比亚历山大大帝喝得还多！"或者"我一想到你对塞浦路斯人的态度就忍不住发笑！"[2]

但面对精明谨慎的人，他不会直接送上赞美，而是先绕远路，兜圈子，慢慢靠近，就像悄无声息地接近一只警觉的野兽，轻轻试探它的反应。有时，他会假借他人之口，转述

---

[1] 尼禄（Nero，37—68）罗马帝国第五任皇帝，以残暴、奢靡、纵火焚城、迫害基督徒闻名，最终被元老院判为"国家公敌"，自杀身亡。
[2] 普鲁塔克引用的是古希腊喜剧作家米南德的作品《奉承者》里的两个角色奉承者（Struthias）和笨笨（Bias）的一幕。

别人对他的赞美，就像演说家借用第三方的权威一样。他会说自己在市集中碰到一些外地人或年长者，这些人愉快地回忆起这位人物，赞美他过去的美德和功绩，表达对他的由衷敬佩。有时，他反其道而行，编造一些无关痛痒的小过失或轻微的指责，假装自己听说了这些传言，然后急匆匆地赶来询问："你是在哪里说的这个？又是在哪里做的这个？"一旦对方如他预料地否认，他就立刻趁机转入恭维，装作恍然大悟般地说道："我真是惊讶！你这种人怎么可能说熟人的坏话？你一向连敌人都不曾谴责，又怎么会在这种事上斤斤计较？你总是如此慷慨大方，怎么会去干涉别人的事情呢？"

那么，有些谄媚者，就像画家用阴影来突出光亮一样，通过谴责、辱骂、诽谤或嘲笑美德，弱化了我们的缺点，实际上他们在滋长我们的恶习。他们在放荡不羁者面前，将节制斥责为粗俗无知。在贪婪恶棍和那些通过不义手段致富的人面前，把公正和自足说成是怯懦和无能。当面对那些不愿意承担世俗责任的懒散避世之人，他们又会毫无羞耻地把爱国、追求荣誉、从政和参与公共事务污蔑为多管闲事和无谓的虚荣。在演说家面前，他们诋毁哲学家。在生活方式放荡的女人面前，他们嘲笑那些忠贞持家的女人是无情无欲的农妇。

有时候，奉承的恶行甚至超越了对他人的诋毁——他们连自己也不放过。正如摔跤手为了摔倒对手，会先俯低自己的身体，奉承者则通过自我贬低，引导旁人对他们产生敬佩。例如，他们自称"在海上胆小如鼠""自己娇生惯养，无法忍受劳苦""听到恶言便会愤怒发狂"，然后立刻反衬某位受奉承者，称其"无所畏惧，能坦然承受一切"，借此提升对方的形象。

面对那些自认为聪慧、严肃、独立、正义感十足的人，那些借着《荷马史诗》之口自称"狄俄墨德斯，不要过分赞扬我，也不要责备我"[1]的人，奉承者不会直接谄媚，而是采取更隐秘的专门针对这一类人的手段。他们会假装带着重要的个人事务前来请教，以示对对方智慧的尊重，并声称"通常有其他好友可以商量，但此刻如此需要智慧的一件事，我只信任您，不得不打扰您"，以此迎合对方的自尊和智识。随后，无论对方给出何种建议，奉承者都会恭敬地称其为神谕，而非普通意见，然后离开，以示对方的判

---

[1] 引自荷马《伊利亚特》第10卷第249行。狄俄墨得斯在希腊军营商量下一步作战计划的时候，邀请奥德修斯跟他一起潜入敌营，盛赞他是所有人中最聪慧、最果敢的战士。奥德修斯听后，低调地回应道，他不愿被过度赞扬，但也不愿被贬低。无需夸张之词，最紧要的是行动。

断无可置疑。此外，如果奉承者察觉到对方在言论修辞方面颇有经验，他们便会拿出自己的作品，恳请对方阅读并提出修改意见。

对于自诩为医生的国王米特里达梯[1]，他的某些随从甚至甘愿将自己献出，任由他切割或烧灼，做医学实验，以此用行动而非言辞进行谄媚。他们认为，这样可以向国王证明自己的忠诚与信任，使国王更加信赖他们的忠告。"神灵的形态多种多样"，[2]而这一类谄媚并非直接的溢美之词，必须对之格外警惕。要揭露这些隐秘的谄媚，最好的方法就是刻意提供一些荒谬的建议或毫无逻辑的修改，观察他们的反应。因为这些人从不提出异议，而是对所有言论都点头附和，并在每件事上大声称赞"很好""真棒"，如此一来，他们的真实意图便显而易见。他们的表现如同试图获取某种密令的探子，表面上是在附和与赞美，实则是在谋求更深远的利益，期望借此分得荣耀，与被谄媚者共享威望。

此外，正如某些人认为无声的绘画是一种诗歌，同样，

---

[1] 米特里达梯（Mithridates，约公元前131—前63）是罗马共和国末期地中海地区的重要政治人物，也是罗马最著名的敌人之一。
[2] 这句话出自悲剧作家欧里庇得斯，他的很多部剧都使用这句话作为结尾，比如《安德洛玛刻》《酒神的女信徒》《阿尔刻提斯》。普鲁塔克引用这句话的意思是，阿谀奉承的方式和神明一样多种多样。

也存在一种"无声的谄媚"。正如猎人在狩猎时，若假装自己并不在捕猎，是在旅行、放牧或耕作，便更容易欺骗猎物，使其察觉不到危险。谄媚者也是如此——当他们的举止看似与赞美无关，而是在做别的事情时，他们的谄媚往往更加巧妙而有效。例如，在集会或议会中发言的人，如果察觉到某位富人想要发言，他便会在谈话中途突然沉默，让出讲台和话语权。比起高声谄媚，这种沉默的退让能够更明显地表明他想要谄媚的对象更优越、更智慧。

因此，我们常常可以看到谄媚者占据听众席或剧场的前排座位，并非因为他们自认配得上这些位置，而是为了能在适当的时候迅速让座给富人，以此取悦他们。同样，他们在会议或集会中往往率先发言，随后又迅速让位给那些被视为"更优秀的人"；如果发现反对者恰好是有权势、富有或显赫之人，他们便会毫不犹豫地改变立场，顺应权势。这种谄媚的屈服和退让尤其需要被揭露，因为他们并非出于经验、德行或年长而让步，而是单纯因财富与声望而献媚。

举两个反例。有一次，画家阿佩利斯讽刺一个波斯贵族说："你看到那些正在研磨红色颜料的小学徒吗？当你保持沉默时，他们对你充满敬意，崇拜你的紫袍和黄金饰品。但现在，你一开口谈论自己从未学习过的线条和阴影，他们便开始嘲笑你了。"同样，当国王克罗伊斯询问哲人梭伦关于幸福之道的问题时，梭伦没有将这位国王视为最幸福之人，反而列举了三个无名的雅典人，认为他们比克罗伊斯更有福分。[1] 然而，谄媚者对待国王、富人和权贵的方式截然不同，他们不仅称这些人为"有财"和"有福"，还竭力宣称他们在智慧、技艺和美德方面都首屈一指。

在斯多葛派的哲学家眼中，拥有智慧的人就是拥有财富、美貌、高贵的国王，这对有些人来说无法接受。然而，谄媚者们毫无顾忌地将富人奉为演说家、诗人，甚至如果他愿意的话，还会称他为画家、吹笛者、敏捷的赛跑者和强壮的摔跤手。他们在摔跤比赛时故意倒下，在赛跑时故意落后，就像一位参加了奥林匹克竞赛的跑者在与亚历山大赛跑时故意落在后面。然而，亚历山大发觉了这一伎俩，愤怒不已。哲学家卡涅阿德斯[2]曾说，富人和国王的儿子们唯一能够真正学会的技能就是骑马，除此之外，他们什么都学不好。因为这些王公贵族的子弟在学习过程中，教师总以赞美

---

[1] 克罗伊斯（Croesus，公元前595—前546），吕底亚王国最后一位君主，后来被波斯帝国的居鲁士大帝打败退位。这个故事在希罗多德《历史》第1卷第33节有记载。
[2] 见第100页注释1。

来奉承他们，摔跤的陪练也故意示弱，任他们轻易取胜。然而，马匹既不知晓也不在乎骑在它背上的人是平民、统治者、富人还是穷人，凡是不会骑马的人，它都会毫不留情地将其摔下。

因此，比昂[1]的观点是愚蠢且荒谬的，他认为单凭赞美就能使田地变得肥沃多产。那照他这么说，他若不去歌颂田地，而是选择耕耘土地，岂不是荒谬？同样地，赞美一个人并非不合适，前提是它能真正造福于被赞美者，使其变得更加卓越。然而，土地和人的区别在于，土地不会因收到谬赞而变得更糟，但一个人若是受到虚假的、不符合其实际德行的谬赞，便会膨胀自负，走向毁灭。

关于赞美的问题已经足够了，接下来让我们探讨这个重要的话题：直言不讳[2]。正如帕特罗克洛斯披上阿喀琉斯的盔甲，冒充阿喀琉斯驾驭战马奔赴战场，但唯独不敢触碰阿

---

[1] 比昂（Bion，约公元前325—前250）是一位希腊哲学家，作为奴隶被卖到雅典之后获得自由，并在雅典学习哲学，留下了很多愤世嫉俗的长篇大论。
[2] 普鲁塔克刚刚论证了真朋友的体现不在于赞美，而在于直言不讳（parrēsia），直言不讳才是谄媚（kolakeia）真正的对立面。在接下来的文本中，普鲁塔克将讨论：什么是直言不讳？谄媚者有时候也会利用直言不讳，但那不是真正的直言不讳。

喀琉斯的武器，那支沉重的长矛，而是将其留在一旁。[1]同样，谄媚者可以模仿真朋友的一切特征，但唯独不敢冒充真正的直言不讳——这是一种沉重、伟大、坚固的友谊象征，假朋友既无法真正触及，也无法真正模仿。话虽这么说，有时候，那些谄媚者害怕自己在欢笑、饮酒、戏谑和玩乐中被揭露，因此，他们开始摆出严肃的面孔，用假装的严厉掩饰奉承，甚至适当地掺杂一些责备和劝诫，使自己的谄媚看起来更具可信度。所以，我们必须识别这种伪装出来的直言不讳。

正如米南德在他的喜剧[2]中描绘了一个假扮成大力士赫拉克勒斯的冒牌货，手持一根既不坚固也不强大的狼牙棒，实际上是一根外强中干的狼牙棒模型。同样，一旦我们试图审视检验谄媚者所谓的"直言不讳"，就会发现它软弱空洞、毫无分量、缺乏真正的力量。它更像是女人的靠枕，表面上似乎能够支撑头部，实际上一施加重力就软绵绵地塌陷。这

---

1 参考荷马《伊利亚特》第16卷第14行。战争进入白热化，阿喀琉斯仍然保持愤怒，怄气不愿参战。阿喀琉斯最好的朋友帕特罗克洛斯换上阿喀琉斯的盔甲参战。虽然帕特罗克洛斯可以穿上阿喀琉斯的盔甲，但是他拿不起阿喀琉斯的长矛，这支传奇长矛（Pelian speak）由阿喀琉斯的半人马恩师喀戎（Chiron）在特洛伊战争之前送给他，据说除了阿喀琉斯之外谁也拿不动。
2 这部喜剧已佚。

类奉承者的"直言不讳"虽然表面上装得庄重，却是空洞、虚假的，并隐藏着阴险的意图。它被夸大、膨胀，以便在缩小、坍塌时，能够吸引并拖拽那些依赖它的人。然而，真正的、友善的直言不讳会针对正在犯错之人，它的责备虽令人痛苦，却具有拯救和关怀的作用，就如同蜂蜜虽然会刺痛并清理伤口，但总体上是甘甜而有益的。这种真正的直言不讳，我们等会儿将另作详细讨论。

至于谄媚者的"直言不讳"究竟是怎样的？首先，在对待他人时表现得刻薄、暴躁且不近人情。他们对自己的仆人严厉苛刻，对亲属和家人擅长挑剔，并拒绝敬仰或尊重任何外人，而是对其持轻蔑态度。同时，他们冷酷无情，喜欢通过诋毁和煽动来激怒他人，以此塑造自己有话直说的形象，仿佛自己绝不会为了迎合取悦他人而刻意让步，也不会说任何讨好之词。

其次，谄媚者假装对真正的、重大的错误毫无察觉，但对于微不足道的小失误却反应激烈，猛烈指责。如果他看到一件器物被随意放置，或者有人生活懒散，甚至有人疏忽了理发、外衣，或者没有按应有的方式照料自己的狗或马，他都会异常敏锐地扑上去，带着激烈的语气和猛烈的态度进行指责。他们的目的并非真正关心这些问题，而是为了制造一种严厉、正直的假象,以掩盖自己虚伪的本质。然而,同一个谄媚者,面对对父母的冷漠、对子女的忽视、对妻子的侮辱、对家人的轻蔑,以及对财富的挥霍,这些重大的错误于他而言都无关紧要。他对此保持沉默,毫无触动,就像一个训练师放任运动员酗酒和放荡,却只对他有没有抹油和有没有去死皮斤斤计较;或像一个教师责备学生关于书板和书写工具的使用,却对其语法错误和语言粗鄙装作听不见。

谄媚者的"直言不讳"正是这样荒谬。就像一个拙劣而可笑的演讲老师,不对演讲者的演讲内容发表任何意见,却会批评他的声音沙哑,严厉指责他因为喝冷饮损坏了嗓子;或者当一个评委审阅一篇拙劣的文章时,(不关心文章的水平)因为纸张过于粗糙,称抄写者为卑劣且粗心之人。正如托勒密假装热衷求学时,谄媚者们可以围绕单词、诗句争论不休,甚至彻夜讨论历史,但当他施行残暴、傲慢、鞭笞和杀戮时,却没有一个人敢站出来反对。也正如一个医生面对满身脓肿和溃疡的病人,却只用手术刀修剪他的头发和指甲。谄媚者以同样的方式,将他们所谓的"直言不讳"施加在那些无关痛痒的地方,而绝不触及真正的问题。

此外，还有一些谄媚者更加狡猾，他们利用"直言不讳"来取悦讨好别人。在亚历山大赠予某个弄臣大量赏赐时，阿吉斯因嫉妒和愤怒而大声喊道："何等荒谬！"国王愤怒地转向他，问道："你想干吗？"他回答说："我承认自己感到愤怒和不满，看到你们这些宙斯的后裔，全都同样喜爱那些谄媚者和可笑之人。因为赫拉克勒斯曾宠爱过谄媚小人，狄奥尼修斯也是，现在就连你身边，也能看到这样的谄媚之人得宠受赏！"[1]有一次，当提比略·恺撒[2]进入元老院时，其中一位谄媚者站起来说道："自由之人应该直言不讳，不应有所退缩，也不应对有利的事保持沉默。"他以此激起众人的注意，全场陷入沉默，提比略也在倾听。这时，谄媚者开始拍真正的马屁："听我说，恺撒，那些我们都责备你的事，却没有人敢公开说出来。您忽视了自己，任由身体劳累，总是因操心和辛劳为我们所累，无论白天还是夜晚都不曾休息。"当他连番说出许多类似的话时，据说演说家塞维

---

[1] 这句话之所以是一种隐藏的谄媚，是因为把亚历山大类比成大力士赫拉克勒斯和酒神狄奥尼修斯，表面上是讽刺，实际上却暗示亚历山大可与伟大的神祇相提并论，巧妙地将贬低转化为赞美。

[2] 提比略·恺撒（Tiberius Caesar，公元前42—公元37），罗马帝国第二任皇帝。他是奥古斯都的继子，以治国谨慎著称。他的统治虽稳定但不受爱戴，被认为是冷酷而孤独的统治者。

鲁[1]评论道："正是这种'直言不讳'要害死这个人。"

这些谄媚的手段还算轻微，但接下来的更加恶劣，尤其是对愚蠢之人的危害极大，那就是指责他们拥有与自身真实缺陷完全相反的缺点。例如，希梅里乌斯曾辱骂雅典城中最吝啬、最贪财的富人挥霍无度、不负责任，并声称他终将与子女一同陷入贫困。同样，他们也会反过来指责真正奢侈放纵、挥霍无度的人过于小气、吝啬，比如佩特罗尼乌斯[2]对尼禄的指责。更甚者，他们竟然劝诫那些对臣民施加残暴统治、冷酷无情的暴君，要放下所谓的"过度宽厚""不合时宜的怜悯"以及"无益的仁慈"。

还有一些谄媚者，他们面对天真、愚蠢、迟钝之人，却故意装作对方是极其狡诈、危险的人物，假装自己需要提防和惧怕他。同样，那些嫉妒心强、惯于恶意批评和责难他人的谄媚者，如果偶然被迫称赞某个有名望的人，就会立即反驳和讽刺，说这是一种"毛病"，即喜欢称赞那些根本不值

---

[1] 塞维鲁（Cassius Severus，死于公元32年），古罗马修辞学家，他在奥古斯都和提比略统治期间非常活跃。他之所以这么说，一方面是因为他敏锐地识破了那位谄媚者的真正意图，另一方面是因为提比略是一个极为多疑和严苛的皇帝，以强硬、克制和冷漠著称，对于这样一位统治者来说，任何形式的公开指责，即使是伪装的批评，也可能被视为一种挑衅或阴谋。
[2] 佩特罗尼乌斯（Titus Petronius，27—66）是尼禄统治时期的罗马廷臣。

得称赞的人。他们会质问:"这个人是谁?他曾说过什么卓越的话?又做过什么了不起的事?"

在涉及亲情或者爱情方面,谄媚者更是紧紧纠缠被谄媚者,并不断煽动他们的激情。如果他们看到兄弟间发生争执,或有人对父母傲慢无礼,或对妻子态度轻蔑,他们既不会劝诫,也不会指责,反而会进一步激起对方的愤怒,说:"你难道不明白吗?这一切其实是你自己的错,因为你对他们太过顺从和卑微!"而如果是某人对妓女或通奸的情人产生了愤怒和嫉妒,谄媚者便立刻假借"光明正大的直言"现身,火上浇油,为其行为辩护,并指责这个恋爱中的人,说他做了许多冷酷、苛刻、让人憎恶的事情:"你这个不知感恩的人,难道忘了她频频给予你的亲吻?"

安东尼的朋友们看到他疯狂地爱上了埃及女王,[1]竟劝

---

[1] 普鲁塔克在《希腊罗马名人传》中的《安东尼传》中详细描绘了马克·安东尼(Marcus Antonius,公元前83—前30)的生平,安东尼是罗马共和国末期的重要将领和政治家,他最初是恺撒的忠实支持者,在恺撒遇刺后,与屋大维(即后来的奥古斯都)和雷必达组成"后三头同盟",共同瓜分罗马世界。然而,随着他与屋大维关系恶化,最终在亚克兴海战(Battle of Actium)中败给屋大维,并在埃及自尽。普鲁塔克在《安东尼传》中详细描述了安东尼与埃及女王克利奥帕特拉七世(Cleopatra VII)的恋情。他写道,安东尼不仅沉溺于克利奥帕特拉的魅力,还被她影响,使他的政治判断力逐渐削弱。他放弃了在罗马的责任,甚至将大片罗马领土赠与她,并最终在屋大维的进攻下与她一起在亚历山大自杀。

他说,她也为他而痴迷,并在责备他的同时,称他"冷漠无情""自负骄傲"。"她抛弃庞大的埃及王国和安逸的生活,随你出征,受尽折磨,沦为侍妾的模样。你却无动于衷,眼睁睁地看着她痛苦不堪。"然而,这些看似指责安东尼"无情"的话语,实际上不过是另一种谄媚。他反而乐于听到这样的责备,甚至比听赞美还愉悦,却没有意识到这些"规劝"只是进一步让他沉溺于情色中。这种"直言不讳"就如放荡女子的轻咬,看似带来痛楚,实则激发情欲,使人更深地陷入沉迷之中。

正如纯酒本可以解毒芹,但若与其混合,酒的热力作用反而使毒芹汁的毒性迅速扩散,直达心脏,变得无可救药。同样,那些狡诈之人深知"直言不讳"本是抵制奉承谄媚的利器[1],却反而借助它来行谄媚之事。因此,当比亚斯被问及"世上最凶猛的动物是什么"时,他回答:"野兽之中,最难

---

[1] 从这里开始直到文末,普鲁塔克引出了本文有关"真朋友"最重要的一个属性——直言不讳(parrēsia),与本文的主题"谄媚"(kolakeia)进行对比。在普鲁塔克心中,直言不讳才是友谊最终的体现。Parrēsia 也可以被认为是古典哲学中的"言论自由",即大胆坦诚地发表言论。现代人往往会认为言论自由是一种人人与生俱来的权利,但古典概念中的言论自由不是一种权利,而是一种少数智者通过不断反省、不断努力才能抵达的崇高目标。在本文接下来的篇幅中,普鲁塔克会长篇累牍地论述什么是真正的直言不讳。他首先论证了真朋友的体现不在于赞美,而是直言不讳。接下来每一处普鲁塔克使用 parrēsia 这个词的地方都被译成"直言不讳",以供参考。

对付的是暴君；家养的动物中，最难对付的是谄媚者。"然而，更准确的说法应是，在谄媚者中，那些围绕在浴池餐桌旁蹭澡蹭饭的人还算温顺，而那些将谗言与诡计渗透至卧室与后宫的人，就如毒蛇一般，诡计多端、居心险恶，是真正凶猛、残暴、难以对付的野兽。

一种有效的防范之策，在于始终铭记并认识到灵魂的双重本性：一方面，我们的灵魂追求真理、热爱良善，并遵循理性；另一方面，它受情感支配，偏爱虚假，并趋向非理性。真正的朋友始终站在较高尚的一面，作为理性的顾问和辩护者，正如医生致力于促进健康、维护机体平衡。而谄媚者与那受情感驱使、非理性的部分为伍，他迎合、挑逗、刺激并引诱它，使其远离理性，并巧妙地为它设计各种邪恶的享乐，从而腐蚀人的理智，使其沉溺于感官的满足。正如某些食物既不滋养血液，也不助长呼吸，既不增强筋骨力量，也不滋润骨髓，反而刺激欲望，扰乱肠胃，使肌肉松弛而虚弱；同样，谄媚者的话语对理智和思考毫无益处。它不提升智慧或促进理性，而是助长感官的快感、激发愚蠢的愤怒、煽动嫉妒，或灌输空洞而沉重的自负。它附和唉声叹气，使意志更加消沉，或通过诽谤和过度戒备，使人变得尖刻、胆怯、多疑。然而，这些谄媚的伎俩终究无法逃脱那些敏锐而有头脑之人的察觉。

谄媚者总是潜伏在某种我们既有的情感之中，并加以滋养壮大，就像毒肿依附在灵魂中那些布满不健康炎症的部位上：你愤怒吗？——去报复吧！你想要吗？——去索取吧！你害怕吗？——逃避吧！你怀疑吗——那就相信吧！如果在这些强烈的情感中，人的理性因其猛烈和强大而被击退，谄媚者便会转向较小的事情找到切入点，因为他的本性就是如此，总在伺机操控人的情绪。

例如，当你因宿醉或饮食过量而感到不适，并犹豫是否要去洗浴或进食时，真朋友会劝你谨慎行事，注意身体，而谄媚者则会拉着你去浴场，催促你享用新鲜可口的食物，并劝你不要让身体虚弱，而要振作精神。如果他看到你在旅行、航行或某项事务上缺乏动力，不愿承受劳累，他不会敦促你把握时机，而是会劝你拖延，或干脆让别人去做。如果你已经答应借钱或赠送钱财给某位亲近的人，事后又后悔却碍于面子，谄媚者便会顺应你较为吝啬的一面，加深你不愿破财的念头，并打消你的愧疚之心，对你说："你本就花费甚多，肩负着许多人的需求，现在该节省一点。"因此，如果我们对自己的贪欲、无耻或怯懦毫无察觉，那么谄媚者必定不会放过我们。因为他总是为这些弱点辩护，并将"直言不讳"用于代言这些情感的茁壮发展。关于这一点，就说到这里吧。

接下来让我们来讨论各种帮助和服务的表现方式。因为在这些方面，谄媚者制造了极大的混乱，使谄媚者与真朋友之间的区别变得模糊不清。他看似在一切事情上都勤奋、热心，毫无推诿。然而，真朋友的行为方式，就像欧里庇得斯所说的，"真理的语言是简单、朴实、未经修饰的"。[1]谄媚者的行为方式，本质上是一种病态，需要各种巧妙而复杂的手段来维持，甚至有时显得过分做作。正如在人际交往中，真正的朋友有时无须多言，只需一个眼神和微笑，便能传递内心的善意与亲近，而后继续各自前行。谄媚者却不同，他总是奔跑着迎上前去，远远地便行礼问候，甚至如果是对方先看见并打招呼，他还会频繁地用证人和誓言为自己辩解，仿佛未能先行问候是一种罪过。

在事务处理中也是如此。真正的朋友会忽略许多琐碎细节，不会过于讲究繁文缛节，也不会多管闲事，更不会把自己投身于所有的琐碎服务中。而谄媚者却恰恰相反，他在这种场合中执着不懈、持续不断，毫不厌倦，甚至不给他人

---

[1] 引自欧里庇得斯，《凤凰》(*Phoenissae*) 469。

提供服务的机会或空间。他渴望被指派任务,而如果没有受到指派,他便会感到焦躁不安,甚至彻底陷入沮丧与不满之中。

对于有理智的人来说,这些迹象足以辨别出这并非真正的友谊,也不是出于理性的行为,而是一种投机取巧、过度迎合,甚至比真正需要帮助的人还要迫不及待地提供服务的谄媚之举。然而,我们首先应当在承诺帮助这一方面观察其中的区别。正如前人所说,真朋友的承诺是这样的:"如果我有能力完成,我会去做;如果事情已经办妥,那就再好不过。"[1] 而谄媚者的承诺则是:"说吧,你想要什么?"[2] 甚至在喜剧作品中,也会出现这样的角色,他们争相表现自己,夸下海口:"尼科马库斯,把我安排到士兵旁边去!如果我不把他打得像瓜一样软,不把他的脸揍得比海绵还要柔软,那就不算完!"

此外,真正的朋友在行动之前,不会直接成为合作者,除非他事先已经被征询意见,并经过审慎思考后,认可这件事是正当的或有利的。而谄媚者,你让他参与商议或共同决

---

[1] 参考对比自荷马《伊利亚特》第14卷第196行;《奥德赛》第5卷第90行。
[2] 参考对比自荷马《伊利亚特》第14卷第195行,第18卷第426行;《奥德赛》第5卷第89行。

定某件事，他不仅会出于讨好和迎合的心理而顺从，还会因为害怕被怀疑、害怕显得退缩或推卸责任，而毫无原则地屈服，并进一步助长你的欲望和冲动，无论其是否合理。

没有一个富人或国王会说出："如果有人出于对我的忠心耿耿而能克服恐惧，说出心里话，那我宁可贫穷。"相反，这些有权有势者，就像悲剧演员，要么需要依赖一整个合唱队才能表演，要么需要整个剧场的观众鼓掌附和，他们总是渴望听到迎合自己的声音。因此，悲剧中的墨洛珀[1]曾劝诫道："应当结交那些在言语上不奉承、不谄媚的朋友，而对于那些只为取悦你、迎合你的快乐而行不义之事的人，应当用门闩将他们挡在家门之外。"

然而，现实中人们的做法往往相反。他们疏远那些在言语上不迎合他们、为了他们的利益敢于直言反对他们的人。对于那些只为迎合、奸诈卑鄙、别有用心的骗子，不仅让他们进入自己的家门和屋内，甚至还允许他们进入内心世界，分享自己的情感和机密事务。其中较为单纯的谄媚者，不认为自己有资格或应当成为如此重大事务的顾问，而只是愿意

---

[1] 墨洛珀（Merope）是希腊神话中的麦西尼亚女王，欧里庇得斯曾根据她的神话创作了悲剧《克瑞斯丰忒斯》（Cresphontes），不过这部剧已佚。

充当助手和仆从；而更狡猾的谄媚者，则会摆出与主人共同忧虑的姿态，皱起眉头，配合流露出疑惑的表情，却始终一言不发。可一旦主人率先表达自己的看法，他便会惊呼："哦，老天爷！你比我快一步，说出了我正要说的话！我本来正要说的就是这个！"

就像数学家们所说，平面和线条本身既不会弯曲、拉伸，也不会自行移动，因为它们是纯粹概念上无实体的存在，但它们会随着它们所依附的实体而弯曲、伸展或移动，因为它们的终点由这些实体决定。同样，你会发现谄媚者总是随声附和，与人一同发表意见，一同欢喜，甚至一同愤怒，以至于在这些方面，真朋友与谄媚者的区别变得显而易见。而这种区别在给你提供服务和帮助的方式上则更为明显。

来自真朋友的恩惠，就像深藏水底的生物，具有最根本的力量，但毫不炫耀，也不用于公开展示。相反，像医生在不被察觉的情况下治愈病人一样，朋友会在偶然间提供帮助，或在化解困难时给予支持，甚至在对方毫不知情的情况下给予关怀。哲学家阿尔克西拉乌斯正是这样的人，在画家阿佩莱斯生病时，他察觉到对方的贫困，于是带着二十枚金币去探望他。他坐在病床旁，只是轻轻地说道："这里只有恩培多克勒的元素——火、水、土和以太，它们柔和地飘浮在高处。"接着，他又说道："你躺得也不太舒服吧。"一边调整枕头，一边悄悄地把钱塞了进去。当照顾阿佩罗斯的老妇人发现钱币并惊讶地报告给阿佩莱斯时，他笑着说："这一定是阿尔克西拉乌斯这小子干的鬼鬼祟祟的事！"并开玩笑地感叹道："哲学门派的子弟确实和他们的师长一模一样啊。"[1]

再比如，阿尔克西拉乌斯的朋友莱西德[2]，在基菲索克拉底因公诉案逃避审判时，与其他朋友一起陪伴在他身旁。当原告要求基菲索克拉底交出戒指作为证据时，基菲索克拉底默默地将戒指放在一旁，莱西德察觉后，立刻用脚踩住并将其隐藏起来，因为证据正藏在这枚戒指中。审判结束后，基菲索克拉底向法官们致谢，其中一位似乎目睹了整个过程的人，告诉他应该感谢莱西德，并讲述了事情的经过。然而，

---

[1] 阿尔克西拉乌斯（Arcesilaus，约公元前316—前241）是一位哲学家，柏拉图学院的第六任院长，创立了怀疑论的中期学院，被视为新学院学派（Academic Skepticism）的奠基者。阿佩莱斯（Apelles of Kos）是一位著名的古希腊画家，这两人都活跃于公元前4世纪。阿佩莱斯说阿尔克西拉乌斯像他的师长，是在把他和柏拉图作比较。

[2] 莱西德（Lacydes）也是一位学术怀疑论哲学家，他是阿尔克西拉乌斯的弟子，于公元前241年接替阿尔克西拉乌斯担任雅典柏拉图学院的院长。普鲁塔克讲述的这起诉讼事件并未在历史中有其他人记录。

莱西德从未向任何人提及此事。我认为，这正如众神在大多数时候行善而不被察觉一样，因为他们本性中就带有施恩行善的喜悦。

谄媚者的行为既无正义，也不真实、不纯粹，更谈不上高贵，而是充满汗水、喧嚣、奔走，以及刻意扭曲脸部表情，以制造出貌似辛劳、急切的假象。就像一幅矫揉造作的画作，利用厚重的妆容、夸张的服饰、刻意的褶皱和生硬的线条，试图营造出一种虚假的生动感。谄媚者在讲述自己的"功劳"时也令人厌烦，他会诉说自己为了对方奔波劳碌，费尽心思，然后又抱怨自己因此得罪了别人，再详细描述自己经历的无数麻烦和巨大的痛苦，以至于人们会忍不住说："这些付出根本不值得那样的回报！"因为任何带有责备的恩惠都是令人厌恶、毫无恩情、让人无法忍受的，而谄媚者的恩惠甚至不需要等到事后，在执行的当下就已经充满羞辱和令人不安的成分。

真正的朋友，在需要讲述自己的帮助时，会适当地叙述，但不会提及自己。就像斯巴达人在士麦那人请求粮食时送去了粮食，当士麦那人惊叹这份恩惠时，斯巴达人并没有夸耀自己做了多大的事，他们只是说："我们只是决定在一天之内，从我们自己和牲畜那里省下一点最好的食物，然后就凑出了这些粮食。"这样的恩惠不仅是慷慨的,而且对于接受者来说更甘甜可喜,因为他们不会认为施恩者因此遭受了很大的损失。

要真正识别谄媚者的本性,并不在于看他在帮你时的讨厌程度,或是在做出承诺时的轻率,而更应看他所提供的帮助是正当还是可耻,是为了迎合享乐,还是出于真正的益处。真正的朋友只会在正当的事情上帮助自己,不会像高尔吉亚[1]所说的那样,在许多不正当的事情上为朋友效劳。朋友的职责在于共同保持理性,而非一同沉沦于错误之中。因此,真正的朋友更倾向于劝阻对方不要去做不合适的事情。如果对方不愿听从劝告,那么福基翁[2]对安提帕特[3]所说的话便十分恰当:"你不能既把我当朋友,又让我做你的谄媚者。"换句话说,一个人不能既是朋友,又不是朋友。我们应当与朋友合作,而不是共谋邪恶;应当给予建议,而不是策划阴谋;应当为朋友做证,而不是共同欺骗;宙斯在上,

---

[1] 高尔吉亚(Gorgias,约公元前485—前380)是古希腊修辞学家和诡辩学派代表人物,以雄辩和华丽辞藻闻名,主张言辞能塑造现实。在柏拉图对话录《高尔吉亚篇》中,苏格拉底对其修辞术及其可能导致的道德腐败提出批判。
[2] 见第013页注释1。
[3] 安提帕特(Antipater,约公元前397—前319)是马其顿摄政王、亚历山大大帝的重要辅佐者。亚历山大东征时,他受命治理马其顿,后镇压希腊叛乱,并在帝国分裂后成为摄政者。

我们应当与朋友共患难，而不是共同作恶。哪怕只是知晓朋友在做可耻之事，我们又怎么可能选择与他们共同作恶、一起做羞耻的事情呢？就像斯巴达人在战斗中被安提帕特打败后，在谈判和约时，他们愿意接受任何惩罚性的条款，但要求对方不得强加任何有辱尊严的条件。同样，真正的朋友，如果遇到需要承担花费、风险或辛劳的情况，他会第一个主动请求参与，毫无推辞，充满热情地提供帮助；但如果涉及可耻的事情，他会坚决拒绝，劝对方克制，并请求避免参与其中。

然而，谄媚者的行为恰恰相反。当涉及艰苦或危险、需要帮助时，他们往往退缩不前，即使你试探着请求，他们也会用各种借口敷衍，声音含糊而怯懦，流露出软弱和不高尚的态度。但在那些可耻的、卑微的、毫无荣誉的伺候和服务中，他们却愿意全力以赴，毫不犹豫地迎合，任人驱使，甚至被践踏羞辱也毫不在意，不觉得这有什么可怕或可耻的地方。

你看到那只猴子了吗？它既不能像狗一样守护家园，也不能像马一样承载重物，更不能像牛一样耕地。因此，它只能忍受嘲弄，靠耍弄粗鄙的玩笑和嬉戏来博取笑声。同样，谄媚者既无法提供有价值的建议，也不能贡献实质性的帮助，更无法共同奋斗，他在一切需要努力和严肃对待的事务上都退缩不前。然而，在那些卑劣、秘密的勾当中，他却毫无推辞，甘愿成为情欲的忠实仆人，精确计算娼妓的赎身价格，仔细清算酒宴开销，勤勉操办宴会，极尽殷勤地侍奉情妇。若被命令对亲属无礼，或参与驱逐正妻，他便毫不犹豫、冷酷无情。在这些可耻的事务上，他毫不厌恶，不管你命令他做什么卑劣之事，他都愿意毫无顾忌地执行，只求讨好那个发号施令的人。

真正区分谄媚者与朋友的一个关键方式，是观察他对待其他朋友的态度。真正的朋友认为，最快乐的事莫过于在众多友谊中爱人并被爱，因此他始终努力让自己的朋友拥有更多朋友[1]，并赢得尊重。因为他深信"朋友之间一切共享"[2]，而最应该共享的，正是朋友本身。而谄媚者是虚伪的、不真实的，像掺杂杂质的假币一样，因为他深知自己正在损害真正的友谊，使其沦为伪造的虚假之物。他天性嫉妒，对与自己同类的人怀有竞争之心，竭力用轻浮的笑话和流言蜚语超越他们；但面对比自己更高尚、更强大的人，他却畏惧颤抖，

---

[1] 普鲁塔克在《论广结良缘》中也详细讨论了这个话题。
[2] 引自欧里庇得斯《俄瑞斯忒斯》(Orestes) 第 735 行，这是一部以复仇与道德困境为主题的古希腊悲剧。

不敢抗衡。他不像徒步跟随吕底亚战车的人，[1]而更像西莫尼德斯所描述的那样："面对熔化的纯金，他甚至连铅渣都算不上。"[2]

因此，当谄媚者那种轻浮、虚伪、迎合的本性，被置于真正深厚、坚实如锻造之金的友谊面前，他根本无法承受考验，反而会被彻底揭露。这就像一个拙劣地画公鸡的画家，他命令学徒将真正的公鸡赶得远远的，以免画作的拙劣之处暴露。同样，谄媚者也会极力排斥真正的朋友，不让他们靠近自己。如果无法彻底疏远，他们表面上便会谄媚奉承，围绕对方转，表现出惊叹和敬仰；但私下里，却悄悄散布挑拨离间的话语，暗中诽谤中伤。如果一句隐秘的诽谤像瘙痒一样触及了旧伤，即便它未能立刻发挥全部效果，谄媚者仍然谨记并实践弥狄俄斯的教诲。弥狄俄斯是这样的人：在亚历山大大帝身边的谄媚者中，弥狄俄斯就像是领舞者，他是首屈一指的谄媚大师。他专门把目标瞄准亚历山大身边那些最优秀的人。他教导自己那些大胆的门徒要毫不犹豫地用诽谤去攻击、伤害这些人，并强调："即使被诽谤的人最终治愈

---

[1] 来自品达的诗句。
[2] 西莫尼德斯（Simonides）和品达一样，都是古希腊知识分子耳熟能详的诗人。柏拉图在《理想国》对话中多次引用他们，作为智慧的来源。

了伤口，诽谤留下的疤痕仍然会永久存在。"正是这些诽谤留下的"疤痕"，或更准确地说，是如同坏疽与癌症一般的毒害，逐渐侵蚀了亚历山大的内心，最终使他亲手除掉了他身边的正直顾问——卡利斯提尼、帕曼纽和菲罗塔斯这些人。而与此同时，亚历山大却毫不吝惜地将自己交给阿格农、巴高斯、阿格西亚斯、德米特里等人，任由他们操控、利用自己，接受他们的谄媚，被花言巧语粉饰，甚至他自己的形象也被这些谄媚者塑造成一尊野蛮异国偶像。[1]

由此可见，迎合取悦的力量极其强大，尤其是在那些看似最伟大的人身上，其影响似乎尤为显著。因为这些人往往认为最美好的事物必然符合他们的意愿，这种自信使他们轻信谄媚者，并给予后者大胆行事的勇气。在地理环境上，越是高耸的地方，对那些怀有图谋的人来说就越难以接近和攻占；但在灵魂层面，一个因幸运或天赋而获得崇高地位、膨胀起骄傲之心的人，如果缺乏理智，那么对卑微低贱之徒而言，他反而是最容易接近和攀附的目标。

---

[1] 卡利斯提尼（Callisthenes）、帕曼纽（Parmenion）、菲罗塔斯（Philotas）是亚历山大大帝统治时期的重要人物，但最终都因政治斗争或权力倾轧而遭到清洗或处死。阿格农（Agnon）、巴高斯（Bagoas）、阿格西亚斯（Agesias）、德米特里（Demetrius）是亚历山大大帝身边的亲信，大多以操控、谄媚亚历山大的角色而闻名。

因此，在这篇文章的开头，我们已经劝诫过，如今再次强调，我们应当从自身根除对自我的过度喜爱以及虚荣与自负。正是这种心理首先在我们内心播下谄媚的种子，使我们对外来的谄媚者变得更为软弱、易受影响，仿佛已经准备好迎接他们的奉承一般。如果我们听从神的教诲，并领悟"认识你自己"这一箴言，明白它对每个人而言都至关重要，同时反思自身的本性、成长环境和教育，便会察觉到我们自身在美德上的无数缺陷，以及在言语、行为和情感中夹杂的种种卑劣与随意混杂的成分。那么，我们就不会轻易地让自己落入谄媚者的掌控之中。

亚历山大曾说，他不相信那些称他为神的人，尤其是在他沉睡或沉溺于情欲的时候，因为在这些时刻，他自己变得最卑微，也最容易受情感的支配。同样，我们若能细察自身，会发现许多可耻、痛苦、不成熟和错误的行为，从而意识到自己真正需要的不是一个只会赞美和颂扬的"朋友"，而是一个敢于批评、直言不讳，并在我们行为不当时毫不犹豫地指责我们的朋友。在芸芸众人当中，只有少数人敢于直言不讳，而不是一味讨好朋友。然而，在这少数人当中，你也很难找到真正懂得如何这样做的人，更多的只是一些自以为只要辱骂或指责别人，就是在进行"直言不讳"的人。然而，就像任何药物一样，如果"直言不讳"没有把握好合适的时机，就只会带来无益的伤害和混乱，并且，它所造成的痛苦，正如谄媚者用奉承带来的快感一样，都会对人产生影响，只是方式不同而已。

人们不仅会因不合时宜的赞美而受到伤害，也会因不当的责备而受害。正是这种伤害，使他们极易成为谄媚者的猎物，被其巧妙地操控。正如水从陡峭崎岖的高处滑向低洼柔软之地，人们在遭受严厉批评和强烈反对后，也容易转向那些迎合他们的人。因此，坦率必须与良好的品德结合，并辅之以理性，使其去除过度和无节制的锋芒，就像调整光线的强度一样。这样，人们就不会因那些总是挑剔和指责一切的人而感到困扰和痛苦，从而逃入谄媚者的阴影之下，转向那些不会让他们感到不适的人。

亲爱的菲洛帕布斯[1]，一切邪恶都应当通过美德来避免，而不是用相反的邪恶来对抗。[2] 然而，有些人认为可以用厚颜无耻来克服羞怯，用粗鄙的戏谑掩盖粗鲁无知，他们试图

---

[1] 这封信真正意义上唯一的读者，向普鲁塔克求教的王子。
[2] 这是一种典型的古典哲学的态度（比如说，亚里士多德《尼各马可伦理学》第 2 卷第 7 节也有相似观点），而现代哲学（比如说霍布斯、洛克、亚当·斯密、曼德维尔）则认为，人的野蛮自私本性无需克服。

远离懦弱和软弱，却使自己的行为更接近卑劣与鲁莽。还有一些人，以无神论作为反对迷信的手段，以狡诈作为摆脱愚蠢的借口，他们的性格就像一块木头，从一个极端被扭曲到另一个完全相反的极端，只因他们缺乏把性情调整至正确平衡的能力。

最恶劣的谄媚之一，便是毫无益处地使自己显得刻薄苛刻，并以粗鲁和严厉的态度去争取别人的好感，仿佛一个毫无修养和技巧的人，在友谊中刻意避开卑微低贱的举止，就像喜剧中的奴隶突然获得自由，将肆意指责当作直言不讳的言论自由。因此，陷入谄媚以取悦他人是可耻的，而那些为了避免谄媚而滥用直言不讳、破坏友谊和关怀的人，同样令人不齿。因此，我们既不应追求迎合，也不应用过度的批评来抵制谄媚，而应该像在其他事情上一样，在坦率直言的问题上，找到适度的美德。这样一来，我们既不会因盲目迎合而丧失原则，也不会因无节制的批评而破坏友谊。至此，我们的讨论正应在这一观点上画上句号。

因此，就像我们看到"直言不讳"上附着了许多污垢一样，我们首先应当去除其中的自恋，并且要格外警惕，避免让批评显得像是出于个人恩怨，例如因受到不公正对待或感到痛苦而发泄怨恨。因为人们往往认为，这样的言辞并非出于善意，而是源于愤怒，更像是在为自己辩护，而非真正的忠告，他们也不会将其视为诚恳的劝诫，而只是单纯的指责。真正的直言不讳是友善且庄重的，而单纯的指责则显得自私且吹毛求疵。因此，人们敬畏并钦佩那些真正敢于直言的人，但对爱挑剔和指责的人，则会反过来指责并轻视他们。正如阿伽门农无法忍受阿喀琉斯的直言不讳，却能顺从并忍受奥德修斯的尖锐批评——当奥德修斯怒斥阿伽门农："可憎的人啊，但愿你统率的是另一支卑劣的军队"，阿伽门农被话语中的理性和关怀所折服，因而收敛了自己。[1]因为奥德修斯的批评并非出于个人愤怒，而是为了整个希腊；阿喀琉斯的愤怒却显得更像是为了自己。

至于阿喀琉斯本人，虽然他"非温和善良之人，也不是心胸宽广之人"[2]，而是"性情刚烈、严厉苛刻，甚至会无缘无故地指责他人"[3]，但他默默忍受了帕特罗克洛斯对他的责备。帕特罗克洛斯曾如此斥责他："无情的人啊，你的父亲并不

---

[1] 引自荷马《伊利亚特》第 14 卷第 84 行，此时特洛伊人逼近希腊船只，突破防线，阿伽门农悲观地认为宙斯已经抛弃希腊人，希腊人会在特洛伊城外全军覆没，并提议撤退。奥德修斯对阿伽门农的言论极为愤怒，认为这样的言论不应该从一位君主口中说出，他批评阿伽门农说，如果他想要指挥一支无耻的军队，那不如去领别的军队，而不是统治他们这些勇敢的希腊战士。
[2] 引自荷马《伊利亚特》第 20 卷第 467 行。
[3] 引自荷马《伊利亚特》第 11 卷第 653 行和第 13 卷 775 行。

是那位英勇的佩琉斯，你的母亲也不是海洋女神忒提斯。生你的，是灰蓝色的海洋，是高耸的岩石，因为你的心是如此冷酷无情。"[1]

就像修辞家希佩里德斯[2]曾主张的，他希望雅典人不仅要考察一个人是否严厉，更要考察他是否无缘无故地严厉。同样，朋友的劝诫如果完全不掺杂个人情绪，那么它就是值得尊敬的、庄重的，并且让人无法反驳的。而如果一个人在直言不讳时，明显对朋友对自己犯下的过错全然忽略，而对他在其他方面的失误却严厉指责、毫不留情，这种直言就会变得过于极端，失去分寸。此外，当劝诫者的态度显得温和时，反而会加剧劝诫的尖锐和严厉，使其更加刺耳和苛刻。

因此，有句话说得很好：在愤怒或与朋友产生分歧时，我们尤其应该去做或考虑那些对他们有益或适合他们的事情。但同样表现出友善，也体现友情的，还有另一种做法，那就是当我们自己被忽视或冷落，而朋友却在关注别人时，

---

[1] 引自荷马《伊利亚特》第16卷第33行。这一情节发生在阿喀琉斯重新回到战场之后。他因挚友帕特罗克洛斯被赫克托耳杀害而愤怒至极，决意报仇。阿喀琉斯横扫战场，疯狂杀戮特洛伊人，他几乎无人能敌，所到之处皆是血腥屠戮。
[2] 希佩里德斯（Hypereides，公元前390—前322）是一位雅典雄辩家，他是阿提卡十大演说家之一。

我们仍然能够坦率地为那些被忽视的人发声,并提醒朋友注意他们。

就像柏拉图在与狄奥尼修斯的猜忌和分歧中,柏拉图请求一个会面机会。狄奥尼修斯答应了,因为他以为柏拉图是来抱怨自己的。然而,柏拉图对他说:"狄奥尼修斯,如果你得知有一个怀有敌意的人航行到西西里岛,想要加害于你,但他没有找到合适的时机来害你,你会让他毫无阻碍地离开吗?"狄奥尼修斯回答:"当然不会!我们不仅应该憎恨敌人的行为,也要惩罚他们的意图。"于是柏拉图继续说道:"那么,如果有一个人怀着善意来到你这里,希望对你有所助益,而你却不给他一个机会,你觉得应该冷漠地将他驱逐,不加理睬吗?"狄奥尼修斯问道:"你指的是谁?"柏拉图回答:"他是伊斯奇尼斯[1],一个在品格上与苏格拉底的任何一位弟子相比都极其高尚,并且在言辞上有能力帮助他人改正错误的人。他远渡重洋来到这里,希望通过哲学与你建立友谊,然而遭到了冷落。"这些话深深打动了狄奥尼修斯,以至于他立刻拥抱并亲吻柏拉图,惊叹于他的善意与高尚情

---

[1] 伊斯奇尼斯(Aeschines,公元前389—前314),希腊政治家,阿提卡十大演说家之一。

操。随后,他以隆重的方式接待了伊斯奇尼斯,并给予了他应有的尊重和礼遇。

在我们实践直言不讳的自由言论时,我们应该避免一切傲慢、嘲笑、讽刺和粗俗玩笑,因为这些都是有害的"调味品",会破坏其真正的价值。正如外科医生在动刀时,需要动作协调、手法纯净,而不应夹杂夸张的姿势、不必要的炫技和随意的动作。同样,直言不讳可以包含机智和风趣,但必须保持庄重。若是掺杂了鲁莽、卑劣和傲慢,它就会彻底腐败,并最终毁掉自身。

当马其顿国王腓力试图与一位音乐家争论演奏技艺时,那位音乐家机智地通过直言不讳制止了他,说道:"哎呀,国王陛下,希望您的水平不要低到还得来指点我!"这句话既得体又巧妙。而埃庇卡摩斯对希罗的讽刺却并不恰当。[1]当希罗处决了一些亲信后,又在几天后邀请埃庇卡摩斯赴宴,他讽刺道:"可是前几天你在祭献你的朋友时,却没有

---

[1] 埃庇卡摩斯(Epicharmus),希腊剧作家和哲学家,希罗(Hiero)是叙拉古僭主,他们都生活在公元前6—前5世纪。

邀请我。"同样，安提丰[1]对狄奥尼修斯[2]的回答也显得过于尖刻。当狄奥尼修斯讨论"哪种铜最优"时，他答道："哈尔摩狄奥斯和阿里斯托革顿雕像的铜。"[3] 因为这样尖酸刻薄的讽刺既不会带来任何益处，其中的粗俗玩笑和轻佻戏谑也毫无愉悦可言。相反，这种言辞方式只是放纵的表现，与恶劣的性格、傲慢和敌意交织在一起。那些沉溺其中的人，实际上是在自取灭亡，就像在井边跳舞，毫无技巧可言，最终只能跌入深渊。

安提丰最终死于狄奥尼修斯之手，而提马革涅斯则因失去恺撒的友谊而遭到贬黜，[4]尽管他从未以高尚的言辞表达自己的观点，而是在参加宴席和散步时，"只要他认为这能

---

[1] 安提丰（Antiphon，约公元前 480—前 411）是一位著名的雅典演说家、政治家，也是阿提卡十位演说家之一。
[2] 这里指狄奥尼修斯二世（Dionysius II），他是西西里的僭主，公元前 4 世纪中叶的统治者。
[3] 安提丰之所以提到雅典用来制作哈尔摩狄奥斯（Harmodius）和阿里斯托革顿（Aristogeiton）雕像的铜，是因为这两个人在雅典历史上是一对同性爱人，同时被视为暴君刺客和自由的象征。这无疑是在当面讽刺狄奥尼修斯，将他比作被刺杀的暴君。
[4] 提马革涅斯（Timagenes）是一位希腊裔历史学家和修辞家，活跃于公元前 1 世纪，主要在罗马从事写作和演说。他原本来自埃及，在一次战役中被俘，后成为罗马人的奴隶，但最终获得自由，并因其学识和雄辩才华而受到恺撒·奥古斯都（Caesar Augustus）的青睐，进入他的宫廷圈子。他因言辞不当或过于自由的批评，失去了奥古斯都的信任，被逐出宫廷。

让希腊人发笑"[1]，哪怕没有任何严肃的目的，就以友谊为借口进行肆意讥讽，仿佛运用诡辩来进行责骂。事实上，即便是喜剧诗人，有时也会针对剧场写出严肃而富有政治性的作品，但如果他们的作品混杂了戏谑和粗鄙的笑话，就像食物中掺入劣质调料一般，那么不仅会削弱直言不讳的力量，使其变得无效，甚至会让作者落得恶意与粗俗的名声，而听众也无法从中获得任何真正的益处。

总的来说，我们确实应该为朋友带来玩笑和欢笑，但直言不讳应当保持严肃与品格。而当涉及更重要的事情时，言辞应当带有情感，表达方式应得体，语调应适当，使之既可信又能打动人心。错误的时机在任何事情上都会造成严重的损害，尤其是在直言不讳的问题上，它会彻底破坏其有益作用，使其失去应有的影响力和效果。

在酒席上喝醉酒时，我们应当避免直言不讳，这一点显而易见。因为在欢乐的氛围中，若有人突然带来严肃的话题，会使人皱眉紧锁，仿佛要与那能解忧的酒神作对——如诗人品达所言，酒神能够解除忧虑，忘却烦恼——这无异于在晴朗的天空中投下阴云。而且，不合时宜的言辞极具危

---

[1] 引自荷马《伊利亚特》第2卷第215行。

险，因为酒精使人的情绪易于激动，许多时候，醉酒与直言的结合会演变成仇恨。总的来说，在清醒时不敢直言，却在宴席上放胆发言，并不能算是高尚或勇敢，反而是一种懦弱的表现，犹如那些只敢在安全时吠叫的懦弱之犬。因此，在这一点上，无须赘言。

许多人在朋友事业顺遂时，既不认为应当规劝，也不敢直言，而是把"成功"视为无法触及和不可规正的状态。然而，当朋友遭遇失败或陷入困境，变得低微时，他们却趁势加以责难，甚至肆意践踏，就像一股被遏制的水流突然爆发，将长久压抑的直言倾泻而出。他们因朋友这番境遇的逆转而欣喜，因为曾经的成功者曾轻视他们，而他们自己也因软弱不敢开口。

因此，我们不妨就此问题展开讨论，并回应欧里庇得斯所说的："当命运眷顾时，还需要朋友做什么呢？"[1]事实上，最需要朋友直言不讳的时候，正是在他们得意忘形、过于骄傲自负之际。因为很少有人能在幸运眷顾时仍保持清醒的理智，而大多数人却需要外来的智慧来引导，需要理性的外力

---

1 引自欧里庇得斯《俄瑞斯忒斯》第667行。《俄瑞斯忒斯》的故事围绕阿伽门农之子俄瑞斯忒斯展开。他因弑母复仇而受到城邦的谴责，面临极大的困境，被判处死刑。在这样的处境下，他依靠亲戚的帮助，试图寻找出路。

来约束，以防止他们在好运的吹拂下膨胀飘摇，失去自持。

当命运将人击倒，剥去他们的傲慢时，现实本身便已成为最有力的训诫，使人悔悟。因此，在这种时候，朋友的直言不讳已无用武之地，即使是最有分量、最具锋芒的言辞也毫无意义。在这样的变故中，真正需要的是能够看到一个善意之人的目光，是来自朋友的安慰与鼓励，这才是最甜蜜的慰藉。正如色诺芬所说，在战斗和危难之际，克利阿科斯那温和而仁爱的神情，使身处险境的士兵们变得更加勇敢。[1]

对一个遭遇不幸的人施加直言不讳和尖锐的批评，就如同将刺激性的药物滴入一只已经敏感、发炎的眼睛，既无法治愈，也不能减轻痛苦，反而会在悲伤之上增添怒气，加剧他的愤懑。比如，一个身体健康的人，并不会因朋友的批评而恼怒，也不会完全对朋友发火，即便朋友指责他过度沉溺于宴饮、懒散不锻炼、频繁洗浴，或是不合时宜地暴饮暴食，他仍能平静地接受。但对于一个生病的人来说，这种批评是无法忍受的，反而会加重他的痛苦。尤其是当他听到别人说："看看你的下场，都是因为你的放纵、软弱、贪恋美食和沉溺女色所导致的。""唉，人啊，这真是不合时宜啊！

---

[1] 引自色诺芬《长征记》(Anabasis) 第2卷第6章第11节。

我正在写遗嘱，医生正在为我准备蓖麻油药方，而你却在这个时候对我进行劝诫和哲学说教？"同样地，那些遭遇不幸的人，并不适合接受直言不讳的批评和说教，而是更需要宽容与帮助。正如奶妈面对摔倒的孩子，并不会立刻跑过去责骂，而是先把他们扶起来、清理干净、安抚他们，然后才进行责备和教训。

据说，德米特里乌斯[1]被逐出雅典后，在忒拜过着默默无闻、卑微的生活。他并不愿意看到克拉特斯走近自己，因为他预料到这位犬儒派哲学家会用直言不讳和尖锐的言辞对待他。然而，克拉特斯温和地与他交谈，并谈论了流亡，指出流亡并无可怕之处，反而让人摆脱了变幻无常、难以掌控的世俗事务，同时劝勉他要对自己和现状保持信心。德米特里乌斯因此感到愉悦，重新振作起来，并对朋友们感叹道："唉！那些权力事务和忙碌不堪的生活，竟使我们从未真正认识这样一位伟人！"

对于悲伤的人来说，朋友温和的言语是最好的慰藉，而

---

[1] 德米特里乌斯（Demetrios of Phalerum，约公元前 350—前 280）是一位雅典演说家和政治家，他是亚里士多德的学生，统治了雅典 10 年，在此期间，他对法律体系进行了重要的改革。公元前 307 年，德米特里乌斯被他的敌人流放。他先去了忒拜，然后在公元前 297 年后去了亚历山大的宫廷。

对于过于愚昧的人来说，训诫才是必要的。这正是高尚朋友的态度。然而，那些卑劣低贱的人却只会在朋友得意时谄媚奉承。谄媚者，用德摩斯梯尼的话说，就像"旧日的骨折和扭伤"[1]，在你身体再次生病的时候才会感到这些旧伤的疼痛。这些谄媚者也会在权势变迁时依附其上，仿佛从中得到满足和快感。然而，（对于真朋友而言）如果你因自身的错误决策而遭遇不幸，只需要下面这一句提醒："这并非出于我的意愿，因为我曾多次劝阻你。"[2]

那么，朋友在何种情况下应当严厉，而何时又该以强烈的语调直言不讳呢？答案是，当享乐、愤怒或傲慢的冲动占据上风之时，时机和情势召唤他抑制贪婪、遏止轻率的愚行。正如梭伦对克罗伊斯所表现出的坦率直言——当克罗伊斯因变幻无常的幸运而腐化、沉溺于奢靡之时，梭伦告诫他要审视最终的结局。[3] 同样，苏格拉底训诫亚西比德，使他

---

[1] 引自德摩斯梯尼的《桂冠演说》第198节。德摩斯梯尼是伯罗奔尼撒战争时期雅典的将军，普鲁塔克在"如何不令人生厌地自我赞美"这篇文章里详细分析过这篇演讲。
[2] 引自荷马《伊利亚特》第9卷第108行。
[3] 克罗伊斯（Croesus）是于公元前6世纪统治吕底亚（Lydia）的国王。梭伦是雅典的立法者、政治家和哲人，以其智慧和改革著称。这段故事被希罗多德记载于《历史》第1卷第30节，被普鲁塔克记载于《希腊罗马名人传》的梭伦卷第20章第94节。

因真实的自省而落泪，并使他的内心发生转变。[1] 以此方式，居鲁士曾劝诫基亚克萨雷斯[2]，柏拉图也曾告诫狄翁[3]——当狄翁的光辉达到顶点，凭借其行动之卓越与伟大吸引世人瞩目之时，柏拉图劝诫他要保持警惕，敬畏傲慢，因为傲慢常与孤独相伴。斯珀西波斯[4]亦曾写信劝狄翁，不要因孩童与妇女的议论而自视甚高，而应当关注如何以虔诚、公正和卓越的法律治理西西里岛，从而为柏拉图学院赢得荣耀。

马其顿国王珀尔修斯的两位亲信，欧克托斯和欧莱俄斯，在他得意时，总是迎合奉承，顺从附和，像其他追随者一样亦步亦趋。然而，当珀尔修斯与罗马人交战失败并逃亡后，这二人立刻猛烈地指责他，接连数落他的过失和疏忽，将他以往的错误一一揭露和羞辱。直至珀尔修斯在悲愤交加之下，再也无法忍受，拔出短剑，将他们二人刺死。

因此，一般而言，劝谏的时机可以预先加以规定。然而，真正关心朋友的人不应错失那些被劝谏者自己提供的诸

---

[1] 亚西比德（Alcibiades）与苏格拉底关系密切，亦师亦友。在柏拉图书写的35篇对话中，亚西比德出现在至少5个对话中。此次对话参考柏拉图《会饮篇》215E。
[2] 基亚克萨雷斯（Cyaxares）是居鲁士的舅舅兼恩师，他们的交情在色诺芬的《居鲁士的教育》(Cyropaedia)第5卷第5章有详细记载。
[3] 迪翁是柏拉图最聪明最能干的门徒，他们的关系在柏拉图《书信集》第四封信中有记载。
[4] 斯珀西波斯（Speusippus）是柏拉图的外甥，也是哲学家。

多时机，而应当加以利用。因为有时，一个提问、一则故事的讲述、对他人类似行为的批评或称赞，都可以成为坦率劝谏的切入点。例如，据说德马拉特斯曾来到马其顿，正值马其顿国王腓力与他的妻子和儿子关系紧张之时。腓力向他致意后，问他希腊诸邦是否彼此和睦。德马拉特斯作为他的老友且怀有善意，便说道："腓力啊，你关心雅典人与伯罗奔尼撒人是否团结固然很好，可你的家中却充满了如此多的纷争与不和。"哲学家第欧根尼的劝诫同样犀利。当他进入腓力的军营，正值腓力出征希腊之际，于是他被人带到腓力面前。腓力不认识他，便问他是不是间谍。第欧根尼答道："确实如此，腓力，我是你愚蠢与无谋的间谍。你竟在无人逼迫的情况下，甘愿将王国与性命押注于一瞬。"这番话或许过于尖锐，但直指要害。

另一种适合劝诫的时机，是当一个人因自己的过错而受到他人的责骂，因而变得谦卑并有所收敛之时。在这种情况下，一个有分寸且体贴的人应当巧妙地加以利用，一方面驳斥并平息那些指责他的人，另一方面私下劝诫朋友，提醒他——即使不出于其他原因，也至少应当谨慎，以免让敌人更加猖狂。毕竟，如果他改正了那些让自己受到非议的缺点，这些人又哪里还有脸开口？还能说些什么呢？如此一来，粗暴的指责者只会带来痛苦，而真正的劝诫者则能给予帮助，使人受益。

有些人采取更巧妙的方式，通过批评他人来引导自己亲近的人走上正道；他们指责别人所犯的错误，而这些错误正是他们的朋友所熟知并可能犯下的。我的导师阿谟尼乌斯[1]在一次傍晚的讲习中，察觉到有几位学生的午餐铺张浪费，便当即命令他手下被解放的奴隶给自己儿子一顿不寻常的午餐[2]，并说道："这个臭小子吃饭竟然离不开醋！"与此同时，他朝我们看了一眼，使得那些真正有过失的人意识到这次训斥正是针对他们的。

此外，当我们对朋友坦率直言时，我们必须格外谨慎，并牢记柏拉图所言。有一次，苏格拉底在餐桌上与某位熟人交谈，措辞过于严厉。柏拉图便说道："这些话在私下里说不是更好吗？"苏格拉底则立刻反驳道："那你要是把这话在私下对我说，不是更好吗？"

据说，毕达哥拉斯曾在众人面前严厉斥责一位亲近的学生，结果那位年轻人羞愧难当，竟然上吊自尽。自那以后，

---

1 阿谟尼乌斯（Ammonius）是普鲁塔克的导师，他的具体生卒年不详，但一般认为他活跃于公元 1 世纪晚期，与柏拉图主义和亚里士多德哲学关系密切。
2 这顿不寻常的午餐就是一顿鞭打。

毕达哥拉斯再也不在第三者在场时劝诫他人。因为错误就像一种不体面的疾病，劝诫和揭露应当是私密的，而不应被公开地展示或炫耀，更不该召集旁观者和见证人。利用他人的过失来博取声誉，在众人面前自我标榜，这并非友善的行为，而只是诡辩者的伎俩，就如同那些在剧场里表演手术的医生，为了吸引更多的病人而炫耀自己的技艺。

劝诫应当避免侮辱，因为任何劝诫都不应包含侮辱的成分。此外，还应当注意，恶习本身是固执而自负的。正如欧里庇得斯所说："爱欲被压制时反而更为炽烈。"[1]这不仅适用于爱欲，也适用于一切缺陷和不良习惯。如果在众人面前毫无保留地劝诫他人，不仅不会促使其改正，反而会使所有的缺点和情感发展到无耻的地步。[2]正如柏拉图所说，想要培养年轻人羞耻感的人，首先应当对年轻人怀有敬意。[3]同样，在朋友之间，温和的坦率最能唤起对方的谦逊，而以敬畏之心谨慎而平静地接近并劝诫犯错者，会逐渐削弱并消解他们的恶习，使他们因受到尊重而学会自尊。因此，最好的方式

---

[1] 引自欧里庇得斯仅存片段的悲剧《斯忒涅玻亚》(*Stheneboea*)。
[2] 因为被劝解者会不顾是非对错，试图强行给自己辩护。
[3] 参考柏拉图《法律篇》729c。

便是，如荷马所言："悄悄地贴近他的头，以免旁人听见。"[1]

最不合适的，是在妻子面前指责丈夫，在孩子面前指责父亲，在恋人面前指责其所爱之人，或在学生面前揭露老师的缺点。因为当一个人在自己希望得到认可的人面前受到指责时，他会因痛苦和愤怒而失去理智。我认为，克利图斯之所以被激怒，并不完全是因为酒精的作用，而是因为在众人面前，他觉得自己被亚历山大羞辱了。[2]

托勒密的导师阿里斯多美奈斯曾在使节在场时，因托勒密打瞌睡而拍了他一下，试图将他唤醒，却因此给了谄媚者可乘之机。这些人假装愤怒地为国王抱不平，说道："如果您因政务繁忙、日夜操劳而昏睡，我们理应私下劝诫您，而不该在众人面前对你动手。"托勒密听后大为恼怒，竟派人送去一杯毒药，命令阿里斯多美奈斯饮下。同样，喜剧作家阿里斯托芬批评政治家克里昂，因为他在外邦人面前诋毁雅典城，从而激怒了雅典公民。

因此，我们应当像对待其他事情一样谨慎，避免在劝

---

[1] 引自荷马《奥德赛》第 1 卷第 157 行。
[2] 这句话讲的是公元前 328 年，克利图斯（Cleitus the Black）在一次酒宴上贬低亚历山大的战功、嘲讽亚历山大对波斯文化的崇拜，亚历山大大帝愤怒地杀死克利图斯的事件。克利图斯先感到自己被亚历山大羞辱，作为一个臣子，失去了理智，攻击贬低亚历山大的成功，结果给自己带来了毁灭。

诫他人时炫耀自己或煽动大众，而应当以有益且温和的方式运用直言不讳。正如修昔底德笔下的科林斯人所说："他们有资格批评别人。"[1]这句话并非没有道理，但直言不讳的人，也应当首先使自己成为那个值得被他人坦诚以对的人。斯巴达政治家吕山德曾对一位来自迈加拉的人说，这个人在同盟者会议上直言不讳地为希腊发言，但"他的言辞需要一座城邦作为支撑"。同样，直言不讳或许需要每个人自身的品格来支撑，尤其是对那些试图劝诫他人、使人保持理性的言者而言。

柏拉图曾说，他是以自己的生活方式来劝诫他的外甥斯珀西波斯的，正如哲学家色诺克拉底仅仅是在讲学时注视了一眼放荡不羁的波勒蒙，便使他幡然悔悟，彻底改变了行为。而一个品性轻浮且卑劣之人若直言不讳，往往只会换来这样的嘲讽："满身溃疡的医生啊，先救救你自己吧！"

不仅如此，在日常交往中，一些自身并不高尚的人，通常处于情势所迫不得不去劝诫一些同样不高尚的人。在这种情况中，最恰当的方式便是将自己也包含在指责之中，使劝诫者不完全置身其外。正如《荷马史诗》中所言："堤丢斯之

---

[1] 引自《伯罗奔尼撒战争史》第1卷第70节。

子啊，我们遭遇了什么，竟忘却了昔日的英勇？"[1] 还有这句："而今我们连赫克托耳的一点价值都不配拥有。"[2]

苏格拉底也是如此温和地责备年轻人，仿佛自己同样未能摆脱无知，而是与他们一同需要修习美德，并共同探求真理。因为那些坦承自己也有相同缺陷，并愿意像改正自身一样帮助朋友纠正错误的人，往往能够赢得善意和信任。而那种在人前训斥他人以抬高自己，仿佛自己毫无瑕疵、不受情感左右的人，除非他年长许多，或确有公认的美德与声望，否则只会显得令人厌烦而沉重，毫无益处。

因此，菲尼克斯在劝诫阿喀琉斯时，并非无意提及自己过去的不幸经历——他曾因愤怒而企图杀害父亲，但很快悔改，并说"愿我不要被希腊人称为'弑父者'"[3]。他这样做，是为了不让自己在训诫阿喀琉斯时显得毫不受情绪左右、无可指摘。因为这样的方式更具伦理感染力，人们更容易接受那些能共情他们情绪的人，而不是那些看似居高临下、轻视

---

[1] 引自荷马《伊利亚特》第 11 卷第 313 行。赫克托耳在宙斯的庇护下，带领特洛伊人猛烈进攻，勇猛如暴风雨般卷席希腊军。在此危急时刻，奥德修斯对狄俄墨得斯大声呼喊，提醒他不要忘记他们昔日的英勇。
[2] 引自荷马《伊利亚特》第 8 卷第 234 行。特洛伊人在宙斯的庇佑下几乎要焚毁希腊人的战船，这将决定战争的胜负。阿伽门农绝望地呼喊，猛烈斥责希腊军队。
[3] 引自荷马《伊利亚特》第 9 卷第 461 行。菲尼克斯在劝说阿喀琉斯归队时，向他讲述自己的悲惨往事，希望以此打动阿喀琉斯的心，使他回归战斗。

他们的人。

因为,正如不应将强烈的光线照射在红肿的眼睛上一样,情绪激动的心灵也无法承受毫无修饰的直言与训诫。因此,最有效的辅助手段之一,便是在劝诫中适度掺入轻微的赞美。例如:

> 你们不应再放弃英勇的战斗,
> 因为在整个军队中,你们都是最优秀的。
> 我绝不会与一个放弃战争的懦夫为敌,
> 但对你们,我的愤怒难以遏制。[1]

以及:

> 潘达洛斯啊,你的弓在哪里?你那飞箭何在?
> 还有你的荣誉呢?这里没有人能与你匹敌。[2]

---

[1] 引自荷马《伊利亚特》第13卷第116行。海神波塞冬(Poseidon)鼓舞希腊人奋战,以阻止赫克托耳率领的特洛伊人攻陷他们的战船。
[2] 引自荷马《伊利亚特》第5卷第171行。特洛伊英雄埃涅阿斯(Aeneas)与潘达洛斯(Pandarus)的一次对话,此时希腊英雄狄俄墨得斯在战场上大杀四方,严重威胁特洛伊人的局势。潘达洛斯是特洛伊最优秀的弓箭手,埃涅阿斯这句话既像是一种提醒,也是一种讽刺:你不是战无不胜的神射手吗?你为什么不用你的弓箭证明自己?你要眼睁睁看着狄俄墨得斯屠杀特洛伊人吗?

类似的言辞也能够强有力地召唤那些即将退缩的人："奥狄浦斯啊，你那著名的谜语何在？"[1] 还有："那历经无数磨难的赫拉克勒斯，会说出这样的话吗？"[2]

这样的劝诫方式，更容易使人接受并激发其斗志，而非让他们感到被训斥和羞辱。因为，批评的严厉和惩戒不仅会让人沮丧，还有可能在内心激起竞争之心，使其因美好行为的回忆而对自己的可耻行为感到羞愧，并促使他以更优秀的人为榜样。但如果我们将其与他人作比较，例如同龄人、同城人或亲属，邪恶的好胜心便会变得愤怒而更加狂暴，甚至常常愤愤不平地低声抱怨："那么你为什么不去找比我更强的人，而要来找我麻烦？"因此，当对一个人直言劝诫时，必须谨慎称赞他人，除非那些人是他的父母（因为父母值得尊敬）。正如阿伽门农所说："难道堤丢斯的儿子竟如此不像他的父亲？"[3] 还有奥德修斯责备阿喀琉斯："你啊，竟然羞辱了家族那辉煌的光芒，你竟然在这里梳理头发，而你的父亲可是希腊人中最英勇的英雄！"[4]

---

1 引自欧里庇得斯《腓尼基妇女》(*Phoenissae*) 第 1688 行。
2 引自欧里庇得斯《发疯的赫拉克勒斯》(*Hercules Furens*) 第 1250 行。
3 引自荷马《伊利亚特》第 5 卷第 800 行。堤丢斯（Tydeus）的儿子狄俄墨德斯是特洛伊战争中勇猛程度仅次于阿喀琉斯的希腊勇士。
4 出处不明。

最不合适的，就是在被劝诫时反过来劝诫对方，并以直言不讳反驳直言不讳。这样很容易激起争执，导致分歧，并且往往不是出于坦率交流，而是表现出对直言不讳的不耐与抗拒。因此，最好是耐心接受看似在劝诫自己的朋友。如果将来对方犯错而需要接受劝诫，这一事实本身便会赋予直言不讳应有的权利。当他被提醒时，若没有怀恨在心，并且记得自己也曾习惯于不忽视朋友的过错，而是加以指正和教导，那么他会更愿意接受改正，因为他会将此视为善意与恩惠的体现，而非责备的回报或愤怒的发泄。

此外，修昔底德说："凡是在重大事务上甘愿承担怨恨的人，才是做出正确决策的人。"[1]同样，对于朋友来说，应该愿意承担因劝诫而带来的厌恶，尤其是在事关重大的问题上。然而，如果一个人对所有事情、所有人都表示不满，并且不是以朋友的方式，而是以训导者的姿态对待身边的人，那么在真正重要的事情上，他的劝诫就会变得迟钝且无效。就像一位医生，如果他把一种苦涩但必要且极其珍贵的药物滥用于许多琐碎且不重要的病症上，那么当真正需要时，这药便失去了效用。因此，一个人必须谨慎，避免过于频繁

---

[1] 引自修昔底德《伯罗奔尼撒战争史》第2卷第64节。

的指责和喜好挑错的态度。而如果有人对所有事情吹毛求疵，并不断进行诋毁，这反而会让他在面对更严重的错误时变得软弱无力。正如医生菲罗提摩斯所言，当一个病人的肝脏已经溃烂化脓，而他却向医生展示自己手指上的一个小伤口时，医生对他说："朋友，你的病情可不是微不足道的指甲炎。"

那么，适当的时机也给予朋友机会，对那个因琐碎小事和毫无价值的事情责备别人的人，我们可以说："为什么要讨论娱乐、宴饮和无聊的事情呢？朋友，让他赶走他的情妇，或者停止赌博，然后，在其他方面，他就会成为我们眼中值得称赞的人。"因为那种能在小事上宽容理解的人，在更重大的问题上便不会因厌烦而不愿接受朋友的直言不讳。而那种无时无刻不在挑剔的人，既严苛又乏味，自以为无所不知，爱管闲事，不仅他的孩子和兄弟都容忍不了他，甚至连奴仆也无法忍受他。

正如欧里庇得斯所言："衰老这件事既有好的地方，也有坏的地方。"[1]同样，朋友不但会犯错，也会做好事。因此，我们不仅应当留意朋友的过失，也应关注他们何时行事得

1　引自欧里庇得斯《腓尼基妇女》第528行。

当，并且以宙斯之名积极地赞美他们。然后，就像铁被加热后变软，再经冷却变得坚硬并接受钝化一样，当朋友因受到赞美而欢欣鼓舞、热情洋溢时，我们应当像淬火一般，温和地引入坦诚的劝诫，使之更为坚韧可塑。这正是时机给予我们的机会，我们可以这样说："难道这些行为值得与你本应追求的相比吗？你看到美德所结出的果实是什么样的吗？我们这些朋友所期望的正是这些，这才是与你相称的，你生来便应当如此。"至于那些不良的行为，则应当被远远驱逐，"送往荒山，或投向波涛汹涌的大海"。[1]正如明智的医生宁愿用睡眠和饮食，而不是蓖麻和牵牛子这两种苦药来治愈病人的疾病，同样，通情达理的朋友、善良的父亲和教师，也更愿意用赞美而非责备来矫正人的品行。

因为，没有什么比以善意和友善的态度对待犯错者，更能让直言不讳这个行为减少伤害，同时带来最大的疗愈。因此，我们不应严厉地揭露那些否认自己错误的人，也不应阻止那些试图为自己辩解的人，反而应当适当地为他们提供得体的借口，并帮助他们远离较坏的理由，使他们能够接受更温和的解释。正如赫克托耳对他的兄弟所说："可敬的人啊，

---

[1] 引自荷马《伊利亚特》第6卷第347行。

不要让这种愤怒充满你的心。"[1] 他以此表明,撤退并非逃避或懦弱,而是出于战斗中的愤怒而暂时退让。

此外,涅斯托耳对阿伽门农说:"你应当顺从你那伟大的心灵(对阿喀琊斯做出让步)。"[2]

我认为,[3] 与其直接指责"你做错了并且行为不端",不如说"你没有留意并且忽视了事情",这更加符合道德。同样,与其说"不要嫉妒你的兄弟",不如说"不要与你的兄弟争执";与其说"不要去腐化那个女人",不如说"远离那个腐化你的女人",这样的表达更为温和且更容易被接受。

因为,这样的方式正是"治疗性的直言不讳"所追求的,而"实践性的直言不讳"则采取相反的方法。[4] 当我们需要制

---

1 引自荷马《伊利亚特》第 6 卷第 326 行。赫克托耳怒斥帕里斯(Paris),指责他窝在房里不出战,而外面的特洛伊人正在浴血奋战。他命令帕里斯赶紧上战场,否则特洛伊城很快就会被希腊人焚毁。

2 引自荷马《伊利亚特》第 9 卷第 106 行。此时阿伽门农召开战争会议,他意识到,必须想办法弥补自己的错误,说服阿喀琊斯归队,否则于战局不利。涅斯托耳作为年长的智者,直接点出问题的关键:阿伽门农曾经犯下严重的错误,他强行夺走了阿喀琊斯的战利品,让这位希腊最强战士愤然离去。

3 有意思的是,从这里开始,普鲁塔克开始使用第一人称说话,似乎以下内容是普鲁塔克对他自己的要求,这无疑是一个更高的目标。

4 从这里开始,普鲁塔克针对"直言不讳"这个概念提出两个分类:治疗性的直言不讳(therapeutikē parrēsia)和实践性的直言不讳(praktikē parrēsia)。前者是温和的劝导,旨在纠正错误,而不让对方反感,后者采用更强硬的方式来阻止朋友的错误行为,或者促使他们采取正确行动。

止那些即将犯错的人，尤其是当他们被某种强烈的冲动驱使，或是面对美好的事物却软弱而缺乏积极性时，我们应当强化他们的意志，鼓励他们前行。此时，适当的策略是将他们的行为归因于某种荒谬或不体面的原因，以促使他们产生改正的动力。

正如在索福克勒斯的戏剧中[1]，奥德修斯在激怒阿喀琉斯时，并未直接指责他，而是巧妙地激起他的斗志。他说："阿喀琉斯并不是因为宴席而愤怒，而是因为已经远远看见特洛伊的城墙，内心生出了恐惧。"当阿喀琉斯对此愈发恼怒，甚至威胁要启航离去时，奥德修斯进一步激将道："我知道你真正逃避的，不是恶言，而是赫克托耳已近，你不敢留下。"通过向勇敢而有男子气概的人暗示懦弱的名声，向节制而端庄的人暗示放纵的名声，向慷慨大方且气度非凡的人暗示吝啬和贪财的名声，可以激励他们追求美德，并驱使他们远离可耻的行为。而对于那些已经无法补救的过错，应当在批评时保持适度，并在坦率地劝诫时表现出更多的悲痛与同情，而不是单纯的责备。

在阻止朋友犯错和与情欲抗争时，应当表现得坚定、不

---

[1] 这部剧似乎并未完全留世。

可动摇，并持之以恒，因为这是展现真正善意和直言不讳的最佳时机。而对于你已经犯下的错误，你的敌人会帮你指出。正如哲学家第欧根尼所说："一个希望自我拯救的人，必须要么有善良的朋友，要么有激烈的敌人，因为朋友会教导你，而敌人会揭露你的错误。"

因此，听从劝诫而避免错误，比起在犯错后接受恶意批评而被迫悔改，是更好的选择。因此，我们必须精心对待直言不讳，因为它是友谊中最重要、最有力的药剂。然而，这种劝诫不仅需要精准把握时机，还必须始终保持适当的平衡，以确保它真正发挥积极的作用。

既然直言不讳往往会让被劝诫者感到痛苦，那么我们应当效仿医生的做法。医生在进行切割治疗时，并不会在病人感到疼痛时就弃之不顾，而是先用温和的方式润湿伤口，并缓解痛感。同样，善于劝诫的人不应只是在施加尖锐而刻薄的责备后就离开，而是应当通过进一步的交谈和温和的话语来安抚和缓和对方的情绪，就像雕刻家在敲击雕像后，会对受损部分进行打磨和抛光。如果一个人在承受直言不讳后，被丢下不管，导致他因愤怒而变得暴躁、自大且不平衡，那么他以后就很难再接受任何劝诫。因此，劝诫者必须特别注意，不要将谈话的终点停留在让朋友痛苦和愤怒的地方。

论广结良缘

美诺[1]这位色萨利人[2]自认为在言辞和逻辑方面已经受到充分的训练,也正是因此,他整天就像恩培多克勒[3]所说的"徘徊于智慧的巅峰"。当苏格拉底问他"什么是美德"时,美诺迅速且轻率地回答说:"小孩有小孩的美德,老人有老人的美德,男人有男人的美德,女人有女人的美德,统治者、公民、主人、奴仆,都有他们自己的美德。"

苏格拉底回应道:"好啊,我叫你给我一个美德的定义,你却召唤来一整个美德蜂群!由此可见,你这小子之所以

---

[1] 普鲁塔克讨论的有关美诺与苏格拉底的对话,被柏拉图记载于他短小精悍的苏格拉底对话录《美诺篇》中,柏拉图描绘了这位年轻人美诺向苏格拉底请教"什么是美德"。美诺想知道,美德究竟是否需要依赖一些与生俱来的品质,还是可以通过后天教育或是社会实践取得。
[2] 色萨利(Thessaly)在公元前5世纪是雅典重要的军事对手,色萨利人经常被希腊人和罗马人刻画为神秘学、巫术和魔法的中心,所以普鲁塔克立刻引用神秘主义哲学家恩培多克勒来描绘美诺的行径,可能与美诺是色萨利人有些关系。
[3] 见第105页注释2。

列举出许多种美德,是因为你并不知道美德的本质。"那么,难道不会有人(像苏格拉底嘲笑美诺一样)嘲笑我们吗?因为我们甚至连一份真正的友谊都没有,却经常害怕自己陷入太多人际关系,就好像一个盲人担心自己变成神话中的拥有一百只手臂和一百只眼睛的巨人。然而,我们极力称赞那位出现在米南德剧中的年轻人,他曾说出一句极为卓越的话:"只要拥有朋友的影子,这便是一件美好的事情。"

在众多妨碍我们获得友谊的因素中,最显著的莫过于对"广结良缘"的渴望。这种渴望如同放荡女子的情欲,由于频繁与许多人纠缠,最终无法牢牢抓住最初的那些情人,而让他们被忽视并逐渐消失。或许,更贴切的比喻是那位由许普西皮勒抚养的孩子:

> 他坐在草地上,
> 不断采摘一朵又一朵花,
> 以捕获花朵来取悦自己的灵魂,
> 这个幼童却怀有无尽的贪欲。[1]

同样地,我们每个人都因喜爱新奇和轻率浮躁,总是被

---

[1] 应该来自欧里庇得斯《许普西皮勒》(Hypsipyle),该剧只有片段存世。

最新盛开的"花朵"吸引，并不断转换对象，即便同时开始许多友谊和交往，这些关系也很少真正发展下去。因为在我们渴望追逐新朋友的过程中，往往忽略了那些已经在身边的友谊。

首先，就像从家中的炉火开始一样，让我们从历史所遗留下的关于伟大友谊的记载出发，以悠久而古老的希腊时代作为我们讨论的见证者和思想的顾问。在那个时代，友谊以成对的方式被传颂：忒修斯与珀里托俄斯，阿喀琉斯与帕特洛克洛斯，俄瑞斯忒斯与皮拉得斯，芬提亚斯与达蒙，伊巴密浓达与佩洛庇达斯。[1]

因为友谊这种东西寻求的是伙伴，而非像牲畜或寒鸦那样成群结队地聚集。把朋友视为另一个自己，并称呼他为"另一位伙伴"，无非是按照友谊的尺度，以二人为单位交往。就像无法用少量的钱财同时购买许多奴隶一样，人也无法以同样的"代价"同时拥有许多真正的朋友。

---

[1] 忒修斯（Theseus）和珀里托俄斯（Peirithous）是希腊神话中的传奇人物，后者因欣赏前者的英雄气概而与其结交。俄瑞斯忒斯（Orestes）是阿伽门农之子，皮拉得斯（Pylades）以忠诚著称，他陪伴俄瑞斯忒斯流亡、复仇。芬提亚斯（Phintias）与达蒙（Damon）是古希腊传说中西西里叙拉古的一对至交好友，前者因密谋反对僭主狄奥尼修斯一世而被捕，后者自愿以生命作担保，若芬提亚斯不归，他甘愿被处死。伊巴密浓达与佩洛庇达斯是公元前4世纪忒拜的两位杰出将领和挚友，他们共同推翻斯巴达的统治，使忒拜成为希腊霸主。

那么，友谊的"货币"究竟是什么呢？是善意与恩惠，并且伴随着美德，而这些在自然界中无疑是最为稀少的。因此，要对许多人怀有深厚的爱或被许多人所深爱是一件不可能的事。正如河流若分成众多支流，其水流就会变得微弱而稀薄，同样，天性中本该强烈的爱，若分散到许多人身上，就会变得黯淡无力。因此，在动物之中，天性赋予的对子嗣的爱，在那些只生一胎的物种中更为强烈。正如荷马所说，他称"唯一珍爱的孩子"为"独生的娇子"[1]，也就是说，那些父母不会有其他子女。

我们并不认为朋友必须是"唯一的"，但愿他能像"独生的骄子"般珍贵，且是经过漫长岁月孕育而来的。真正的朋友，是那个随着时间流逝，与我们共同消耗了一大袋盐的人[2]，而不是如今那些所谓的"朋友"——只因偶然共饮一杯酒，或同住一宿，或玩过一局骰子，或短暂同行，就从客栈、摔跤场或集市上随意捡拾来的"友谊"。

在富人和权贵的家中，我们看到熙熙攘攘的人群，喧闹地互相问候、握手迎接，或簇拥跟随，便认为那些"广结良

---

[1] 参考荷马《伊利亚特》第9卷第482行，《奥德赛》第16卷第19行。
[2] 一起消耗了一大袋盐的伙伴意味着日积月累的交往，而不是仅因短暂的相处——比如共饮一杯、同住一宿、玩一局游戏——便轻率地称为朋友。

缘"之人是幸福的。然而,他们在自己的厨房里看到的苍蝇甚至更多。但这些苍蝇在食物耗尽后,或那些门客在主人不再有利用价值后,都不会留下来。

真正的友谊最主要追求三样东西:美德,因为它是高尚的;亲密相处,因为它是愉悦的;实用的互利互惠,因为它是必要的。[1] 朋友必须经过考察才能被纳入生活中,与其相处应当令人愉悦,而在需要时也能依靠他。而这一切都与"广结良缘"相违,尤其是最根本的准则——通过审慎判断来选择朋友。

因此,我们首先必须思考:在短暂的时间内,一个舞蹈家是否能真正考验那些共舞的舞者?一个船长能否真正考验共同划桨的船员?一家之主能否真正考验管理财产的仆人?父母能否真正考验教育子女的导师?(如果这些答案是否定的话)那么更何况,我们要考察的是与我们共历人生种种考验的朋友!朋友是能够在我们成功时共享荣华富贵的人,也

---

[1] 这里普鲁塔克提出真正的友谊同时追求三种事物,而亚里士多德在《尼各马可伦理学》第8—9卷提出,这个世界上有三种友谊:功利之友(基于互惠利益,如商人之间的关系)、享乐之友(基于快乐,如年轻人因共同爱好结交)、德性之友(基于美德,相互欣赏对方的善良和品格)。亚里士多德认为前两种友谊易消散,只有第三种友谊最牢固,因为它建立在对于真善美的追求之上。普鲁塔克虽然同意亚里士多德的分类,认为友谊确实包括这三种事物,但是他提出了一个不同观点,那就是真正的友谊并不以追求一种事物为目标,而是全都囊括在内。

是在我们患难时不离不弃的人。

没有哪一艘船会在驶向大海时遭遇如此多的狂风骤雨，也没有哪座港口城镇的防御工事需承受这般凶猛的洪水巨浪，然而，唯有历经考验的坚定友谊，能为这些危险中的航船与城镇提供真正的庇护。然而，那些未经考察便轻率纳入我们生命中的朋友，就像未经检验的假币一样，最终都会显露其虚伪的本质。失去这种朋友的人反而应该庆幸，而仍然拥有他们的人则祈求能早日摆脱。但困难的是，想要摆脱一段令人不满的友谊并非易事。它就像一种有害且令人厌恶的食物，既无法不痛苦地吞咽下去，也无法完整地吐出，而是在我们体内变得丑陋、混杂、怪异。同样，邪恶的朋友要么在相处中令人痛苦并带来损害，要么在仇恨和敌意的驱使下被强行排除，就像胆汁被呕出一般。

因此，我们不应轻易接纳朋友，也不应随意与遇到的人紧密相连，更不应去爱所有主动追求我们的人，而应当主动追求那些真正值得友谊的人，因为并不是一切轻易可得的东西都值得拥有。正如我们跨过缠绕的杂草和带刺的荆棘，避开它们之后，才能继续前行，朝着橄榄树和葡萄藤走去。同样，我们也不应把那些轻易缠上来的人视为高尚的交往，而应经过审慎考察之后，再与那些真正值得珍视并且对我们有益的人建立深厚的联系。

就像画家宙克西斯曾被人指责作画太慢，他回答说："是的，我花费很长时间作画，因为我的作品要流芳百世、经久不衰。"同样，我们在经过长期考察后建立的友谊和交往，也必须长久地维系。

慎重挑选许多个朋友并不容易，那么，同时与许多人相处就容易了吗？还是说，这同样是不可能的？事实上，友谊的真正乐趣在于亲密交往，而最愉悦的事情便是共度时光、共同生活。因为朋友不可能孤立地存在，人们在一起聊天商议时才能做出决策。正如墨涅拉俄斯如此评价奥德修斯：

> 没有什么能使我们分离，
> 我们彼此相爱，共享欢乐，
> 直到死之黑云笼罩我们。[1]

然而，所谓的"广结良缘"似乎恰恰导致了相反的结果。

---

[1] 荷马《奥德赛》第4卷第178行。奥德修斯仍然行踪不明，他儿子忒勒玛科斯在女神雅典娜的带领下寻找奥德修斯的踪影。墨涅拉俄斯认出这是奥德修斯的儿子，感慨万分，回忆起奥德修斯为了他所经历的种种苦难，他悲叹诸神竟然如此心怀嫉妒，使奥德修斯独自一人无法归乡。

真正的友谊是凝聚、团结并维系人和人之间的距离，它通过频繁的交往和友善的态度，使关系更加紧密，正如乳酪凝结剂能使白色的牛奶凝固并结合在一起，如恩培多克勒所描述的那样。友谊正是希望促成这样的统一与凝聚。但"广结良缘"却带来分离、撕裂和疏远，因为它不断地将人从一个朋友拉向另一个朋友，使善意无法融合，也无法形成牢固的联系，就像未被充分浇灌和凝固的事物，始终处于流动和散乱的状态。这也导致了在提供帮助时的不稳定和困窘，因为原本友谊中有益的部分，在"广结良缘"中反而变得难以实现。

不同的人对不同的事物拥有不同的关注，我们的本性不会在冲动和倾向上趋同，也不会永远共享相同的命运。事情的时机就如风一般，有时推动一些人前进，有时又与另一些人相对抗。然而，即便所有朋友在同一时间需要同样的帮助，想要满足所有人的需求依然是困难的——无论是商议决策、从事政治事务、追求荣誉，还是接待宾客。更复杂的情况是，他们在同一时刻遇上不同的事务和境遇，并且同时请求帮助——一个正在远行的人希望有人同行，一个面临审判的人希望有人为他辩护，一个法官希望有人与他共同裁决，一个从事买卖的人希望有人帮助管理交易，一个新婚的人希望有人一同献祭，一个正在埋葬亲人的人希望有人陪同哀悼。"于是，这座城一方面充满了焚香的气息，另一方面回荡着颂歌与叹息。"[1]

"广结良缘"意味着你不可能同时出现在所有人的场合，但也不能完全缺席。若只帮助其中一人，便会得罪其他许多人，这无疑令人烦恼，因为没有人愿意看到自己被忽视，尤其是一个深爱自己的人。在一些情况下，人们通常更能宽容朋友的疏忽和懒散，并且对于这样的辩解也不会生气，比如"我忘了""我没有注意到"。但在另一些情况下，如果一个朋友说："我没有在你诉讼时到场，因为我正在陪伴另一位朋友。"或者："你生病时我没有来探望你，因为我正忙着陪另一位朋友设宴。"以对他人的照顾作为自己疏忽的理由，这不仅不能消除对他的指责，反而会引发嫉妒和不满。

然而，大多数人只关注在"广结良缘"中他们能够得到的好处，却忽视了他们需要付出的部分，忘记了一个向许多人寻求帮助的人，也必须在许多人有需求时提供帮助。正如百臂巨人若要用他的一百只手去喂养五十个胃，他并不比我们这些用两只手养活一个胃的人更占优势。同样，一个有很多朋友的人，唯一能吹嘘的地方就是，他要同时给很多人提

---

[1] 引自索福克勒斯《俄狄浦斯王》(*Oedipus Rex*)第4节。

供帮助,承担共同奋斗、共同参与事务、分担辛劳的义务。欧里庇得斯的话也帮不了这样一个大忙人:

> 凡人应当以适度的友谊彼此交往,
> 不应让友谊深入灵魂的骨髓。
> 感情应当柔韧易变,
> 既可以推开,也可以收紧。
> 就像船只的桨,
> 可以向后退,也可以向前推。
> 友谊也应当随需求而调整。[1]

欧里庇得斯啊,不如让我们将你这段话应用在仇恨之中,劝导人们适度处理纷争,不要让怨怼深入灵魂的骨髓,让仇恨、愤怒、抱怨和猜疑都变得柔韧易解,能够轻易化解和消散。比起欧里庇得斯,我们更应该遵循毕达哥拉斯派的忠告:"不要向许多人伸出右手。"也就是说,不要交太多朋友,不要让友谊变得过于公开、共享或庸俗,也不要让友谊陷入充满矛盾或伴随着诸多情感波折的状态。因为在这些情

---

[1] 引自欧里庇得斯《希波吕托斯》(*Hippolytus*)第253节。

况下，共同奋斗、共担痛苦、共历风险，对自由而高尚的人来说，是极难承受的。

而智者契罗的一句话是真实的——当有人对他说"我没有敌人"时，他回答："那么你大概也没有朋友。"因为敌意总是紧随友谊而来，并与之交织在一起，朋友不可能不一起承受不公，也不可能不持有相同的观点或共同憎恨敌人。敌人一旦察觉某人是朋友，便会立刻怀疑他并憎恨他，而朋友之间有时也会生出嫉妒、猜忌，甚至彼此牵制。

正如神谕曾预言提米西亚斯关于他领地的命运："那里很快就会有蜂群，同时会有黄蜂。"[1] 同样，那些寻求朋友数量众多的人，往往在不知不觉间陷入敌人的黄蜂窝。

另外，敌人的记仇和朋友的恩情并不具有相同的分量。看看亚历山大如何对待菲罗塔斯和帕曼纽的亲友，狄奥尼修斯如何对待迪翁的朋友，尼禄如何对待普劳图斯的朋友，提比略又如何折磨并处死塞扬努斯的朋友。[2] 正如克瑞昂女儿的金冠和长袍并没有帮助克瑞昂，当他忽然跑向她并把她抱

---

[1] 提米西亚斯（Timisias）是公元前 7 世纪色雷斯地区（Thrace）殖民地的创始人，普鲁塔克称赞他是一位有智慧和美德的人。
[2] 亚历山大、狄奥尼修斯、尼禄、提比略都是君王，菲罗塔斯、帕曼纽、迪翁、普劳图斯（Plautus）、塞扬努斯（Sejanus）都是惹怒他们的臣子。

在怀里时，反而是突然燃起的火焰冲向他，将他紧紧包围，最终焚毁并吞噬了他。[1]

一些人在朋友得意时毫无所得，却在朋友遭遇不幸时一同毁灭。这种情况最常发生在哲学家和风雅之士身上，正如忒修斯因陪伴珀里托俄斯而遭受惩罚并被一起囚禁，被铐在"不可锻造的羞耻之枷"上。修昔底德在描述雅典瘟疫时也曾记载，那些最追求美德的人，常常与生病的朋友一同死去，因为他们毫不吝惜自己，前去照顾他们的亲密好友。[2]

因此，不应毫无节制地浪费美德，将其随意与不同的人缔结并交织在一起，而应将其交托给值得的人，也就是那些能够以同样的方式去爱和分享的人。这正是针对"广结良缘"最大的反对理由，因为友谊的产生是基于相似性。因此，即使是无生命的物体，与不相似的东西结合时，也往往是在强迫下进行的，它们彼此排斥、挣扎和不安，试图逃离对方；而与同类和相近的事物混合时，它们则会顺畅地接受结合，并带着善意融合。那么，怎么可能让友谊在性格不同、情感不相似、生活方式迥异、志向各异的人之间存

---

[1] 引自欧里庇得斯《美狄亚》(*Medea*)第 1135 行。
[2] 引自修昔底德《伯罗奔尼撒战争史》第 2 卷第 51 节。

在呢?

诚然,在音乐和琴瑟的旋律中,不同音调的对立能够形成和声,因为高音与低音之间仍然能以某种方式保持相似性。然而,在友谊的和谐关系中,任何部分都不应是不相似的、不规则的或不均衡的,而是应当由彼此相似的人组成,他们在言语、决策、信念和情感上保持一致,就像一个灵魂分散在多个身体之中一样。

那么,应该不会有人是那种辛辛苦苦、千变万化的人,为了与许多人变得相似而调整自己。我们反而会嘲笑诗人泰奥格尼斯的劝诫:

> 要像多足章鱼那样,依附在哪块岩石上,
> 就变得与那块岩石的颜色相同。

然而,章鱼的变色仅仅发生在表面,并无深度,它只是凭借自身的紧缩和柔韧性吸收接触到它的物体的外观变化。但友谊要求的却是性格的相似,以及情感、言论、习惯和性情的趋同。如此变化多端的行为,倒像是不太幸运,也不算正直的海神普罗透斯之所为——像是受魔法驱使一般,在同一场合中不断将自己从一种形态变为另一种:与学者们一起

阅读，与摔跤手在尘土中搏斗，与狩猎者一起打猎，与嗜酒者一起沉醉，与政治家一起参加选举，却没有属于自己的性格归属。这正如自然哲学家所描述的那种无形无色的原始质料，它自身始终处于变化之中，有时燃烧，有时湿润，有时化为空气，然后又重新凝固。同样，"广结良缘"也需要一个多变且易受影响的灵魂，一个反复无常、如水般流动、轻易改变自己的灵魂。然而，真正的友谊要求的是稳定、坚定不变的品性，在同一地方和习惯中保持不变。因此，真正坚定的朋友既稀少又难以找到。

关于美德

论控制愤怒

苏拉[1]：芬达努斯，我认为画家们的做法十分高明，他们会在长时间内不断审视自己的作品，直到最终完成。这是因为，适当的间隔和反复评估能让他们的眼光焕然一新，更容易发现那些细微的变化，而这些变化往往会在持续的注视和习惯中被忽略。

同样，一个人如果无法在时间的推移中跳脱自身、拉开距离，再重新审视自己，就很难对自己做出准确的判断，这也是我们往往比别人更难看清自己优缺点的原因。因此，退而求其次，我们应该隔一段时间重新审视朋友，也要同样地把自己展现给他们。不仅仅是观察他们是否衰老、体魄增强

---

[1] 本篇论文的主题不是愤怒这一情绪本身，而是对愤怒最适合的治疗方法。本文以对话录形式呈现，苏拉（Sextius Sulla）是普鲁塔克的朋友，芬达努斯（Minicius Fundanus）是罗马作家小普林尼（Pliny the Younger）的朋友，在小普林尼的很多信件中被提及。然而，就像柏拉图晚期的对话一样，它的重点并不在于呈现角色之间的戏剧冲突，而是主要发言者芬达努斯的自述及其治愈愤怒的经历。

或减弱，更重要的是考察他们的品行和性格，看看时间是否为他们增加了某种美德，或者减少了一些缺点。

至于我，离开罗马一年，如今归来，与你相处已有五个月。我并不惊讶，你本就天赋卓越，如今美德更是增长了许多。但让我真正惊叹的是，你曾经那炽烈而激烈的愤怒，如今竟变得如此温和，能被理性所驯服。看到这一点，我不禁感叹："天哪，你真的变得更温和了！"但这种温和并非懒散或软弱，相反，它更像是一块精心耕耘过的土地，既平整又深厚，让行动更加得当，从而取代了以往的冲动与急躁。所以，这显然不是年岁增长带来的气质衰退，也不是某种自然的消散，而是良善的训诲和修养的成果。

老实说，当我们的朋友厄洛斯告诉我你的变化时，我一开始是有些怀疑的，以为他是出于善意，给你冠上了本应属于贤者的美名。但你也知道，他从不会为了取悦谁而轻易改变自己的判断。而现在，我不得不承认他所言非虚。因此，趁着这次旅途带来的闲暇，告诉我们吧，你究竟用了什么方法，让你的愤怒变得如此温顺、易于驾驭，能对理性温和而顺从？

芬达努斯：但是，我亲爱的苏拉，你有没有想过，也许你因为对我们的友谊和善意，而不自觉地忽略了我们的真实情况呢？毕竟，即使是《荷马史诗》中的爱神[1]，也无法始终保持情绪平衡。即便他如愿以偿，也可能因为对邪恶的憎恶而变得更加激动。因此，我们似乎只是相对更温和，就像几何图形中的线条重新排列，有些线条只是相对于其他线条改变了排列方式而已。

苏拉：不，我并不是这个意思，也不是你所说的那种情况，芬达努斯，就按我说的做吧，就当是给我一个人情。

芬达努斯：此外，苏拉，我还记得莫索尼乌斯的一句高尚的教诲：凡是想要真正得救之人，就必须始终在自我修养中生活。修养不是像黑藜芦那样的药物，可以与疾病一起排出，而是应该深植于灵魂之中，持续地维系判断，并加以守护。它的作用不像药物，而更像是健康的食物，使那些习惯于它的人养成一种健康而良善的状态。

至于那些试图在情绪最激烈的时候才施加的劝诫和告诫，它们的效果通常缓慢而困难，甚至和某些强烈的气味类似，这些气味或许能让倒地的癫痫患者短暂苏醒，但并不能

---

[1] 他们的共同好友厄洛斯（Eros）既是人名，也是希腊宗教中的爱神。在荷马《奥德赛》第20卷第23行，奥德修斯在策划如何杀死求婚者的过程中，听到那些曾与求婚者有染的侍女们嬉笑着离开，他的怒火顿时升起，甚至想要立刻杀掉她们。愤怒被爱神所驱动的情欲激发，而愤怒又需要理性（雅典娜的劝导）来平息。

真正治愈疾病。其他情绪在极盛之时，多少还会让步，允许外界的理性之言进入灵魂，但愤怒却不然。愤怒不像墨兰提俄斯所说，仅仅"让理智暂时退避"，而是彻底将理智驱逐和封锁，使内心充满混乱、烟雾和喧嚣，以至于既无法看清，也无法听见任何能帮助自己的事物。一艘在风暴中漂流、无人掌舵的船，尚且有可能从外部迎来一位舵手；但一个被愤怒和狂暴支配的人，却根本不会听从任何理性的声音，除非他已经在内心准备好接受理性。

那些预料到自己即将被围困的人，他们会提前聚集并储存必需品，因为他们已经不再指望外界的援助。同样地，我们必须在愤怒爆发之前，就从哲学中汲取必要的对抗手段，并将其储存在灵魂之中，否则等到真正需要时，我们就无法轻易将这些理性之言引入内心。因为在愤怒的喧嚣之中，灵魂无法听见来自外界的声音，除非它的内部已经有一位理性的指挥官，能迅速领会并接受每一个训诫。可是，一旦听到了劝诫，温和的话语往往会被它轻视，而强硬的劝告则可能激起更大的怒火。毕竟，愤怒的本性骄傲、自负，完全不愿受到外力控制。它更像一种牢不可破的暴政，唯一能够推翻它的力量，必须来自它的内部。

如果一个人长期处于愤怒之中，或者经常被激怒，他的灵魂就会养成一种恶劣的习惯，这种习惯就是"易怒"。[1]最终，它会演变为敏感、多疑、怨毒，甚至难以相处。当愤怒像溃疡一样难以愈合，甚至对微不足道的小事都感到痛苦时，它就像生锈的薄铁一样，受到轻微的摩擦便产生裂痕，随时寻找可以责怪的对象。然而，如果我们能够在愤怒刚刚升起的时候就立刻抵制它，并施以克制的判断，那么不仅可以平息当下的怒火，还能让灵魂在未来变得更加稳固，不易被情绪所左右。

就我个人而言，我曾经有过两三次成功克制愤怒的经历，那种感觉让我想起了忒拜人的胜利。他们最初击退了被认为不可战胜的斯巴达人，之后便再也没有在任何战斗中败给他们。[2]因为他们建立起了一种信念，即理性能够带来胜利。我发现，不仅像亚里士多德所说的，愤怒在冷静之后会自行消退，而且它会因恐惧而平息。荷马也曾以宙斯之名描述过，当喜悦突然降临时，愤怒就会在人群中消散。因此，我逐渐相信，愤怒对于那些愿意控制它的人来说，并非完全无可救药。

---

[1] 参考柏拉图《理想国》411b 有关灵魂过于刚烈和粗暴的野蛮战士的讨论。
[2] 留克特拉战役（Leuctra，公元前 371 年）是忒拜在将军伊巴密浓达的指挥下，对抗斯巴达的一场决定性战役，忒拜通过此战终结了斯巴达的霸权。

毕竟，愤怒的起因往往并不是什么重大事件，一句嘲讽、一声笑、一句戏言，甚至只是一个眼神，就能点燃怒火。比如，海伦对她的侄女厄勒克特拉说："厄勒克特拉，这么多年了，你居然还是个处女。"这一句话就激怒了厄勒克特拉，使她愤然反击："你现在倒是听起来很智慧，当年你可是带着耻辱离开了自己的家！"[1] 同样，在一次宴会上，卡利斯提尼看到一只巨大的酒杯被传递，便开玩笑道："我可不想喝了它之后，还得向亚历山大的医神求救。"[2] 结果，这句话激怒了亚历山大。这些例子都说明，愤怒的根源，有时竟是如此微不足道！

就像火焰如果是由兔毛、灯芯或杂草点燃，很容易被扑灭；但如果它蔓延到坚固的木材或厚实的建筑材料，它就会迅速吞噬一切，将工匠辛勤建造的高楼化为灰烬。那些在愤怒初起时就能察觉它的人，若能察觉它是因某些闲谈或低俗的戏谑逐渐滋生，只需看到它开始冒烟和燃烧，无须费太大的力气将其扑灭，往往只要保持沉默或忽略它，它便能熄

---

[1] 这个对话引自欧里庇得斯《俄瑞斯忒斯》第 72—80 行。厄勒克特拉（Electra）之所以这么对海伦说，是因为海伦曾经跟随特洛伊王子帕里斯私奔，引发了长达十年的特洛伊战争，导致希腊无数人死亡，成为希腊人心中耻辱的象征。厄勒克特拉借此讽刺海伦：如今装出理智贤淑为时已晚，她早已背叛家庭与国家，名声尽毁。
[2] 这句话是在嘲讽亚历山大自诩的神性，用"亚历山大"取代了酒神狄俄尼索斯。

灭。因为愤怒就像火焰，如果不给它提供燃料，它就会逐渐消失；如果我们在它刚刚生起时不去煽动自己，任由它冷却，我们就能保持理智，让愤怒自然平息。

因此，尽管希耶罗尼米斯在许多方面很有见解，但我不同意他这个观点，即愤怒是在它爆发后才会被察觉，因为它来得太快，人们无法在最初注意到它。事实上，在所有情绪中，没有一种像愤怒这样，在它积聚和激发的过程中，表现得如此明显。这一点连荷马都深谙其道。他描述阿喀琉斯在听到某些话语时，悲痛如黑云般笼罩在他心头，立刻显现出来。[1] 此外，荷马描绘阿喀琉斯对阿伽门农的愤怒是缓慢燃起的，并在许多言辞的推动下逐渐点燃。[2] 如果当初有人能够撤回其中的一些言语并加以阻止，那么这场争执就不会演变得如此剧烈和庞大。

正因如此，苏格拉底每当察觉到自己对朋友的情绪变得激动时，便像水手在风暴来临前调整航向一样，放缓自己的声音，微笑着，使目光变得温和。[3] 他用这种方式主动引导

---

[1] 参考荷马《伊利亚特》第18卷第22行，当阿喀琉斯听到挚友帕特洛克洛斯的死讯。
[2] 参考荷马《伊利亚特》第1卷第101行，当阿喀琉斯认为阿伽门农要强行夺走他的战利品，侮辱他的战士荣誉。
[3] 参考塞涅卡《论愤怒》(*De Ira*) 第3卷第13章第3节。

自己走向相反的方向，以克制情绪的冲动，从而保护自己不被愤怒吞噬，也不陷入它的掌控之中。朋友啊，想要推翻愤怒这位暴君，最重要的方法就是不去服从它，也不去听从它的命令。当愤怒驱使我们怒吼、怒目圆睁、捶胸顿足时，我们应该保持沉默，不要助长这股激情，就像某些疾病，若是剧烈抖动或大声喊叫，反而会加重病情一样。

恋爱中的人会用歌唱、饮酒、为门框戴上花环等方式来缓解情绪，这多少带有某种轻松和诗意："我来到门前，并没有大声问'你是谁'或'你属于谁'，而是亲吻了门柱。若这是罪过，我甘愿犯罪。"同样，悲伤的人会通过哭泣来释放痛苦，以泪水带走部分哀伤。然而，愤怒却截然不同。被愤怒支配的人，他们的言行只会让怒火愈发炽烈。因此，最好的办法是保持冷静，或干脆离开、隐匿自己，让自己停泊在平静之中，就像一个预感到癫痫发作的人，会立刻采取措施，避免自己跌倒。更确切地说，我们要避免自己被愤怒吞噬。

更糟糕的是，我们最容易发怒的对象，往往是我们的亲人和朋友。我们不会爱所有人，不会嫉妒所有人，也不会害怕所有人，但愤怒却无所不攻：我们会对敌人发怒，也会对朋友、子女、父母发怒，甚至，我们还会对神明、野兽，甚至无生命的器物发怒。塔米里斯在盛怒之下摔碎了镶金的号角，毁掉了优美的七弦琴。潘达洛斯在愤怒中诅咒自己的弓，宁愿亲手折断它。[1]而薛西斯甚至命人用鞭子抽打大海，在海面上留下伤痕，并荒唐地向阿索斯山下令："高耸入云的阿索斯啊，不要让岩石阻碍我的工程，否则我就砍断你，把你扔进大海！"

至于我，我不敢保证自己的方法绝对正确，但我认为观察他人的愤怒，是认识和克服愤怒的第一步。

医生希波克拉底说，最严重的疾病是那种让病人的面容变得陌生、不再像自己的病。同样，我发现人在愤怒之下会完全失去自制，他们的脸色、步态、声音都会剧烈变化。这种愤怒的模样让我厌恶，每当看到，我都会提醒自己："我也是这样吗？我也会变得如此狰狞、不可理喻吗？"我注意到，每当我对朋友、妻子或女儿发怒时，不仅外表显得凶恶和陌生，连声音也变得严厉而粗暴。就像我在别人身上见到的那样，他们在愤怒之中丧失了平日的品性、风度和优雅，也无法维持言谈中的亲和力和说服力。

罗马演说家盖约·格拉古性格刚烈，说话激昂，因此

---

[1] 参考荷马《伊利亚特》第5卷第216行。

他特意准备了一种笛子,就像音乐家用来调整音调的器具一样。他的仆人拿着笛子站在身后,在他演讲时吹奏出平稳柔和的旋律,让他的声音回归适当的节奏,避免过度激动。就像牧人用蜡封芦笛吹奏催眠曲,让躁动的牛群平静下来。如果在我发怒时,也有人递上一面镜子,让我看见自己因愤怒而扭曲的脸,我不会觉得讨厌,就像有些人洗完澡后照镜子,虽然并无实质作用,但至少可以整理仪容。愤怒时看到自己的可怖模样,这对消解愤怒将大有裨益。

据说,连雅典娜都曾在吹奏双管笛时,被一位萨堤尔取笑:"这模样不适合你,丢掉那双管笛吧,别让嘴唇膨胀,下巴僵硬。"后来她在河水中看到自己因吹笛而变形的脸,顿时厌恶地扔掉了笛子。然而羊人玛耳绪阿斯用特殊的笛罩和吹气调节装置来控制气息,使自己面部显得端正,避免吹奏时面容扭曲。[1] 他用闪耀的金饰束住两颊的毛发,并用皮带固定了自己喋喋不休的嘴巴。而愤怒却会膨胀面部、扭曲表情,让声音变得尖锐而刺耳,拨动本应静止的心弦,使人

---

[1] 这是古希腊神话中的一个故事,雅典娜发明双管笛(aulos),被半兽人萨堤尔嘲笑后,在河水中看到自己吹笛时的样子,顿时恼怒,将笛子丢弃。玛耳绪阿斯(Marsyas)捡起笛子,凭借高超技艺成为吹笛大师,并挑战太阳神阿波罗,他最终因挑战神明而遭受残酷惩罚,被阿波罗剥皮而死。

丧失理智。

有人说,大海被风暴搅动时,会翻起海藻和水草,但随后会自我净化,最终变得清澈。但愤怒不是这样,它搅动灵魂,所喷涌出的言辞尖锐、放纵,往往玷污的不是别人,而是那些说出它的人,使他们留下恶名,仿佛他们的灵魂中本就积满了这些污秽之物。柏拉图说,一句话是这世上最轻微的东西,而人们往往因这最轻微的东西承受最沉重的惩罚[1],被视为仇敌、恶语中伤者和卑劣之人。

所以,每当我思考这些问题时,我都会提醒自己:人在发烧时,保持舌头湿润是有益的,而在愤怒时,让舌头保持柔和就更加重要。如果发烧者舌头干燥,那只是一个不祥的征兆,并非疾病本身;但若一个人在愤怒时说话刻薄、污秽,甚至口出恶言,那便会激发无可挽回的仇恨,暴露内心隐藏的恶意。

没有什么比失控的愤怒更放纵和令人厌恶,烈酒所催生的放荡都不及它恶劣。醉酒后失言的话,往往被人当作笑话,而愤怒中说出的话,却掺杂着毒素。在酒席上,沉默的人可能让同桌感到无趣;但在愤怒中,没有什么比沉默更高

---

[1] 参考柏拉图《法律篇》717d,935a。

贵、更值得推崇。正如诗人萨福[1]所劝诫:"当愤怒在胸中翻腾,务必约束那轻率狂吠的舌头。"

关注那些陷入愤怒的人,不仅能让我们思考上述问题,也使我们认识到愤怒的本质。它既不高贵,也不代表真正的勇敢,更与理智和伟大无关。许多人误以为愤怒的狂暴等于果敢,愤怒的威胁等于勇敢,愤怒的固执便是坚定。有些人甚至把残忍视作伟大的作为,把顽固当作坚定,把刻薄误认为疾恶如仇的正义感,但这些都是误解。事实上,一个人的行为、举止、表情,往往暴露出愤怒带来的卑劣和软弱。看看那些对孩子施暴、对妻子怒骂、对仆人苛责,甚至对狗、马和骡子动辄惩罚的人,他们其实是在显露自己内心的怯懦。就像全能格斗手克特西丰,竟坚持要回踢一头踢了他的骡子;甚至暴君的屠杀行为也往往源于恐惧,而不是力量。这就像某些爬行动物在被灼烧和剧痛折磨时,会疯狂反击伤害它们的人,将痛苦转化为攻击。

正如肿胀是肉体遭受重击后的病变,愤怒往往是最软弱的灵魂在痛苦中所表现出的反应。正因如此,女人比男人

---

[1] 萨福(Sappho,公元前630—前570)是古希腊莱斯博斯岛的抒情诗人。她的诗歌以爱情、女性情谊、个人情感为主题,深刻影响了后世抒情诗的发展。

更易发怒，病人比健康的人更易发怒，老人比年轻人更易发怒，境遇不佳的人比顺遂幸福的人更易发怒。吝啬之人最容易对管家发怒，贪吃之人最容易对厨师发怒，嫉妒之人最容易对妻子发怒，爱慕虚荣的人最容易因流言而怒不可遏。正如诗人品达所说，极端追求荣誉的人，在城邦政治中也最容易引发冲突和内乱，这是显而易见的苦难。因此，愤怒往往源于受伤的灵魂，它的爆发恰恰是软弱的表现。有人认为愤怒是灵魂的神经[1]，但事实上，它更像灵魂在受到刺激和抽搐时的剧烈反应，它在自我防御的过程中，往往变得更加猛烈。

那些不良的例子虽然令人不悦，却是不可避免的。相比之下，那些在愤怒面前依然保持温和与从容的人，他们的言行不仅令人愉悦，更是世间最美的景象。因此，我渐渐开始鄙视那些鼓励报复、煽动愤怒的话语，比如："你受了委屈？难道还能忍下去？""踢他，踩住他的脖子，把他摔倒在地！"这些言辞不过是在试图将愤怒从"妇女的住处"驱赶到"男人的厅堂"，以此来粉饰和正当化怒火。然而，他们

---

[1] 参考柏拉图《理想国》411b。当普鲁塔克反对柏拉图时，他似乎不愿说出柏拉图的名字。

并未能做到真正的得当,因为真正的勇敢在其他方面与正义一致,唯独在温和的问题上,它似乎与正义发生了分歧,温和才更符合真正的勇敢。

人类可以征服比自己弱小的存在,甚至可以战胜比自己更强大的人,但最艰难的胜利,是在自己的灵魂深处树立起对抗愤怒的丰碑。正如赫拉克利特所说,愤怒随心所欲,它所渴望的一切,都是以灵魂的代价换来的。因此,只有伟大的灵魂和真正的胜利力量才能制服它。正如强健的神经和肌肉能够支撑人的行动,唯有真正的理性和判断力,才能驾驭并控制人的情绪。

因此,我始终努力收集和阅读各种言论,不仅关注哲学家的观点——因为哲学家面对缺乏理智的讥讽毫无愤怒——更重要的是,我也研究国王和暴君的言行。比如安提哥那[1],当他听到士兵在帐篷旁辱骂他时,他只是伸出手杖,说道:"呸!你们为什么不走远一点再骂我呢?"同样,阿卡狄翁总是咒骂菲利普大帝,并劝人远离他,直到他的话传到了从未见过菲利普的人耳中。后来,当他意外来到马其顿时,菲利

---

[1] 安提哥那(Antigonus I)亦称独眼安提哥那,是公元前4世纪亚历山大大帝的继承者,马其顿大将。

普的朋友们认为应该惩罚他，但菲利普却以仁慈对待他，给他赠送礼物并款待他，随后命人探听阿卡狄翁如何在希腊人面前谈论自己。[1] 结果，所有人都证实，这位曾辱骂他的人如今成了他的称颂者。菲利普笑着说："看来我是你们更好的医生。"在奥林匹亚，有人对菲利普出言不逊，于是有人说道："希腊人理应哀叹，因为他们虽受到菲利普的优待，却仍在诋毁他。"菲利普则答道："那么，如果他们没有受到优待而是受了苦，他们又该怎么办呢？"

类似的宽容事例还有庇西特拉图对待色拉西布洛斯、波尔塞纳对待穆奇乌斯，以及马加斯对待腓里蒙。[2] 腓里蒙曾在剧院公然嘲弄马加斯，他在喜剧中写道："国王给你写信了，马加斯。""可怜的马加斯，你连读信都不会。"后来，马加斯抓住了流亡到非洲的腓里蒙。面对这个曾嘲弄他的

---

[1] 菲利普（Philip II of Macedon）是公元前4世纪马其顿国王，亚历山大大帝之父。阿卡迪翁（Arcadion the Achaean）因长期辱骂马其顿国王菲利普二世而闻名。

[2] 庇西特拉图（Peisistratus）是公元前6世纪雅典的僭主，对待反对者相对宽容，他对色拉西布洛斯（Thrasybulus）就是其中一例。波尔塞纳（Porsenna）是公元前6世纪伊特鲁里亚（Etruria）的国王，有一位年轻人穆奇乌斯（Mucius Scaevola）试图刺杀他，被俘后为表勇气，主动将手放入火中毫不畏惧，波尔塞纳被其坚韧所折服，释放并原谅了他。马加斯（Magas）是公元前3世纪非洲昔兰尼（Cyrene）的国王，当剧作家腓里蒙（Philemon）在戏剧中公然讽刺他时，他并未动怒或报复，而是幽默地展现出一位仁君的气度。

人，马加斯并未惩罚，而是命令士兵用刀刃轻轻碰一下他的脖子，然后礼貌地离开，接着送给他一些骰子和皮球，就像送给顽劣的孩童一般，便放他回去。

托勒密也曾展现出类似的智慧。他曾嘲弄一位文法学家的无知，问道："谁是珀琉斯的父亲？"那位学者机智地反问："如果你先告诉我拉戈斯[1]是谁的父亲，我就回答你。"这句话直指托勒密出身卑微，在场的人纷纷认为国王受辱，愤愤不平。但托勒密平静地说道："如果国王不能忍受被嘲讽，那他也不该去讽刺别人。"

亚历山大在处理卡利斯提尼和克利图斯的问题时，却比往常更加严酷。[2]然而，当他俘获波罗斯[3]时，波罗斯只是请求："请以国王的方式对待我。"亚历山大问："你是否还需要更多的恩惠？"波罗斯回答："在'国王的方式'里，已经包含了一切。"这句话道出了真正的君主风范。国王的仁慈常被视为接近神的品质，也正是因此，人们称众神之王为

---

[1] 拉戈斯在正式史料中被认为是托勒密一世的父亲，但人们普遍认为他是马其顿国王菲利普的私生子。
[2] 普鲁塔克经常批评亚历山大在后期统治中对待那些挑战他权威的人过于严厉。卡利斯提尼（Callisthenes）和克利图斯（Cleitus）公开批评过亚历山大，前者被囚禁致死，后者被愤怒的亚历山大亲手杀死。
[3] 公元前326年，亚历山大在印度的希达斯佩斯河战役（Battle of the Hydaspes）中击败印度国王波罗斯。

"温柔者"和"暴烈者"[1],但那些惩罚性的愤怒是复仇女神和幽灵的杰作,而不是奥林匹斯诸神的德行。

正如有人在菲利普摧毁奥林托斯后说道:"但他无法重新建立这样一座伟大的城邦。"同样地,我们可以对愤怒说:"你可以摧毁、毁灭、推翻,但要重建、拯救、宽恕、忍耐,则需要温和、节制和仁慈。这是卡米卢斯、梅特鲁斯、阿里斯提德和苏格拉底[2]的品格,而固执地纠缠和咬噬,不过是蚂蚁和苍蝇的行径罢了。"

然而,当我审视愤怒作为防御的方式时,我发现它在大多数情况下都是无效的。它不仅消耗自身的力量,而且往往只是咬牙切齿、发出毫无意义的威胁,甚至只会导致愚蠢的攻击和诽谤。正如那些在赛跑中因控制不住自己而在终点前摔倒的孩子,他们因急于冲刺而狼狈失败,让本该是胜利的终点变成了笑柄。

罗得岛人有句智慧的箴言。当一位罗马将军的仆人大声叫嚷、恃强凌弱时,他只是冷静地回答:"我不关心你在说

---

[1] 这是宙斯的两个称号,Meilichios(温和的)和Maimaktēs(暴烈的),象征他治理的两种方式,温和宽容以及狂暴严厉。
[2] 卡米卢斯(Camillus)和梅特鲁斯(Metellus)是罗马政治家,阿里斯提德(Aristeides)是雅典政治家,苏格拉底是雅典哲学家,这四人都有着正义和节制的名声。

什么，我关心的是你主子的沉默意味着什么。"索福克勒斯在描写两位将军准备作战时，也曾写道："他们并没有夸夸其谈或辱骂，而是让刀剑在铜制的盾牌间碰撞。"

有些野蛮民族会在剑上涂抹毒药，但真正的勇敢不需要依靠愤怒，因为它已被理性所浸润。那些只凭愤怒和疯狂行事的人，他们的力量是脆弱的，意志是容易崩溃的。斯巴达人便是用笛声来驱散战士的愤怒，他们在战争前向缪斯女神献祭，以保持理性。他们即便击退敌人，也不会贸然追击，而是召回自己的愤怒，就像收回适度的短剑一样，轻松自如，毫不费力。

然而，愤怒却在防御中杀害了无数人，如居鲁士和忒拜的佩洛庇达斯的遭遇。而阿加托克勒斯在被围困者辱骂时，却依然保持冷静。当有人嘲笑他说："陶工啊，你打算从哪里筹钱支付雇佣兵的薪水？"他温和地微笑回答："如果我占领这座城，我就能支付薪水。"安提哥那也曾遭人从城墙上讥讽他的丑陋相貌，他回答道："但我认为自己长得不错。"后来，他攻下这座城，便将那些嘲笑他的人卖为奴隶，并讽刺道："他们现在可以继续向他们的新主人开玩笑了，如果他们还敢嘲笑我的话。"

我见过许多猎人因愤怒而失败，也见过演说家因愤怒而败北。亚里士多德记载，萨堤尔的朋友们封住他的耳朵，以免他因敌人的辱骂而愤怒失控，就像奥德修斯的船员用蜡封住耳朵抵挡海妖歌声一样。事实上，我们也常因愤怒而错失惩罚犯错奴隶的机会，因为他们害怕我们的威胁和怒斥，便会逃跑，使惩罚落空。

正如奶妈对孩子说："别哭，等一等，你会得到的。"这句话对愤怒的人来说也是很好的忠告："不要急躁，不要大喊大叫，也不要逼迫事情立刻发生。"如果你冷静下来，你想要的事情往往会更顺利地发生，甚至会比你预期的更好。这就像一位父亲在看到孩子试图用刀子切割某样东西时，会拿起刀，帮助孩子安全地完成这件事。同样地，如果我们从愤怒中夺走惩罚的权力，我们就能以安全、无害且有益的方式，给予该受惩罚的人应得的惩戒，而不是像愤怒之人那样，最终惩罚的反而是自己。

在所有需要训练和习惯养成的情绪中，没有比管理仆人更适合训练我们控制愤怒的方法了。我们对仆人不会产生嫉妒、恐惧或争夺荣誉的心理，但他们的失误却不断激起我们的怒火，让我们陷入持续的摩擦和冲突。而由于我们对他们拥有绝对的权力，就如同站在湿滑的地面上一样，极易滑倒。没有人会反对或阻止我们的怒火，这只会让它不断膨胀。

当人情绪激动时，若没有责任感，就无法避免犯错。如果我们不能用温和的方式去掌控自己的权力，如果不能忍受妻子和朋友责备我们软弱和怠惰，我们就会更加苛刻愤怒地对待仆人，认为如果他们不受到惩罚，就会变得放肆。然而，我后来才意识到：用宽容让他们变得更好，比用刻薄和愤怒扭曲自己的性情去纠正他们，是更明智的选择。我看到许多人，恰恰因为没有受到惩罚，反而感到羞愧，不愿继续作恶，甚至将宽恕视为改过自新的起点，惩罚并非唯一的教化方式。以宙斯之名，我曾见过许多人，仅凭一个眼神，甚至一阵沉默，便比那些因鞭打和烙印而被迫服从的人更加勤勉地履行职责。因此，我逐渐确信，让理性统治愤怒，才是真正符合统治者风范的做法。并不像诗人所说的："哪里有恐惧，哪里就有羞耻。"事实恰恰相反，只有当人心存羞耻，真正的敬畏才会随之而来。持续不断的鞭打和不留余地的惩罚，不会让人悔改作恶，只会让他们更加精于隐藏自己的罪行。

此外，我时常提醒自己：正如教授我们射箭的人，并不是在教我们少射箭，而是为了确保每一箭都射中目标（那自然需要射出的箭就少了）；同样，惩罚的目的不是禁止惩罚，而是确保惩罚在适当的时机、以适当的方式、符合统治者身份地施行。因此，我努力克制自己的愤怒，尤其是在惩罚他人时，不剥夺他们的辩解权，而是倾听他们的理由。因为时间能让情绪沉淀，拖延能消解冲动，而审慎的判断能找到合适的惩戒方式。如此一来，被惩罚者不会再有借口反抗或推卸责任。惩罚不应出于愤怒，而应该出自理性的审查。这样一来，最羞耻的情况也不会发生，即受罚的仆人看起来比施罚的主人看起来更有道理。

正如福基翁在亚历山大去世后，不允许雅典人因仓促行动或轻信流言而做出决策，他曾告诫道："雅典公民们，如果今天有人说'他死了'，那么明天他仍然是死的，后天他还是死的。"同样的道理，当我们因愤怒而急于惩罚时，也应当提醒自己："如果此人今天做了不义之事，那么明天他仍是不义的，第三天依然如此。"惩罚若稍晚一些，并无任何可怕之处；但若因仓促施罚，最终发现受罚者无辜，这才是真正的灾难，而这样的错误已经发生过许多次。

我们之中，谁会如此严苛，以至于要因为仆人五天或十天前烧焦了一道菜、打翻了桌子，或稍微迟了一点听从命令，而此刻才决定施加鞭打和惩罚？然而，正是这些小事，在刚发生时让我们情绪激动，使我们显得刻薄而不留余地。就像雾气会让物体显得比实际更庞大，愤怒也会让事情显得比实际更严重。因此，我们应当回想类似的情况，并在情绪平静时，以清明和稳定的理性重新衡量。如果此事仍然显得恶劣，那么再行惩罚，而不是等怒气消退后就草草放过，像厌食者对待食物一样轻易丢弃。没有比"因为当前的愤怒而施加惩罚"更不合理的理由了，就像有些人等怒气消退后不再施罚，并非因为宽厚或理智，而只是因为松懈和怠惰。这种做法犹如懒惰的桨手，在风平浪静时无所作为，等风暴来临时才慌乱地驾舟，最终陷入更大的危险之中。

事实上，我们之所以在愤怒时急于惩罚，是因为我们错误地将理性视为软弱无力，于是像乘风冒险一样，趁着怒气未消匆忙行动。然而，饥饿的人进食是出于自然需求，而惩罚不应成为一种"被渴求的行为"，更不应像调味品一般需要愤怒来激发，而应在最远离惩罚欲望的时候，让理性做出冷静的判断。

正如亚里士多德记载，在伊特鲁里亚，奴仆会伴随着音乐的节奏被鞭打，但我们不应像享受乐趣那样，以惩罚为快感，不应怀着满足欲望的心态去施刑，更不应在惩罚之后又后悔自己的行为。前者是野蛮的兽性，后者则是妇人的柔弱。我们应当摒弃痛苦与快感，在理性主导的时间范围内实施公正的惩罚，不给愤怒任何借口来支配我们的行动。

或许，这并不算是对愤怒的治疗方法，但至少可以作为避免和防止人在愤怒中犯错的手段。正如希耶罗尼米斯所说，脾脏的肿胀只是发热的症状，但如果能减轻肿胀，发热本身也会随之缓解。当我重新审视愤怒的起因时，我发现不同的人因不同的理由而愤怒，但几乎所有人都会因为感到被轻视或忽视而怒不可遏。[1] 因此，我们应当帮助那些努力避免愤怒的人，尽可能消除因潜在蔑视或傲慢引发的怀疑，并将其归咎于无知、需要、情绪或不幸。正如索福克勒斯所说："没有人从出生起就保持理智，那些做错事的人，理智已然失控。"[2] 同样，阿伽门农曾将自己夺走阿喀琉斯战利品的行为归咎于"灾祸"[3]，但他仍愿意赎罪，并愿意给予无数赔偿。因为恳求宽恕的人确实不是在轻视别人，而当伤害他人的人表现出谦卑时，也就消除了他原本给人的轻视印象。

然而，愤怒之人不应当等待道歉和补偿，而应当采取第欧根尼的态度。当有人对第欧根尼说："他们嘲笑你！"他回答道："但我并没有因此成为被嘲笑者。"愤怒的人应当让自己接受这一点，不要认为自己受到了轻视，而应当轻视那

---

[1] 亚里士多德在《修辞学》第2卷第3章1130a中也这么说。
[2] 参考索福克勒斯《安提戈涅》第563行。
[3] 参考荷马《伊利亚特》第19卷第138行。

个嘲笑或蔑视自己的人，认为他之所以冒犯自己，是由于软弱、失误、鲁莽、懒散、吝啬、年老或年幼等因素。对于仆人和朋友而言，这样的事情更应当被完全宽恕——不是因为他们无能或毫无作为，而是出于宽容和善意。然而，如今我们不仅因自觉被轻视而对妻子、仆人和朋友态度粗暴，甚至对客栈老板、船员和葡萄园工人也会因愤怒而争吵，尤其是在醉酒的时候，误以为自己受到了侮辱。甚至有人会因为犬吠而愤怒，朝驴子投掷物品，就像有一个人想要殴打、驱赶一位赶驴人。赶驴人喊道："（别打我！）我是雅典人！"那人却说："但你的驴不是雅典人。"然后开始狠狠地鞭打它的驴子。由此可见，愤怒往往源于我们错误地以为自己被轻视，而非真正的侮辱。

那些不断积累、频繁爆发、在灵魂中滋生的愤怒，往往源于自爱、挑剔和奢侈的享乐。这种生活方式就像一群黄蜂在心中筑巢，使人易怒不安。因此，最有效的培养温和的方法，莫过于在对待仆人、妻子和朋友时，保持宽容和质朴，使自己适应当前的环境，而不依赖过多和不必要的享受。一个人如果不执着于食物的过熟或过生，不偏好浓味、淡味或适中的调味，只要能填饱肚子就满足，这样的人值得称赞。如果没有雪，他不会拒绝喝水；如果面包来自市场，他不会嫌弃；即便食物盛放在陶器或粗陋的餐具中，他也不会感到不悦；如果床褥不够柔软，他也不会因而辗转难眠。但有些人却催促餐桌旁的仆人们奔跑、喊叫、汗流浃背，甚至用鞭打来驱使他们，就像让他们端送膏药去治疗急症一般。这些人实际上是被自己脆弱、多疑、挑剔的生活方式所奴役，犹如长期咳嗽的病人，每次刺激都会加重病情，却没有意识到自己在性情上已经形成一种慢性易怒的习惯，使愤怒变得病态和难以治愈。因此，我们应当通过俭朴的生活训练自己的身体，使之趋于满足和自给自足，因为需求少的人，更不容易失去幸福。若能从饮食开始训练自己，在用餐时保持沉默，不因小事动怒或变得挑剔，便不会把愤怒带上餐桌，让自己和朋友都感到不快。毕竟，没有比在晚餐时发怒更令人厌恶的事情了。无论是因为食物稍微烤焦了一点、有烟味、缺少盐，还是面包稍微冷了一些。更糟糕的是，有些人甚至会在餐桌上打骂仆人或辱骂妻子。

哲学家阿尔克西拉乌斯曾在宴请朋友和外邦客人时，发现仆人忘了买面包。换作我们中的许多人，恐怕早已大声咆哮，甚至震动屋墙。然而，他只是微笑着说："智者就适合这样的宴会！"

有一次，苏格拉底从摔跤场带回了欧绪德谟，他的妻子粘西比怒气冲冲地迎上前来，大发雷霆，最后竟掀翻了餐桌。欧绪德谟满心沮丧地准备离开。苏格拉底对他说："不久前，一只飞进屋里的鸟不也掀翻了餐桌吗？可我们并没有因此而生气呀。"

我们应当以从容、幽默和友善的态度接待朋友，而不是皱起眉头，或者让仆人因恐惧而战战兢兢。我们还应该习惯随遇而安地使用各种器具，而不执着于某个特定的物件。正如有些人，明明拥有许多杯子，却只愿意用某个特定的酒杯饮酒。同样的习惯也出现在他们对待油瓶或刮汗器上。在众多物品中，他们执着于某一件，一旦它损坏或遗失，就无法忍受，甚至因此惩罚仆人。

因此，那些容易因愤怒而失控的人，应当远离稀有和奢侈之物，例如昂贵的酒杯、印章和宝石，因为这些物品一旦丢失或损坏，便会让人更难控制自己的情绪。而那些容易获得且日常使用的物品，即使损坏，人们也不会因此动怒。这正是为什么，当尼禄打造了一座极致奢华、美轮美奂的八角形帐篷时，塞涅卡对他说："你让自己变得贫穷了。如果你失去了它，你将再也无法得到另一座这样的帐篷。"果然，后来这座帐篷因船只沉没而毁坏，但尼禄想起塞涅卡的话，最终更克制地接受了这一损失。

对物质的从容态度，也能让人对仆人更加宽容、温和。而如果一个人能对仆人宽容，那么对朋友和臣属自然也会如此。我们甚至可以看到，新买的奴隶在打听新主人的时候，他们关心的不是他的宗教信仰或嫉妒心，而是他是否易怒，是否性情暴躁。事实上，在一个充满愤怒的家庭中，即便妻子贞洁，丈夫仍无法忍受她；即便丈夫深爱妻子，妻子仍会厌倦他；甚至朋友之间，长久的交情也难以维系。因此，婚姻和友谊都无法与愤怒共存。

如果没有愤怒，即便是醉酒也只是微不足道的失控。毕竟，酒神的神杖足以惩罚醉酒之人，除非愤怒也加诸其上，使酒精不再带来欢乐和舞蹈，而变成狂暴和失控的源头。疯狂尚可治愈，但如果疯狂与愤怒结合，便会催生出悲剧和恐怖的故事。

人不应在玩笑中放任愤怒，因为它会让友善变成敌意；不应在公共讨论中被愤怒驱使，因为它会让求知变成争吵；不应在审判时容忍愤怒，因为它会让权力变得暴虐；不应在教育时受愤怒左右，因为它会让学生沮丧，并助长他们对学习的厌恶；不应在好运时陷入愤怒，因为它会加剧嫉妒；不应在不幸时放任愤怒，因为它会让人失去怜悯，使痛苦的人彼此争吵，正如特洛伊国王普里阿摩斯怒斥前来安慰他的人:"滚开吧,你们这些无用之徒!难道你们自己没有值得哀悼的事,却跑来为我悲伤?"[1]

相反,温和从容的人能帮助他人、美化事物,并让人际关系更加和谐,这种温和的性格战胜了愤怒和一切乖戾之心。比如说,欧克里德的兄弟曾愤怒地对他说:"如果我不惩罚你,愿我灭亡!"欧克里德却回答:"如果我不能说服你,愿我灭亡。"于是,他立刻平息了兄弟的怒火,并改变了他的态度。

波列蒙被一个极爱宝石、痴迷昂贵印章的人辱骂,他没有回嘴,而是静静地盯着其中一枚印章端详。那人见状,欣喜地说:"波列蒙,不要这样看,把它放在光线下,你会觉得更美。"愤怒因此转化为兴趣,而非争吵。

雅典政治家亚里斯提卜与埃斯基涅斯发生争执,有人问他:"你们的友谊在哪里?"亚里斯提卜回答:"它只是在沉睡,我会去唤醒它。"于是他走向埃斯基涅斯,说:"你真的认为我如此不可救药,以至于无法接受你的劝告吗?"埃斯基涅斯回答:"你确实在所有事情上都比我更明智,在我们的争执上你先看到应当做的事,这也就不足为奇。"

---

[1] 参考荷马《伊利亚特》第 24 卷第 239 行。

比起咄咄逼人的摔跤手，女人或婴孩轻轻的抚摸更容易将鬃毛竖起的野猪驯服。我们驯养凶猛的野兽，怀抱狼崽和幼狮使其温顺，却因愤怒而驱逐自己的子女、朋友和亲近之人；我们对待仆人和同胞，如同放纵猛兽般释放怒火，却自欺地称之为疾恶如仇的正义怒火。实际上，愤怒与其他心灵的激情和疾病一样，常被误解。有时它被当作远见卓识，有时被误认为自由精神，有时甚至被美化为虔敬的表现。这种误解使我们很难摆脱它们。

正如哲学家芝诺所言，种子是灵魂各种力量的混合物，而愤怒似乎也是所有激情的汇聚。它源自悲伤、快感和傲慢，继承了嫉妒的恶意和幸灾乐祸，但它比嫉妒更加恶劣。嫉妒者仅仅希望自己不受苦，而愤怒者却不仅想要别人遭受痛苦，甚至渴望彻底摧毁他人。愤怒还带有最令人不悦的欲望，因为它主动追求别人的痛苦，并从中获得满足。

因此，当我们走进那些挥霍无度之人的家时，清晨总能听到吹笛者的乐声，看到酒渣和破碎的花环散落一地，醉酒之人和随从在门口酩酊大醉。然而，暴躁和脾气乖戾之人的家中，却充满愤怒的痕迹：仆人面容憔悴，身上带着鞭痕和脚镣；在这些屋檐下，唯一的"音乐"是哀号与咆哮；管家在屋内被鞭打，女仆遭受折磨。那些目睹愤怒带来的痛苦之人，必定会发现，这种痛苦比放纵欲望和享乐更令人哀怜。

那些因厌恶邪恶而屡次陷入愤怒的人，应当学会克制他们毫无节制的怒火，也应当减少他们对身边人的过分信任，因为最容易激起愤怒的，正是对人的信任遭到背叛。当我们认为某人是善良的，最终却显露出邪恶时，我们愤怒；当我们深爱之人，在冲突与责备中变成敌人时，我们愤怒。至于我的性格，你当然知道，它常常因对人的善意和信任而受到沉重的打击。这就像在虚空中行走，越是依赖自己的爱，就越容易犯错，并因跌倒而痛苦。至于如何去除爱中的过度激情与冲动，我对此无能为力。但在信任他人方面，或许我可以借用柏拉图的建议，以谨慎作为缰绳来约束自己。数学家赫利康认为，人本性上是易变的生物。他还认为，那些在城市中长大的人，最好的生存方式是有所戒备，因为他们也是人类的种子，随时可能显露出人性的软弱。

索福克勒斯说："你若要揭露世间的可耻之事，就必然会发现凡人自身的污点。"这种判断里包含的道德苛责，只会让人更容易陷入愤怒。毕竟，最让人失控的，往往是那些突如其来、意料之外的背叛。正如哲学家巴内修斯所说，我们应当学习安纳萨格拉斯，当他的儿子去世时，他只是平静地说道："我早知道，我生下的是一个必死之人。"因此，我们也应当用类似的态度去面对那些激怒我们的人："我早就知道，我买的奴隶不是智慧之人。""我早就知道，我交的朋友并非完美无缺。""我早就知道，我的妻子也就是一个普通女人。"我们可以经常引用柏拉图扪心自问："难道我自己不也是这样的吗？"他若能将目光从外在的愤怒转向内心的理性，在指责别人时也加入对自身的反思，便不会过于严苛厌恶地对待他人，因为他会发现，自己也需要大量的宽恕。

然而，如今，我们在愤怒时，常常用政治家阿里斯提德和卡托的言辞来斥责他人："不要偷窃！不要撒谎！你为何懒惰？"但最可耻的是，我们竟然用愤怒去惩罚别人的愤怒，用愤怒去纠正因愤怒而犯下的错误。这就像一个医生用苦药去排泄苦胆，最终只会苦上加苦，加剧愤怒。

因此，当我陷入这些思考时，我也尝试减少自己过度干涉他人事务的倾向。因为过分关注一切、探查一切，并试图将一切拉到台面上，无论是仆人的行为、朋友的言行，还是妻子的低语、孩子的日常活动，都会让人陷入持续不断的愤怒，而这种愤怒的根源，往往是性格的固执和难以相处。

关于神明的态度，欧里庇得斯曾说："神关注的是那些过度的事物，而将小事交给命运。"然而，我认为，并不应将一切交给命运，但也不应试图控制一切。我们应当像统治者一样，将事务分配给不同的人，交托一些事情给妻子，交托一些事情给仆人，交托一些事情给朋友，就像国王将需要管理的事务分派给监护人、会计和执政官，而自己只处理最关键、最重要的事务。否则，微小的字母会伤害视力，同样，琐碎的事情也最容易刺痛我们的情绪，让人陷入愤怒。这是一个恶习，会影响到更重要的事务。

总之，在所有这些之上，我认为恩培多克勒所说的至理名言值得铭记："禁绝邪恶。"我也钦佩那些通过自律来培养节制的人，例如一年内禁欲或禁酒，以节制来尊敬神明；在特定时间内戒绝说谎，专注自身修养，思考如何在玩乐时和在所有严肃事务中都能保持真实。因此，我也尝试对自己立下誓言，尝试几天不生气，就像戒酒、不饮葡萄酒一样度过日子。然后，我逐渐延长这个时间，先是一个月，再是两个月。随着时间的推移，我不断向宽容迈进，谨慎地关注并保持自己处于良善状态，并刻意让自己远离愤怒，远离恶言和不合适的行为，避免因微不足道的快感而陷入令人羞愧的后悔。因此，我认为，在某种程度上，神也参与其中。我的经验逐渐让我明白了这个道理：这种温和、善良、仁慈的态度，对任何身边的人来说，都是最令人愉悦、最受欢迎的。甚至对于我自己来说，也莫过如此。

论心灵的健康

普鲁塔克致帕奇乌斯[1]，祝安好。

我迟迟才收到你的来信，信中你请求我写些关于"心境平和"的内容，并对柏拉图《蒂迈欧篇》中需要更精细解释的部分做出说明。与此同时，我们的朋友厄洛斯正好因事务需立即航行前往罗马，他收到了尊贵的芬达努斯的书信，而芬达努斯一贯敦促人们加快行程。[2] 我既没有充裕的时间，如我原本所希望的那样，去细致处理你所请求的内容，也不愿让我的信使空手来到你处，仅仅以一个人的形象见你。因此，我从自己曾为自身所做的笔记中选取了一些关于"心境平和"的内容，因为我相信你对这篇文章的兴趣，并非为了

---

1 除了普鲁塔克这封信之外，帕奇乌斯（Paccius）在历史上并未留下其他记录。
2 这里提到的普鲁塔克的两位朋友厄洛斯（Eros）和芬达努斯（Fundanus）在另一篇文章"论控制愤怒"中也出现过，后者是该文的主要叙述者。

欣赏华美的辞藻，而是出于对生活实际的需求。

我为你感到高兴：你既拥有权贵的友谊，又享有不亚于任何法庭雄辩家的声望，但你并没有如墨洛普的悲剧所述，被群众的喝彩冲昏头脑，而是始终牢记你所听闻的那些话："贵族的鞋履不能治愈痛风，华贵的戒指不能治愈甲沟炎，皇冠也不能消除头痛。"那么，究竟财富、声望或宫廷权力，对灵魂的无忧无虑和生活的安稳能有什么益处呢？尤其在宫廷之中，如果拥有者对所拥有之物不感到满足，并且对那些不在身边的东西怀有持续的渴求，这些外在之物又如何能带来平静呢？事实上，真正能实现这一点的，唯有训练有素的理性。当灵魂的感性部分失控时，它能迅速将之拉回，而不是让它沉溺于当前的欲求之中。

正如色诺芬所劝导的那样：人在幸运的时候，应当特别记住并敬奉诸神，以便在困境降临时，可以怀着信心向他们祈求帮助，因为他们已经是仁慈的朋友。[1]同样，理智的人也应当在情绪爆发之前，便对那些有助于克制情绪的言论加以学习和操练，使其成为深植于心的信条。这样，在真正需要的时候，它们才能更有效地发挥作用。就像那些凶猛的

---

[1] 参考色诺芬《居鲁士的教育》第1卷第6章第33节。

狗，听到任何突如其来的声音都会受到惊扰，唯有熟悉的声音才能安抚它们。同理，灵魂的情绪一旦爆发，想要轻易平息是不可能的，除非那些适当且熟悉的理性思考能够及时出现，并加以引导，使之回归安定。

有人认为，一个想要内心平静的人，就不能参与许多事务，无论是私人事务还是公共事务。这个观点是错误的。首先，这些人把心境平和变成了一种由"无所作为"作为代价换来的昂贵奢侈品。这就像医生对病人说："忍着吧，可怜的人啊，就安静地躺在你的床上。"[1]然而，对于身体而言，麻木的无痛并非良药；对于灵魂而言，以懒惰、软弱，甚至对朋友、家人和祖国的背叛来换取内心的无波无澜，又怎能称得上是更好的治愈之道呢？此外，认为不涉足事务就能获得心境平和，这个想法是错误的。如果这一说法成立，那么大多数家庭主妇应当比男性更加心境平和。然而，事实并非如此。正如赫西俄德所言："北风不会吹透少女柔嫩的肌肤，但是，由嫉妒、迷信、争名夺利以及无数虚妄的观念引起的忧虑、烦恼和愁闷，不断流入女眷的居所，使她们困扰不安。"[2]看看拉

---

[1] 引自欧里庇得斯《俄瑞斯忒斯》第258行。
[2] 引自赫西俄德《工作与时日》第519行。

厄耳忒斯，他独自在乡间隐居二十年，身边只有一位老妇人为伴，为他提供饮食。他远离祖国、家园和王位，但即便如此，忧愁、无所作为和忧郁却始终与他为伴。[1]

对某些人而言，仅仅是不去行动本身，常常就会使他们陷入忧郁，阿喀琉斯便是如此：

> 天神之子、珀琉斯之子、敏捷的阿喀琉斯，
> 他不再前往光荣的集会，也不再参与战斗，
> 而是日渐消沉着自己的心灵，
> 就那样待在原地，既渴望喧嚣，也渴望战斗。[2]

阿喀琉斯对此充满痛苦地说道："但我只是坐在船旁，一个大地上的无用之物。"[3]

正因如此，连伊壁鸠鲁都不认为人应当完全静止不动，而是应该顺应自身的天性，投身政治，参与公共事务，尤其是那些热爱荣誉、渴望声望的人。因为他们的本性使他们更

---

[1] 参考荷马《奥德赛》第1卷第191行。拉厄耳忒斯是奥德修斯的父亲，曾经的伊萨卡国王，在奥德修斯离家之后，他退隐乡间，远离宫廷和政治事务。
[2] 引自荷马《伊利亚特》第1卷第488行
[3] 引自荷马《伊利亚特》第18卷第104行。

容易因无所事事而烦恼和痛苦，尤其当他们无法得到自己所渴望东西时。然而，伊壁鸠鲁的论点仍是荒谬的，因为他并不是在鼓励那些有能力参与公共事务的人，而是在劝说那些无法安于宁静的人去行动。事实上，心境的平和与忧郁，并不取决于事务的多少，而是取决于事务的高尚或卑劣。对于美好事物的忽视，不亚于恶行的实施，会带来同样的痛苦与混乱。

有人笃信某种特定的生活方式可以带来完全无忧，比如他们认为农夫的生活、未婚青年的生活，或国王的生活无忧无虑。米南德对此提供了充分的提醒。他写道：

> 我曾以为，那些富人啊，法尼亚，
> 那些无须借贷之人，他们不会在夜晚叹息，
> 不会辗转反侧，不会呻吟，
> 而是能享受甜美、安宁的睡眠。

然而，他接着说，他甚至看到富人也和穷人一样遭受同样的痛苦：

> 难道忧虑与人生本质上是联系在一起的吗？

> 它伴随着奢华的生活，它存在于光荣的生活，
> 它与贫困的生活一同老去。

就像那些在航行中晕船的胆小者，他们以为如果从小船换到运输船，再换到三列桨战舰，自己就会好受一些，但他们的状况没有丝毫改善，因为他们把胆汁（生理上的恶心）和恐惧一起带在自己身上。同样，更换生活方式并不能消除灵魂中的忧虑和烦扰。这些忧虑的根源在于：缺乏对现实的经验、缺少理性思考，或者无法或不懂得如何正确地运用自己现有的处境。

正是这些问题，使得富人和穷人同样困扰，使得已婚者和未婚者同样痛苦。因此，有人逃离集市，随后又无法忍受宁静；有人在宫廷中追逐晋升，但一旦得手又立刻感到沉重不堪。正如病人因病痛而感到不快，他们既为妻子感到烦恼，又责怪医生，甚至连病榻都令他们不耐烦。正如伊安所说："朋友来访令人忧愁，朋友离去又使人感到沉重。"

然而，一旦疾病消散，体质得以恢复，健康随之而来，一切就变得可亲而和悦。昨天还厌弃鸡蛋、细面饼和纯麦面包的人，今天却愉快而热情地以全麦面包佐橄榄或水芹食用。

理性赋予人适应每一种生活方式并自在转换的能力。亚

历山大在听阿那克萨图斯[1]讲述宇宙无限的学说时落泪,朋友们询问他为何如此,他说:"难道这不值得落泪吗?在无限的宇宙之中,我们竟然连一个都尚未征服?"而犬儒派哲学家克拉特斯则背着行囊,穿着粗布外衣,带着嬉戏与欢笑,像在过节一样度过了一生。甚至连阿伽门农也因统治众多事务而感到痛苦:

> 阿特柔斯之子阿伽门农,
> 宙斯让他承受无尽的痛苦。[2]

而第欧根尼被拍卖时,躺着嘲弄拍卖师,即便对方命令他站起来,他也不愿意,而是笑着打趣道:"如果你卖的是鱼呢(你还会叫他站起来吗)?"苏格拉底即便身处牢狱,仍在进行哲学讨论,与朋友们辩论;而法厄同登上天空后,却在哭泣,因为无人愿意将他父亲的骏马和战车交给他驾驭。

正如鞋子会随着脚的形状弯曲,而不是脚去适应鞋子一样,人的性情也会让生活方式与自己相契合。让人感到愉悦

---

[1] 阿那克萨图斯(Anaxarchus)是公元前4世纪的哲学家,德谟克利特的追随者,怀疑论哲学家皮浪之师,曾陪伴亚历山大大帝远征亚洲。
[2] 引自荷马《伊利亚特》第10卷第88—89行。

的并不是单纯的习惯，而是理性思考，它使得相同的生活方式既是最好的，也是最令人满意的。因此，我们应该净化自己内在的"心境平和"之源，这样，即使是外在的事物也能变得亲近可爱，而不会让我们难以应对，反而能带来益处。毕竟，我们不该对外在事务生气，因为它们根本不在意我们。只有那些能正确安排自己遇到的事务并妥善处理它们的人，才能活得顺遂无忧。

柏拉图曾把人生比作掷骰子的游戏。[1]在这个游戏里，我们既要尽可能投出好点数，也要善于利用已经掷出的结果。骰子最终掷出什么点数并不由我们决定，但如果我们有智慧，我们的责任就是适当地接受命运带来的结果，并合理地安排它们，让对自己有利的事物发挥最大的效用，同时把那些不受我们控制的事物造成的伤害降到最低。那些缺乏技巧和理性思考的人，就像体质虚弱的病人，既受不了炎热，也受不了寒冷。他们一旦走运，就容易被冲昏头脑；一旦遇到不幸，又变得畏畏缩缩。这两种情况都会让他们陷入焦虑，而真正折磨他们的，其实是他们自己。即便在所谓的"好事"中，他们也未必能享受到真正的心境平和。提奥多

---

[1] 参考柏拉图《理想国》604c。

罗斯,这位被称为无神论者的哲学家,曾说过一句话:"当我用右手递出我的言论时,听众却用左手去接受。"这就像那些没有受过教养的人,当幸运向他们伸出右手时,他们却笨拙地用左手去接,结果让自己陷入尴尬。而智慧的人则不同,他们就像蜜蜂从最辛辣、最干燥的百里香中酿出甜美的蜂蜜一样,能从最艰难的境遇中提炼出对自己有益的东西。

所以,我们最该训练和实践的,不是如何规避不幸,而是如何在面对命运的不测时,把困境转化为机会。就像那个因为扔了一块石头砸到狗却误以为自己误杀了继母的人,他竟然安慰自己说:"这也没什么不好。"这种心态其实很值得学习,因为我们可以用自己的方式去重新塑造命运,即便我们无法完全掌控外界发生的事情。看看第欧根尼,他被放逐了,可这对他而言并不算坏事,因为这让他真正走上了哲学的道路。斯多葛学派的奠基人芝诺曾经是一位商人,他的商船在风暴中沉没,货物全数丧失。可他非但没有绝望,反而说道:"干得好啊,命运!你正好逼我穿上粗布斗篷和创立柱廊学派[1]!"

---

[1] 芝诺总是在"柱廊"(stoa)下讲学,所以人们称其创立的学派为"柱廊学派"(The Stoics),音译为"斯多葛学派"。

那么,我们又有什么理由不去效仿这些人呢?是因为你竞选公职失败了?那就回到乡间,专注于自己的事务。是因为你试图接近君主却遭到了冷落?那你可以享受更自由、无忧无虑的生活。是因为你选择重新投身公共事务,沉浸于忙碌和挑战之中?正如品达所说:"连温水都无法如此软化四肢,权势和荣耀却可以,它们能让劳累变得甘美,让疲惫变得值得承受。"是因为你遭受了诽谤或嫉妒的羞辱?那就想想柏拉图,他因狄奥尼修斯的友谊而遭遇风暴,结果却最终抵达哲学的殿堂。[1]

有时候,看清那些显赫之人的遭遇,是通往心境平和的重要方法。你是否因无子嗣而苦恼?看看罗马的统治者们,他们当中没有一个人能把权力传给自己的亲生儿子。你是否因贫困而忧虑?那你愿意成为普通的波奥提亚人,还是宁愿成为伊巴密浓达?你愿意成为普通的罗马人,还是宁愿成为法布里丘斯?[2] 至于如果你的妻子不贞洁呢?你难道没有

---

[1] 叙拉古暴君狄奥尼修斯把柏拉图卖为奴隶,他的一位朋友赎回了他,并为他买下一座小花园作为柏拉图学院。
[2] 伊巴密浓达是公元前 4 世纪的古希腊忒拜将领,领导忒拜在留克特拉战役中击败斯巴达,使其霸权崩溃,被誉为理想的贤能统治者。法布里丘斯(Fabricius)是约公元前 3 世纪的古罗马将领,拒贿抗敌,与皮洛斯交战时展现出无私忠诚,被视为罗马美德的典范。这两人都很穷。

读过德尔斐的铭文"阿基斯国王将我献给了湿润和肥沃的大地"？你难道不知道，斯巴达国王阿基斯的妻子提迈娅被亚西比德所玷污，甚至私下对侍女们低语，说自己生的孩子是亚西比德的儿子？但这件事并没有阻止阿基斯成为希腊最显赫的国王之一，他依旧成就了伟业。

同样的道理，这也没有影响斯提尔波成为他那个时代最快乐的哲学家。即便他的女儿行为放荡，他依然能坦然生活。当梅特洛克斯讽刺他时，他反问："这是我的错，还是她的？"梅特洛克斯回答："当然是她的错，但对你来说是不幸的。"斯提尔波继续追问："那所有的错误，不都是一种失误吗？"梅特洛克斯回答。"当然是。""那么，失误不也是人生失败的一部分吗？"梅特洛克斯不得不同意。就这样，斯提尔波用温和而富有哲理的言辞，轻松反驳了犬儒派的批判言论，揭示了犬儒主义的亵渎之言毫无意义。[1]

很多人不仅会因朋友或亲人的遭遇而痛苦，甚至连敌人的不幸都会让他们愤怒和焦虑。因为像谩骂、愤怒、嫉妒、

---

[1] 斯提尔波（Stilpo）是公元前4世纪古希腊麦伽拉学派哲学家，被认为是最快乐的哲学家之一。梅特洛克斯（Metrocles）是同时期犬儒学派哲学家，最初为亚里士多德学派成员，后转向犬儒主义，追随第欧根尼和克拉特斯，主张极简生活，并以讽刺和辩论闻名。

恶意、猜忌这些情绪，虽然是那些怀有恶意之人的祸害，但它们同样会折磨那些愚蠢的人。就像易怒的邻居、难以相处的熟人，或者在工作中遇到的那些性格恶劣的人，都会影响我们的心情。我相信你也有过这样的困扰，就像索福克勒斯笔下的医生所说："他们用苦药催吐苦胆。"既然如此，对这些人发怒，让自己也陷入痛苦，实在是不值得。

你要面对的事务，往往并不是由单纯或善良的人来主导的，而是充满了暴戾和乖张之人。因此，不要觉得纠正他们的恶习是你的责任，也不要以为改变他们是轻而易举的事情。如果你能接受他们的本性，就像医生使用拔牙钳和钩子来医治病人一样，你就可以在可能的情况下保持平和与理性，让自己活得更愉快，而不会因为别人的恶劣行为而痛苦不堪。这就像路上的狗对着路人狂吠，如果你理解这是它们的天性，你就不会因此生气。同样，如果你能学会不去理会那些让人不快的事，你的生活就不会被无谓的烦恼填满，就像流水会自然流向低洼之处，而狭隘的心胸和脆弱的情绪却容易积聚所有外来的不幸。

有些哲学家甚至批评对不幸者的怜悯，认为真正的善行在于为其提供帮助，而不是与其一同哀痛，或被情绪拖累。更重要的是，他们不会因为发现自己的性格缺陷而感到痛苦或沮丧，而是冷静地努力改正自己的缺点。仔细想想，这难道不是很有道理吗？我们为什么要因为身边并非所有人都温和有礼而感到痛苦？

亲爱的帕奇乌斯，你有没有注意到，我们真正愤怒的，可能并不是所有人的邪恶，而只是那些针对我们的恶意？也许，我们愤怒的根源并不是真正的正义感，而是一种自恋——因为那些恶行损害了我们，我们才会抱怨和恐惧。对事务的过度忧虑、对名利的极端渴望，或者对诽谤的过分敏感，都会让我们对周围的人产生怀疑，使我们总觉得自己正在失去某些东西，同时又陷入某些困境之中。然而，一个能够轻松、适度处理事务的人，往往最容易与人和睦相处，也最能保持内心的温和。

回到我们对正题的讨论。就像人生病时，任何食物尝起来都苦涩难咽，但当我们看到别人吃着同样的食物却毫无厌恶之感时，我们就会意识到，问题不在食物，而在我们的病症。同样，如果我们看到别人能平静而愉快地接受相同的处境，我们也就能停止对自己人生的抱怨。在无法控制的突发事件中，保持心境平和的关键，是不要忽视身边已有的美好事物，而是学会将它们与困境融合，让好的一面去平衡坏的一面。就像当眼睛被过强的光线刺痛时，我们会转向柔和的颜色来缓解不适。但在心理上,我们往往执着于痛苦,强迫自己沉浸在忧虑中,甚至主动远离那些可以带来安慰的事物。

这与管闲事的人何其相似!他们总是对别人的不幸特别敏感,却从不关注自己的问题。正如有人曾讽刺道:"你为何总是盯着别人的灾难,却对自己的问题视而不见?"同样,我们为什么总是反复回味自己的不幸,让它始终鲜活如新,而不去关注那些仍然存在的美好呢?反而像拔罐杯一样,从自身吸取最糟糕的成分,你也把最糟糕的成分聚焦在自己身上。[1] 这些人就好像有个商人,把最好的酒卖给别人,自己却只留下最酸的部分。有人问他的仆人:"你的主人在做什么?"仆人回答:"身边明明有好酒,他却只在寻找酸味。"许多人也是如此,他们忽视自己已经拥有的幸福和甜美,却专注于痛苦和不幸。

但亚里斯提卜[2]不是这样的人。这位贤者,在人生的天平上懂得如何用美好的事物抵消痛苦,从而让自己摆脱困境。有一次,他失去了一块美丽的土地,身边有个人假装

---

[1] 普鲁塔克在《论多管闲事》中用同一个比喻形容过多管闲事者。
[2] 见第 109 页注释 1。

与他一起悲伤。他反问道："你是不是只有一小块地？"那人承认是的。亚里斯提卜笑着说："那我不应该反过来安慰你吗？"真正愚蠢的是那些只为失去的东西痛苦，而不珍惜自己仍然拥有的东西的人。这就像小孩子，即使他们拥有许多玩具，只要有人拿走其中一个，他们就会放下剩下的所有玩具，哭闹不止。同样，当命运在某方面打击我们，我们便会觉得其他一切都变得毫无意义，不断哀叹自己的不幸。"我们拥有什么？我们又缺少什么？"这是许多人都会问的问题。有些人拥有名声，有些人拥有财富，有些人拥有幸福的婚姻，还有些人拥有忠诚的朋友。安提帕特[1]在临终前回顾自己的一生，甚至没有忘记他曾从土耳其顺利航行至雅典的经历，他珍惜每一件美好的事情。我们也不应忽视那些普遍的幸福，而应当珍惜它们，并为它们感到喜悦：我们活着，我们健康，我们能看到太阳。我们身处和平，没有战争和内乱。大地供我们耕作，大海让人安全航行。我们能自由说话、行动、沉默或休息。

我们应该在拥有这些普通的福祉时就珍惜它们，而不是等到失去才意识到它们的价值。我们应该时常提醒自己：生

---

[1] 见第204页注释3。

病时才明白健康的可贵，战乱时才渴望和平。在一座伟大的城市赢得声誉，与陌生人建立友谊，是多么难得，失去某样事物后是多么痛苦。大多数人只在失去后才意识到价值，但在拥有时却觉得理所当然，仿佛它根本无足轻重。但"失去"本身并不会增加任何事物的价值，真正的错误，是在获得时将其视为无比重要，因害怕失去而惶恐不安，但在拥有时却又视而不见，甚至轻视它们。我们应当珍惜我们所拥有的事物，好好使用它们，并从中获得真正的快乐，这样，即便有一天我们失去它们，也能够更加平静地面对。

正如阿尔克西拉乌斯所说，大多数人在欣赏诗歌、绘画、雕像时，会用心灵和目光仔细观赏，每一个细节都不放过。但对于自己的人生，他们却从不认真审视，不曾意识到其中本有许多值得欣赏和回忆的时刻。他们总是向外看，羡慕别人的荣耀和命运，就像那些日日觊觎别人妻子的通奸者，对自己的妻子毫无兴趣。

保持心境平和，最重要的莫过于关注自身及自己的事务。若无法做到这一点，至少应当看看那些境况比自己更差的人，而不是像大多数人那样，总是拿自己和那些比自己更优越的人相比，结果徒增烦恼。人们总觉得自己缺少了什么，却从不为自己已有的东西感到感激。囚犯羡慕自由人，自由人羡慕公民，公民羡慕富人，富人羡慕总督的权势，总督羡慕国王的地位，国王则幻想成为神明，唯一遗憾的就是无法像宙斯那样打雷闪电。他们始终觉得自己缺少了什么，却从未为自己已经拥有的东西而感到感激。但真正知足的人会说：

> 我不羡慕那满地的黄金，
> 从不被嫉妒所驱使，
> 也不渴望成为神明；
> 我不向往暴政的荣耀，
> 因为那离我的目光太遥远。

有人会说："但他是色雷斯人。"但是还有奇里乞亚人、加拉太人、比提尼亚人，即便在自己城邦中拥有名声与权力，他们仍然抱怨自己没有穿上元老贵族的长袍；若得到贵族身份，他们又会抱怨自己还未成为罗马的将军；若成为将军，他们又会抱怨自己还未担任执政官；即便成为执政官，他们仍然抱怨自己是第二个被选上的，而非第一个。这又是什么呢？不过是给自己找借口，对命运忘恩负义，让自己陷入无尽的痛苦。但一个理智而通达的人，当他看到太阳照耀着无数的人,看到大地的果实惠及众生,他不会因为自己比某些人少了一点财富或荣耀而自怨自艾,而是会想到,在这无数人当中,自己已经比许多人生活得更加体面、更加幸福。因此,他会赞美自己的命运,感恩自己的守护神和自己的生活,并在自己的人生道路上坚定前行。

在奥林匹克竞技中,胜利者无法选择对手;但在现实生活中,命运给了我们许多机会,让我们超越他人,成为被羡慕的人,而不是去羡慕别人。除非你把自己当作百臂巨人或大力士赫拉克勒斯的对手。所以,当你羡慕那些坐在轿子里的贵人时,看看那些辛苦抬轿的仆人;当你羡慕波斯大帝薛西斯跨越赫勒斯滂海峡、修建浮桥时,看看那些被鞭打着挖掘运河的奴工,看看那些因桥梁被风暴摧毁而被割去耳鼻的士兵。与此同时,也想一想,他们的内心,也许正羡慕着你的生活。

苏格拉底听到一个朋友抱怨雅典的奢华:"酒要一金币,紫色面料三金币,一杯蜂蜜要五铜币!"苏格拉底听了,便带着他来到市场,指着面粉说:"半克面粉才一分钱,这座城一点也不贵。"又指着橄榄:"一斤橄榄才两分钱,这座城物价很便宜。"接着指向简朴的外衣说:"十铜币就能买一件,这座城物价很便宜。"

同样地，当我们听到别人抱怨自己的生活平庸、痛苦不堪，因为自己既不是执政官，也不是总督时，我们可以这样回答："生活依然光彩，依然值得羡慕，因为我们无须乞讨，不必背负重物，也不需要奉承他人。"大多数人总是关注别人的生活，而忽略自己的幸福，被愚钝的本性驱使着前行。我们的本性充满了难以抑制的嫉妒和恶意。我们不是因为自己的幸福而快乐，而是因为别人的幸福而痛苦。所以，不要只看到那些你羡慕和惊叹的辉煌与名声，要揭开它们华丽的帷幕，深入其中，像剖析一块精美的织锦那样，看看它的背面，你会发现其中藏着许多痛苦与厌恶之事。例如，那位以勇敢、智慧与正义闻名的皮塔库斯，在宴请宾客时，他的妻子怒气冲冲地闯入，将桌子掀翻。宾客们惊慌失措，皮塔库斯却平静地说："每个人都有自己的烦恼，如果有人只有我的烦恼，那他就算是最幸运的了。"

> 在市场上，人们称他幸福，
> 但一旦他踏入家门，便成了最不幸的人。
> 他的妻子主宰一切，发号施令，永无休止地争吵。
> 他因许多事而痛苦，而我却因无事而平静。

同样，那些表面光鲜的财富、名声和权力，也往往隐藏着不为人知的痛苦。只是对于大多数人来说，它们是隐而不显的，因为外表的光辉遮蔽了真实的苦难。比如统治希腊的阿伽门农，看似是："哦，幸福的阿特柔斯之子，命运的宠儿，天降之福者！"[1] 但这只是外界的颂词，因他被武器、战马与军队所包围。他内心的苦痛之声，却在这虚无的荣耀中呐喊："克洛诺斯之子宙斯，已用沉重的灾祸束缚了我。""我羡慕你，老人，羡慕那些平静度日的人，他们默默无闻，却无忧无虑地走完一生。"[2] 因此，我们可以通过这样的思考，消除对命运的怨怼，让自己不因盲目羡慕他人的生活，而轻视自己的幸福，陷入低落。

最能破坏心境平和的，莫过于不根据自身的能力调整期望。就像在风暴中撑起过大的船帆，那些放纵欲望、追求超出自身能力的目标的人，一旦失败，不会反思自己的愚蠢，而是归咎于命运和神祇。事实上，如果有人用犁来射箭、用牛去追猎野兔、用渔网捕捉鹿，我们不会说他们运气不好，而会说他们愚蠢。自恋才是一切痛苦的根源，它让人变得好

---

[1] 引自荷马《伊利亚特》第3卷第182行。
[2] 引自荷马《伊利亚特》第2卷第111行，第9卷第18行。

胜、贪得无厌，什么都想要，什么都不满足。他们不仅希望自己既富有又博学，既强壮又风趣，既能成为国王的朋友，又能统治城邦，甚至连自己的狗、马、鹌鹑、斗鸡若不能胜过他人的，他们也会感到沮丧。

年长的狄奥尼修斯，尽管是当时最强大的僭主之一，却因在吟诗上不如费罗萨努斯，在辩论上比不过柏拉图，便愤怒地将前者投入采石场，把后者卖作奴隶送往埃伊纳岛。相较之下，亚历山大更懂得尊重自身的局限。当赛跑者克里松故意落后让他获胜时，他对此极为不满。正如诗人笔下的阿喀琉斯曾说："在战场上，我无人能敌，但在集会上，许多人比我更擅长言辞。"[1] 波斯人麦伽比佐斯曾来到阿佩利斯的画室，并试图对绘画艺术发表意见，阿佩利斯打断他说："当你保持沉默时，人们以为你是个重要人物，因为你身着紫袍、佩戴黄金。但现在，就连这些调和颜料的学徒，都在嘲笑你的胡言乱语。"有些人听说斯多葛派哲学家认为智者不仅是明智、公正和勇敢的，还应是演说家、诗人、将军、富翁、国王，便以为这不过是戏言。但他们自己却渴望成为所有这些角色，一旦得不到，就深感痛苦。然而，即便是神

---

[1] 引自荷马《伊利亚特》第 18 卷第 105—106 行。

明，也各有所司，各有所限。战神阿瑞斯主掌战争，阿波罗擅长预言，赫尔墨斯掌管财富，而阿佛洛狄忒只管爱与美，不参与战争，而是专管婚姻和家庭。

有些值得追求的事务本质上无法共存，甚至彼此对立。比如，修习言辞与学问需要远离世事、拥有闲暇，而政治权力与君王的友谊却离不开繁忙的事务和不断的应酬。酒肉充足能让身体强壮，却会使灵魂软弱。耗费精力管理财富能让财富增长，但对财富的轻视则是通往哲学的巨大助力。因此，并非所有事物都适合所有人，每个人都应当遵循皮提亚神谕的指示，认识自己，然后根据自身天性选择合适的道路，而不是时而向往一种生活方式，时而又追求另一种，从而勉强自己去做不适合的事情。正如品达说：

> 战车需要马匹，耕田需要牛，
> 海豚在船边游得最快，
> 而猎杀野猪则需要勇敢的猎犬。

若有人既不满足又痛苦，因为自己既不是倚仗勇武的山中狮子，又不是寡妇怀里娇生惯养的马耳他小狗，那他无疑是精神错乱的。同样荒谬的是那些既想成为恩培多克勒、柏拉图或德谟克利特这样的哲学家，研究宇宙与存在之真理，又想像欧福里翁那样与富有老妇同寝，或像梅迪乌斯那样在亚历山大的宴会上饮酒作乐。他们因不能兼得而愤怒和痛苦，既希望像伊斯墨尼亚斯那样因财富受人赞美，又想像伊巴密浓达那样因德行受人敬仰。

然而，赛跑者不会因为自己得不到摔跤手的桂冠而沮丧，而是因自己的胜利而自豪。正如谚语所言："如果命运让你成为斯巴达人，就使斯巴达更加辉煌。"正如梭伦所说，"我们绝不会用财富去交换德行，因为德行是永恒的，而财富却在人们之间流转。"

自然哲学家斯特拉托听说迈内德姆斯的学生比自己多了好几倍，便说道："这有什么值得惊讶的？难道愿意去洗澡的人不总是比愿意涂抹油膏准备比赛的人更多吗？"亚里士多德在写给安提帕特的信中则说："不仅仅是亚历山大才应该自豪，因为他统治着许多人，同样值得自豪的，还有那些能正确理解神祇的人。"那些能珍视自己所拥有的人，不会被邻人的财物所困扰。我们不会指望葡萄藤结出无花果，也不会指望橄榄树结出葡萄串，可我们自己若不能同时拥有富人的财富、学者的智慧、军人的英勇、哲学家的思辨、既能谄媚又能直言不讳的机敏、既能节俭又能奢侈的自由，便开始责备自己，对自己的生活心怀不满，甚至鄙视自己，认为自己的生活贫乏而卑微。

除此之外，我们还应当观察自然，它不断提醒我们什么才是重要的。正如自然界为不同的野兽提供不同的食物，并未让所有生物都吃肉、吃种子或挖掘根茎，同样，自然也为人类提供了多种多样的生存方式。有人牧羊，有人耕田，有人捕鸟，有人捕鱼，每个人应选择适合自己的职业，努力经营自己的事务，而不过问他人的职业，不应苛责赫西俄德所说的话过于简单："陶工嫉妒陶工，木匠嫉妒木匠。"[1]实际上，人们不仅仅嫉妒自己的同行和同道者，富人嫉妒学者，名声显赫者嫉妒富人，演讲家嫉妒诡辩大师，甚至连自由人和贵族都会惊讶并羡慕那些在剧场里发财的喜剧演员、舞者，以及那些在国王宫廷里侍奉的仆人，从而使自己陷入无尽的痛苦和困扰。

每个人的内心都藏有掌控自己喜悦或悲伤的钥匙，那些装满善与恶的坛子，并非"存放在宙斯的门槛之下"[2]，而是藏在我们自己的灵魂深处。人们情绪的变化正是这一点的证

---

[1] 引自赫西俄德《工作与时日》第 25 行。
[2] 引自荷马《伊利亚特》第 24 卷第 527 行。

明。愚昧之人即便拥有美好的事物，也会忽视并轻视它们，因为他们的思虑总是纠结于未来，而明智之人，即使美好的事物已经消逝，也能借助回忆使其在自己心中变得鲜活。因为眼前的事物只能在刹那间被感知，然后便逃离我们的掌握，愚昧之人因此认为它们已不再属于自己，仿佛它们从未存在，就像冥府壁画中所绘的编绳者，他一边编织绳索，一边任由身旁的毛驴吞食那些刚刚编成的部分。对那些缺乏感知和感恩之心的人而言，遗忘就像那头毛驴，吞噬掉所有行动、成就、欢愉、交往与享受，使得生命无法成为一个完整的整体，因为过去的经历无法与当下的生活交织在一起。他们把昨天的自己视为一个人，把明天的自己视为另一个人，而与今天的自己相隔离，他们让所有发生过的事立刻落入遗忘之中，仿佛它们从未存在。赫拉克利特学派的怀疑主义者在理论上认为事物因不断流变而消解，认为万物的本质是在无尽的变化之中，因此每个人的存在也在每一刻发生改变，今日之我不同于昨日之我。然而，那些不珍藏和回顾自己过去经历的人，他们不是在理论上，而是在实践中让自己变得越来越贫乏、空虚，把自己悬挂在未来之上，仿佛去年、前天、昨天的时光与他们无关，甚至从未真正属于他们。

那么，这些都是扰乱"心境平和"的源头，就像苍蝇在光滑的镜面上滑落，却能紧紧附着在粗糙或有裂痕的地方，人们容易让美好和愉悦的记忆从心中流逝，却又固守着痛苦的回忆，难以释怀。更甚者，就像奥林索斯的"甲虫陷阱"，甲虫一旦掉入其中，便只能在里面不停地打转，直到力竭而死。同样，有些人沉浸在痛苦的回忆中，既不愿意挣脱，也无法重新呼吸新鲜的空气。

因此，我们应该像画家在调色盘上运用色彩那样，在内心中突出明亮和愉悦的事物，而掩盖、压制那些阴郁的记忆。我们无法完全抹去痛苦，也无法彻底摆脱它，因为世界的和谐就像琴弦或弓弦那样，只有张弛相间才能保持平衡。在人类世界中，没有什么是纯粹的，也没有什么是完全不混杂的。就像音乐中有高音和低音，语言中有元音和辅音，真正的音乐家和语言学家并不排斥其中一种元素，而是懂得如何运用并融合所有元素，使其协调一致。同样，现实中的事物彼此对立而又相互依存，正如欧里庇得斯所说："善与恶无法彼此分离，它们交织在一起，使得一切得以存在。"因此，我们不应因某些不幸的事物而丧失勇气，而应像音乐家一样，用更优美的旋律来弱化刺耳的声音，用美好的事物包容不幸，使生活的整体更加和谐，并适合自己的本性。

米南德说，每个人出生时，命运神伴随左右，作为他人生的引导者。然而，我认为恩培多克勒的说法更接近真理，他认为每个人出生时都会被两种不同的命运力量所掌控，并由不同的神灵所引导：

> 掌管地底世界的赫托妮亚，以及光明之神赫利俄比，
> 血腥的复仇女神德丽斯，以及和谐女神哈耳摩尼亚，
> 还有美丽与丑陋、迅猛与迟缓的神灵。

人的天性本就包含了各种情感的种子，这些情感彼此混合，使人的内在充满不均衡和矛盾。因此，理智之人会祈愿最好的结果，但同时也预见可能发生的不幸，并在两者之间保持适度的态度。正如伊壁鸠鲁所说："最快乐地迎接明天的人，是最不依赖明天的人。"的确，财富、声望、权力和统治地位能带来愉悦，但最能享受这些的人，恰恰是那些最不畏惧失去它们的人。因为对任何事物的强烈渴望，都会带来同等强烈的恐惧，害怕它不会持续。这样一来，原本应当令人愉悦的事物反而变得脆弱不堪，就像风中的火焰，时刻可能熄灭。

真正能够平静面对命运的人，是能够毫无畏惧地对命运说："如果你给我带来快乐，我欣然接受；如果你让我失去，也不过是微小的痛苦。"这样的人才能真正快乐地享受当下，因为他勇敢无畏，不会把失去视为无法承受的痛苦。正如安纳萨格拉斯在他儿子去世时所说："我早知道，我生下的是一个必死之人。"这不仅仅是值得钦佩的态度，更应成为我们效仿的榜样。在所有受到命运支配的事情上，我们都应当对自己说："我知道财富是短暂的，不是稳固的；我知道统治权是那些赋予它的人可以夺走的；我知道我的妻子是贤良的，但她仍然是个凡人；我知道我的朋友是忠诚的，但他仍是人，一个天性多变的生物，正如柏拉图所说[1]。"这种心理准备使我们在面对不幸时，不至于产生"我从未想过会这样""我本以为会是别的情况"或"这超出了我的预期"这样的想法，从而避免突如其来的冲击，让心境迅速恢复平静。

卡涅阿德斯曾提醒人们，真正导致悲伤和沮丧的，并非苦难本身，而是苦难的突如其来。比如，马其顿王国远不如罗马帝国庞大，但当珀尔修斯失去马其顿时，他痛哭哀叹自己的命运，所有人也都认为他是世上最不幸的人。然而，战

---

[1] 参考柏拉图《第十三封信》360d。

胜他的埃米利乌斯,在把整个陆地和海洋的统治权交给继任者时,却仍然戴上桂冠、举行祭祀,并被认为是幸运之人。这是因为埃米利乌斯知道,自己接过的权力终究会被交出,而珀尔修斯则是在毫无心理准备的情况下突然失去王位,因此痛苦不堪。诗人荷马也曾展现"出乎意料"对人的影响:奥德修斯在他的狗死去时流下了眼泪,但当他坐在哭泣的妻子身旁时,却没有同样的反应。[1]因为在后一种情况中,他的理智已经做好准备,而在前一种情况中,他未曾预料,于是因事出突然而深受冲击。

总的来说,命运带来的不可控事件中,有些确实由于其本性会使人感到痛苦和沉重,而更多的则是因为我们的习惯和观念让我们学会了厌恶它们。因此,在面对这些情况时,牢记米南德的一句话是非常有益的:"如果你不认为你在遭受厄运,那你就没有遭受厄运。"他的意思是:如果某件事既没有伤害你的身体,也没有影响你的灵魂,那它对你来说又有什么意义呢?例如,父亲出身卑微、妻子通奸、失去桂冠、被剥夺宝座——即使这些事情发生了,它们依然不能阻止一个人保持健康的身体和良好的灵魂。

---

[1] 参考荷马《奥德赛》第17卷第302—304行。

至于那些被认为天生令人悲伤的事情，如疾病、痛苦、亲友或子女的死亡，我们应当记住欧里庇得斯的那句诗："唉！但为什么要哀叹？我们遭遇的是凡人必然的命运。"事实上，没有什么理性的话语能比提醒人们命运的普遍性和自然性，更能有效地阻止情绪的崩溃。人因其肉身的存在，而必然暴露在命运的掌控之下，但在最根本和最重要的层面上，他依然稳固无忧。

当德米特里攻陷麦伽拉城时，他问麦伽拉派哲学家斯提尔波："你的东西有没有被抢走？"斯提尔波回答说："我没有看到有人拿走属于我的东西。"这句话的含义再明显不过：即使命运能剥夺人所有的外在财物，我们在自身之中仍然拥有某种东西，一种无论是暴力、掠夺还是战争都无法夺走的财富。正如荷马所言："这不是希腊人能夺走或带走的。"[1]

因此，我们绝不应贬低或屈服于自身的本性，认为它没有什么坚固持久、能够超越命运的东西。相反，我们应当明白，人的脆弱和短暂的部分只是本性中极小一部分，正是这部分才受到命运的支配；但我们真正掌控的，是本性里更好的一部分。在那里，至善的事物得以确立：良善的信念、学

---

[1] 引自荷马《伊利亚特》第 5 卷第 484 行。

识，以及导向美德的理性思考。这些事物的本质是不可剥夺的，也无法被腐坏，它们使人对于未来无所畏惧。因此，我们应当以无懈可击的精神面对命运，并对它说出苏格拉底的话："我的那两位控诉者或许能够杀死我，但他们无法伤害我。"[1]

命运的确能够使人染病，能够夺去财富，能够在民众或暴君面前诽谤某人，但它无法使一个善良、勇敢、宽宏和高尚的人变得邪恶、懦弱、卑鄙或嫉妒，也无法剥夺他的人格。而这种人格的存在，比航海中掌舵的船长对于船只的作用更为重要。因为航海者无法平息汹涌的波涛和强烈的风暴，也无法随心所欲地找到港口，但他可以勇敢而无畏地承受所发生的一切，只要他不放弃，即便他的手可能颤抖，他的心可能战栗，他仍能适时地收帆避风，降下桅杆，让船在黑暗汹涌的海面上前行。但智者的品格能给身心带来宁静，他通过节制、良好的饮食和适度的劳作，减轻疾病的影响。即便外界的苦难像突如其来的旋涡一般席卷而来，他仍能凭借理性和冷静的判断，使自己稳健地驶过风暴，如阿斯克勒

---

[1] 参考柏拉图《苏格拉底的申辩》30c—d。

庇阿得斯[1]所言:"他以轻盈而稳妥的舵柄驾驭风暴。"而当真正巨大的灾难降临,并且超出人的掌控时,智者仍然可以借助理性找到避难之港,摆脱痛苦,就像一个船长在船体破裂时仍能跃入水中,游向安全的彼岸。

愚蠢的人并非出于热爱生命,而是因为害怕死亡,才紧紧依附于肉体,就像奥德修斯在悬崖上攀附无花果树,惧怕下方的旋涡一样。[2] 他在两难的境地中挣扎,既不能停留等待风息,也无法安全地继续航行,因此对眼前的处境感到痛苦,对未来的不确定性又充满恐惧。如果有人能以某种方式理解灵魂的本质,并认为灵魂在死亡时所经历的变化会更好,或者至少不会变得更糟,那他就拥有一种对待生活的重要慰藉:面对死亡的无畏。因为一个人如果在自己所喜爱和适合的生活中能愉快地生存,而当外来的、不合自然的、不适当的事物变成主导时,又能毫无畏惧地离去,那么他就能像诗人所说的那样:"神会在我想要的时候释放我。"[3] 对于这样的人,我们还能想象有什么困难、痛苦或困扰会降临到他

---

[1] 阿斯克勒庇阿得斯(Asclepiades of Samos,约公元前3世纪)是古希腊诗人,擅长讽刺诗与抒情短诗。
[2] 参考荷马《奥德赛》第12卷第432行。
[3] 引自欧里庇得斯《酒神的女祭司》第498行。

身上吗？他对命运说："命运，我已经预见到了你，并且堵住了你所有的入侵之道。"他所依靠的，并非城墙、门闩或锁链，而是信念和理性。只要你愿意接受信念和理性，你就可以拥有它们。因此，我们不应当对上述的言论充满怀疑，而应当带着敬仰、羡慕和共鸣的热情，将其实践于自身，并在小事上加以体会，以便应用于更大的事情。不应逃避或排斥对灵魂的照料，也不要以"也许未来不会有比这更糟糕的事"这种念头来推脱，因为这样的逃避只会使灵魂变得更加软弱和缺乏锻炼。

相反，一个人若能以疾病、痛苦、流亡等苦难作为思考的对象，并用理性直面它们，便会发现，这些看似可怕的事物实际上充满了虚假、空洞和脆弱的成分，而理性在每个具体情境下都能证明这一点。

剧作家米南德说："没有人能说：'我这辈子不会遭受这样的苦难。'"许多人害怕米南德的这句话，他们没有意识到，这句话对抵御忧虑、保持内心平静有着多么重要的意义。真正的智慧在于训练自己坦然面对命运，睁开眼睛直视它，而不是让想象保持缺乏磨炼的柔弱，仿佛一个生长在阴影中的软弱生物，总是依赖于希望，却从不正视现实的挑战。

但我们也可以补充说:"的确，没有人能笃定地说:'我这辈子不会遭受这样的苦难。'但我们可以说:'我这辈子不会做出这样的事情。'我不会撒谎，不会欺诈，不会剥夺，不会谋害。"这正是掌握在我们手中的事，对心境平和而言，不是小事，而是大事。相反，一个人如果意识到"我知道自己做了可怕的事情"[1]，那种悔恨就像肉体上的伤口，会不断地在灵魂中流血并刺痛它。理性可以消除外来的痛苦，但悔恨却是自己制造的，它让灵魂在羞耻中不断折磨自己。

这就像那些因寒冷而颤抖、因高烧而炙热的人，比起外界的酷热或严寒，他们的痛苦更多来自自身的病痛。同样，命运带来的苦难较轻，因为它们只是外部环境施加的影响。但当一个人哀叹他能责怪的只有自己时，这种内在的自责，使得痛苦因羞耻而变得更加沉重。

因此，无论是华丽的房屋、丰厚的财富、高贵的出身，还是至高的权力，抑或卓越的言辞和雄辩的能力，都无法为生活带来真正的宁静与安稳。唯有灵魂远离邪恶的行为和阴险的谋划，并保持本性的纯洁无染，才能拥有真正的平静。这样的灵魂所流露出的，是高尚的行为，它赋予行动以热情

---

[1] 引自欧里庇得斯《俄瑞斯忒斯》第 396 行。

和喜悦，并伴随着坚定的自尊，使得我们的回忆比希望更加甘美而可靠。

正如卡涅阿德斯所说，即使香炉被倒空，它仍能长时间散发余香。同样，在智者的灵魂中，高尚的行为会留下持久而清新的回忆，使内心的喜悦得以滋养、繁茂生长，并让他们轻视那些哀叹和咒骂人生的人，这些人把人生视为不幸的国度，或灵魂被放逐的荒原，而智者的灵魂则能在自身的美德中找到真正的安宁。

我也钦佩第欧根尼。他曾看到一位斯巴达的外邦人为某个节日精心打扮，竭力表现自己，便对他说："贤者不会只把某一天当作节日。如果我们理智的话，每一天都可以是光辉灿烂的节日。"这个世界本身就是最神圣、最符合神意的圣殿，而人类通过诞生被引入其中。他们并非站在人工雕刻、静止不动的塑像前的旁观者，而是如柏拉图所说[1]，可以见证太阳、月亮、星辰的运行，观看河流不断涌出新水，目睹大地孕育万物，为植物和动物提供养分。

人生既是一场神圣的入门仪式，也是一场最完美的祭典，因此，它本应充满喜悦和愉悦。然而，大多数人却等着

---

1 参考柏拉图《蒂迈欧篇》92c。

克洛诺斯节、宙斯节、雅典娜节及其他节日的到来，才去享乐，才借助滑稽戏演员和舞者的表演换取短暂的欢笑。在那些节日里，人们安静端坐，举止端庄，因为没有人在接受神秘仪式入会时哀哭，也没有人在观看皮提亚祭典或在克洛诺斯节饮酒时哀叹。但他们羞辱了神真正赐予的每日上演的神圣庆典，终日沉溺于哀叹、忧虑和无休止的烦恼之中，错过了生活本身所蕴含的节日之美。人们喜欢悦耳的乐器之声，也喜欢聆听鸟儿的歌唱，他们乐于观赏动物嬉戏跳跃的模样，对那些怒吼、咆哮或阴郁的动物则感到厌烦。但他们让自己的人生毫无笑容，充满忧郁，总是被沉闷的情绪、繁重的事务以及无休止的思虑所压迫和折磨。他们不仅不给自己创造喘息和轻松的机会，甚至当别人向他们提供安慰和劝诫时，他们也充耳不闻。如果他们愿意改变，只需善加利用当下的一切，怀着感恩之心回忆过去，以善意明朗的态度迎接未来，他们便能无所畏惧、毫无疑虑地走向未来。

论避免欠债

柏拉图在《法律篇》中要求，未经允许，不得擅自取用邻居的水源，除非你已经努力尝试过在自己的土地上挖掘，直到所谓的"陶土层"，并确认确实无水可得。为什么要这样规定？因为陶土层天生致密，能够吸收并锁住水分，而不会让水渗透出去。因此，如果一个人确实无法找到水源，他才有权向别人求助——法律的目的正是帮助那些真正有需要的人。

那么，为什么我们不应该对金钱制定类似的规则呢？在借贷之前，人们难道不应该先彻底检视自己的资源，尽可能积累财富，而不是直接依赖别人的钱财？就像人们在自己的土地上寻找水源一样，他们也应该先动用自己的积蓄，以供应自身的必需。然而，现实中，许多人即便拥有财富，却因为奢靡、娇弱，甚至只是虚荣，宁愿支付高额利息借钱，也不愿动用自己的资产，哪怕他们并非真正需要。

这一点有显著的证据：放贷者并不会借钱给真正贫困的人，而是愿意借给那些想要获取额外财富的人。由此可见，信贷本身已成为财富的象征。银行和放贷者不会借钱给真正贫困的人，而是更愿意借给那些有能力还款、想要赚取更多的人。借款人的"信用"意味着他本来就有财富，而既然他有财富，他又何必借贷？因此，避免债务才是最值得奉行的生活准则。

你为什么要侍奉银行家或商人？从你自己的"银行"[1]借钱吧。你有银制的酒杯、餐盘和洗脸盆，把这些作为抵押品用于你的需求。而你的餐桌可以用陶器装饰，这些陶器比银器更干净——它们不会散发沉重而令人厌恶的利息之臭，就像毒液每天腐蚀奢华之物一样，它们也不会让你在每个月的还款日和新月日战战兢兢。这些日子本应是最神圣吉利的日子，却被放贷者变成了不祥和可憎的日子。

那些不愿出售自己的财物，而是将其作为抵押的人，即便是财神也无法拯救他们。他们羞于卖掉自己的东西，却不羞于为了利息支付远超物品价值的金钱。而当年伟大的伯里

---

[1] 古希腊词"trapeza"是双关语，既有银行的意思，也有桌子的意思，所以下面一句话提及的都是桌上的物品。

克利，为了不让战争影响城邦的财富，他甚至把雅典娜的重达四十斤的金饰设计成可拆卸的形式，并说："这样，我们在战争中使用之后，日后可以归还、不损其数。"[1]

我们也应该有这样的智慧。就像面对围城的敌人一样，在急需之时，不让放贷者攻陷我们的生活，不让债务奴役我们的财产，最好的办法不是借更多的钱，而是削减不必要的奢侈。餐桌上的银器、卧榻的锦绣、马车的华饰、日常浮华，砍掉这些开销，以此来保持自身的自由。因为如果我们将来运气好，财富可以再恢复。

从前，罗马妇女们曾主动捐献自己的珠宝，为阿波罗神庙铸造圣杯；迦太基的女子们更是剪下秀发，为守城制造弓弦。而我们呢？我们仿佛羞于独立生存，反倒甘愿受制于债务，用契约和借据奴役自己。本该做的是紧缩开支，保留真正需要的东西，把多余之物削减或卖掉，这样才能为自己、为子女、为家庭建立一座自由的圣殿。当债务人躲进她的神殿时，女神阿耳忒弥斯会为他们提供庇护，使他们免于债务的追索。然而，节俭本身才是真正的庇护所，它是一座不可侵犯的圣殿，能够给所有懂得节制的人提供广阔的自由。

---

[1] 引自修昔底德《伯罗奔尼撒战争史》第2卷第13章。

就像当年皮提亚女祭司在波斯战争时对雅典人所说的那样："神已经赐予你们一座'木墙'来守护自身，对抗波斯人。"[1] 雅典人于是放弃土地、城市、房屋和一切财物，登上战船，为自由而战。那么，神也给予了我们木质的桌子[2]、陶器和布衣，只要我们愿意在节制中守护自己的自由，这些就已经足够。

你不要执着于养马，也不要执着于装饰华丽的镀银豪华马车，因为利息如影随形，总能超越你所能负担的速度，吞噬一切。相反，骑上一头随便找来的驴子或小马，也要远离放贷者这个残酷而专横的敌人。他们比波斯王更可怕，不是索要你的土地和水，而是更恶毒地夺走你的自由，践踏你的尊严。他们不会宽容你拖欠债务，也不会在你偿还时善罢甘休。他们会故意压低你的财产价值，让你不得不贱价变卖；若你不愿，他们就会逼迫你出售。你若求他宽限，他便假意谈论和解；你若许诺偿还，他便趾高气扬；你若亲自登门求见，他就紧闭大门；但你若待在家中，他就日日敲门，纠缠不休。

---

[1] 参考希罗多德《历史》第 7 卷第 141 章，这是公元前 480 年，在萨拉米斯战役之前，波斯人入侵阿提卡时，德尔斐神庙的女祭司向雅典人传达的神谕。
[2] 这里的桌子仍然含有"银行"的双重含义。

梭伦废除了以身体偿债的法律，这对雅典人到底有什么好处？[1]他们仍然沦为吞噬财富者的奴隶，甚至不仅是他们自己，还有他们的财产，皆被这些债主掌控。究竟有什么比这更可怕？他们不仅被奴役于权贵，甚至还沦落到听命于傲慢、野蛮、残暴。正如柏拉图所说，在冥界之下，炽热的惩罚者和折磨者掌控着那些不敬神的人。[2]同样地，放贷者已将市场变成了不敬神者的领地，他们像秃鹫一样撕裂、吞噬那些可怜的债务人，"深入皮肉，榨取他们最后的血汗"[3]。他们让债务人成为坦塔罗斯般的存在，亲手收获并储存自己的财富，却无法享用半点甘甜。

正如大流士[4]派遣波斯将军们前往雅典，手持锁链与枷锁，准备束缚战俘，这些放贷者也带着借据和契约，如同镣铐一般，席卷整个希腊。他们带着装满债务文件的箱子，穿

---

[1] 这里指的是雅典立法者梭伦所推行的"解负法"（Seisachtheia），其中一项重要改革就是废除债务奴役，即禁止债务人因无力偿还债务而沦为奴隶。
[2] 参考柏拉图《理想国》615e。
[3] 引自荷马《奥德赛》第11卷第578行。奥德修斯旅行到冥界，在那看到了几位因罪行而遭受永恒惩罚的神话人物。其中就有坦塔罗斯（Tantalus），他是希腊神话中的吕底亚国王，因对神不敬，被罚在冥界忍受永恒的折磨：饥渴难耐，却无法触及近在咫尺的食物和水。
[4] 大流士（Darius）是公元前6世纪的波斯国王，是波斯战争的主要发动者之一，曾试图征服希腊。

行于各个城邦,却不像特里普托勒摩斯[1]那样播撒良田的种子,而是种下债务之根——这些根系迅速滋生高额利息,令人难以摆脱。这些债务如藤蔓般扩散,盘踞生长,最终令城邦屈服,使人民窒息。

人们说,兔子可以在怀孕时再次受孕,一边生育,一边哺育新的胎儿,并再次怀孕。然而,这些债主的利息比兔子的繁殖还要迅猛。甚至在债务形成之前,就已衍生出新的债务。他们一旦借出,就立刻催讨;一旦给予,就立刻夺回;他们借出东西,实际上只是为了让债务人再次借贷。

墨塞尼亚人有一句话:"有一座皮洛斯在皮洛斯之前,还有另一座皮洛斯。"[2]那么,我们也可以对放贷者说:"有利息在利息之前,还有另一种利息。"这些人讥笑自然哲学家,嘲弄自然哲学的信条,"万物不能凭空产生"。然而,在放贷者的世界里,利息竟能凭空生出,源于本不存在的事物。他们视缴纳关税为耻辱,即便法律允许如此;但他们仍然非法放贷,在放贷的同时征收利息。更确切地说,他们在放贷的

---

[1] 特里普托勒摩斯(Triptolemus)是希腊神话中的人物,通常与农业女神墨忒尔(Demeter)相关。他是农业的传播者,教导人类耕作和播种谷物,以带来丰收。
[2] 这句墨塞尼亚人(Messenians)的俗语,在阿里斯托芬《骑士》第1059行也有引用。

过程中直接操纵、摧毁经济秩序。因为那些签署契约却拿到比借款更少资金的人，实际上正在被迫破产。

波斯人认为，撒谎是第二大罪恶，而第一大罪是负债，因为债务往往迫使人撒谎。然而，放贷者的谎言比债务人更多，他们在账簿上玩弄欺诈手段，写着借出某个数额，却实际放贷更少。这种欺骗的根源不是迫不得已，也不是贫困，而是纯粹的贪婪，无止境的贪得无厌。这种贪婪最终并不会带给他们真正的享受，反倒是对被欺压者造成毁灭性的后果。

他们掠夺债务人的田地，却不会自己耕种；他们把债务人赶出房屋，却不去居住；他们夺走别人的餐桌和衣物，却不曾享用。他们只是摧毁一个人，然后利用他作为诱饵，引诱下一个人步入陷阱，被追捕、被奴役。这种恶行像烈火一般蔓延，它的增长伴随着落入其中之人的毁灭，吞噬一个又一个生命。而那煽动这场大火、滋养其蔓延的正是放贷者，他本身却从未真正获益。他唯一能做的，就是在多年之后，翻开自己的账簿，盘点自己究竟卖掉了多少人，驱逐了多少人，又如何滚动和囤积了那一笔笔冷漠无情的金钱。

请不要以为我是向放贷者宣战，"他们从未驱赶过我的牛，也未曾夺走我的马"。[1] 我只是想向那些轻易借贷的人展示，债务究竟带来了多大的羞耻与不自由，以及借贷本身乃是极端的愚蠢与软弱。你有钱吗？那就不要借贷，因为你并不缺钱。你没有钱吗？那也不要借贷，因为你无法偿还。让我们分别从两个角度来看待这个问题。卡图曾对一个年老而不正直的人说："人啊，你为何要在衰老之际——它本已带来了许多痛苦，还要加上因邪恶而来的羞耻呢？"同样地，你也不要在贫困之上，再堆积因借贷和负债而生的困境。不要剥夺贫困唯一优于财富的东西——无忧无虑。否则，你就会应验那句可笑的谚语："我连山羊都背不动，却让人把牛放在我身上。"[2]

你若连贫困都难以承受，为什么还要把债主强加在自己身上？债主可是连富人都难以承受的重担。"那么，我该如何维持生计？"你竟然这样问，明明你拥有双手，拥有双脚，拥有声音，作为一个人，能够去爱，也能够被爱，能够施恩，也能够感恩。你可以教书，可以做家庭教师，可以做门卫，可以航行，可以做沿海贸易。这些工作没有一样比听到

---

[1] 引自荷马《伊利亚特》第1卷第154行。
[2] 出处不明。

"还钱"更可耻或更令人痛苦。

在罗马,那位鲁提利乌斯走近穆索尼乌斯,对他说:"穆索尼乌斯啊,你所效仿和崇敬的拯救者宙斯,他可不会去借贷。"穆索尼乌斯微笑着回答:"他也不会放贷。"因为鲁提利乌斯自己是个放贷者,却在责备穆索尼乌斯借贷。这真是一种斯多葛式的狂妄自大!你何必要牵扯拯救者宙斯,而不直接从显而易见的事物中得到教训?燕子不会借贷,蚂蚁也不会借贷,它们的本性没有给予它们双手,没有语言和逻辑,也没有技巧。然而,人类因天生聪慧、善于谋划,能够养马、养狗、养鹧鸪、养野兔,甚至养寒鸦。那么,你为何要如此贬低自己?难道你比寒鸦更无能,比鹧鸪更沉默,比狗更低贱,以至于不能通过服务、娱乐、守卫或战斗来谋生,不能从任何人那里获得帮助?你难道看不见,土地给你提供了多少机会,大海给你提供了多少机会?

克拉特斯曾赞叹:"我看见米克吕洛斯在梳理羊毛,而他的妻子也在帮忙,在艰难的贫困中与饥饿搏斗。"

国王安提哥那多年后在雅典遇见斯多葛哲学家克里安西斯,问他:"你还在磨面粉吗,克里安西斯?"克里安西斯回答:"是的,我仍在磨面粉,国王陛下,因为我需要维持生活。但我绝不会因此放弃哲学。"多么高贵的精神!即便是在磨坊和面板之间，他那满是面粉的手、未经沐浴的身体，仍然能写下关于神明、月亮、星辰和太阳的哲思。然而，在我们看来，这样的劳动是卑贱的，是奴役的象征。因此，为了"保持自由"，我们反而去借贷，去奉承那些日夜在家计算账目的人，跟随他们、宴请他们，向他们奉上礼物和税款。这并非出于我们的贫困，因为没有人会借贷给穷人，而是出于奢侈的欲望。如果我们满足于生活的必需品，世界上就不会有放贷者，就像不会有半人马和蛇发女妖一样。但正是奢侈创造了放贷者，就如同它创造了金匠、银匠、香料商和染花匠一样。我们所欠的债务，并非为了买面包或酒，而是为了土地、奴隶、骡子、宴会厅、华贵的餐桌，以及为城邦献上慷慨的资助，追求毫无收获、无人感恩的虚假荣誉。

一个人一旦陷入债务，便永远是债务人，他不断更换背上的骑手，就像一匹被套上马嚼子的马，被一个又一个主人驱策。而他却无法逃回往日的草场和牧地，反而像恩培多克勒笔下那些被神驱逐、从天坠落的堕落灵魂，被不同的力量抛掷，永无安宁：

> 空气的力量将他们驱逐到海洋，
> 海洋又将他们吐回大地，

> 大地再将他们抛向不息的太阳之光，
> 而空气又将他们卷入旋风之中。

一个放贷者总是接替另一个出现。先是科林斯人，然后是帕特雷人，再是雅典人，直到债务人被所有人围困，被高利贷吞噬，彻底破碎。就像一个陷入泥泞中的人，要么站起来，要么保持不动，但如果他不断翻滚、挣扎，他湿润的身体反而沾染上更多的污泥。同样，在债务的转让和重组过程中，那些不断将利息加入本金并累积债务的人，负担只会变得越来越沉重。他们就像那些患有胆汁病的人，既不接受治疗，又不断呕出医生开的药方，却又摄入更多有害的食物，始终处于痛苦之中。债务人也是如此，他们不愿彻底清除债务，一年四季，痛苦而艰难地偿还利息，但新的债务又立刻如潮水般涌来，层层堆积，使他们再次陷入恶心、头昏的折磨。其实，他们本该彻底摆脱债务，成为清白而自由的人。

现在，我要对那些富有而又娇弱的人说话，那些人抱怨道："那我岂不是要变得无仆、无家、无屋可居？"这就像一个水肿的病人对医生说："难道我要变得消瘦、空虚？"医生会回答："那你还犹豫什么？这样才能恢复健康！"同样，你也该解放你的奴隶，这样你才不会成为奴隶；放弃财产，这样你才不会成为财产的奴隶。

听听兀鹫的故事吧:一只兀鹫正在吞食腐肉,说道:"我们正在吃掉这具尸体的内脏。"另一只在旁说道:"这有什么可怕的?你并不是在吃你自己的内脏,而是这具我们正在撕扯的尸体的内脏。"债务人也是如此,他卖掉的并不是自己的土地或房屋,而是放贷者的土地和房屋,因为法律已经让放贷者成为这些财产的真正主人。"不对!"债务人抗议道,"我父亲留下了这片土地给我!"没错,你的父亲也给予了你自由与荣誉,而你却只珍视土地,而轻视这些更宝贵的遗产。你父亲给了你手和脚,但当它们腐烂坏死时,你仍然会花钱请医生将它们截去。

奥德修斯的经历值得深思。卡吕普索女神为他披上了一件华美的衣袍,散发着神圣不朽的气息,这是她对他的友谊之礼。但当他被海浪翻覆、沉入深海,衣物因吸水而变得沉重时,他毫不犹豫地脱下它,抛弃它,仅用一块头巾裹住裸露的胸膛,朝着陆地游去。最终,他获救了,既不缺衣物,也不缺食物。[1]那么,债务人难道不会遭遇一场风暴吗?当放贷者在时间到来时站在他们面前,说:"还钱!"这句话一

---

[1] 参考荷马《奥德赛》第 5 卷第 430 行左右。

出口，乌云聚集，大海翻腾，狂风怒号，利息滚上了利息，债务像汹涌的海浪般袭来。债务人被这波浪冲刷，拼命抓住那些使他沉重的负担，却无法游脱，无法逃离。他被推向深渊，与那些为他作保的朋友一起沉没，被毁灭。

然而，看看忒拜的犬儒派哲学家克拉特斯！他既无人催债，也不欠任何人的钱，但仍厌恶经济管理的烦扰，于是他放弃了价值八斤金币的财产，仅仅带着一件粗布长袍和一个行囊，投入哲学，甘愿选择贫穷。自然派哲学家安纳萨格拉斯同样放弃了自己的牧羊之地，来到雅典做哲思。甚至连作曲家费罗萨努斯也懂得这一道理。他曾在西西里的殖民地分得一块丰饶的土地、房屋和财富，但当他看到当地充斥着奢靡、享乐与对艺术的冷漠时，他发誓道："这些所谓的'福祉'不会抛弃我，而是我抛弃它们！"于是，他将土地留给别人，扬帆远去。

而债务人却选择留在深渊之中。他们忍受催债，被课重税，忍辱负重，终日劳役，被剥削殆尽，如同菲尼亚斯[1]喂养着长翅膀的怪物，带来食物，却又将其掠走。放贷者在

---

[1] 菲尼亚斯（Phineus）是希腊神话中的一位预言家，因为泄露了神的秘密，宙斯对他施加惩罚，让他在餐桌前永远无法享受食物。每当他准备进食时，一种长着翅膀的鸟怪就会迅速扑来，把他的食物抢走或弄脏，使其无法食用。

庄稼尚未收割前就抢购粮食，在橄榄尚未落地前就索取橄榄油，在葡萄还挂在藤蔓上时，就宣布酒已经属于他，并在价格上附加额外的费用。于是，债务人就像藤蔓上的葡萄，等待着大角星升起，但他永远不会迎来真正的收获。

论贪财

摔跤训练师希波马科斯听到有人夸一个身材高大、手臂修长的人适合练拳击时,笑着回应道:"如果冠军桂冠是挂在高处,光靠伸手就能拿到的话,那你说得确实没错。"同样,我们也可以对那些惊叹于美丽田产、豪华宅邸、庞大财富,并把拥有这些东西当成人生至福的人说:"没错,如果幸福真是可以明码标价、用金钱买来的话,你们的想法确实合理。"但事实是,很多人宁愿过富有却痛苦的生活,也不愿拿钱去换真正的幸福。但是无忧的心境、高贵的精神、内心的安稳、勇敢和自足,并不是金钱能买到的东西。

一个人财富的积累和增长并不意味着他会看淡财富。正如拥有过多的东西并不代表能轻易舍弃它们。那么,财富究竟能让人摆脱哪些恶习?如果它的存在连对自身的贪恋都无法削弱,财富又能带来什么解脱呢?

酒能解渴,食物能止饥,有人曾祈求:"给我一件斗篷吧，我冷得很厉害。"可当他被给予过多的衣物时，却反而嫌恶地推开。然而，金银无法填满人对金钱的贪欲，贪得无厌的人也不会因拥有更多而满足。因此，我们可以对财富说，就像我们可以对一个夸夸其谈的庸医说："你的药只会让病情恶化。"

那些原本只需要面包、住所、简朴衣食的人，在财富的诱惑下，反而生出了对黄金、白银、象牙、祖母绿、猎犬和骏马的无尽渴望。他们的需求不再是基本的生活必需品，而是那些昂贵、罕见、无用且难以获取之物。事实上，凡是拥有足够生活所需的人，就不能算贫穷。没有人会借贷去买大麦粉、奶酪、面包或橄榄，但豪宅让人负债，邻近的橄榄园让人负债，粮仓与葡萄园让人负债，高卢的骡子让人负债，驾辕的马匹让人负债。"架着一辆虚荣的战车嘎嘎作响"[1]，奢华的车驾不仅是炫耀的工具，更是让人陷入契约、利息和抵押深渊的枷锁。正如那些在口渴消失后仍灌酒、在饥饿消失后仍暴食的人，最终连真正所需的也会被呕吐出来；同样，那些沉溺于无用奢侈品的人，最终连维持生计的基本需求也无法满足。这正是那些贪恋财富之人的真实写照。

---

[1] 引自荷马《伊利亚特》第 15 卷第 453 行。

相比之下，那些握紧财富、从不舍弃分毫却始终渴求更多的人，与亚里斯提卜[1]的智慧相比，更显荒谬至极。亚里斯提卜常说："一个人吃得很多，喝得很多，却从未感到满足，他便会去找医生，询问自己得了什么病，身体状况如何，以及如何才能摆脱病症。然而，若有人已经拥有五张床，还想要十张；已有十张桌子，又再买十张；即便土地和金银充盈，却仍不满足，反而执着于获取更多，夜不能寐、永无止境，这样的人却不认为自己需要医生的治疗，也不愿探究是什么原因导致了他的痛苦。"

若一个口渴的人没有喝水，我们可以期待他在饮水后解渴。但如果一个人不停地喝水，始终无法止渴，我们不会认为他需要继续饮水，而是需要清理体内的病症。因此，我们会让他呕吐，因为他的痛苦并非来自匮乏水分，而是由于体内某种刺激或不正常的热气。

同理，在那些积累财富的人中，真正贫困、无依无靠的人，或许在获得一处住所、发现一笔财富，或者在朋友的帮助下摆脱债务后，会停止对财富的焦虑。但那些已经拥有远超所需却仍贪得无厌的人，他们的问题无法靠黄金、白银、

---

[1] 见第 109 页注释 1。

牛羊、马匹解决，而是需要摆脱与净化这种执念。

他们的真正问题不是贫穷，而是贪婪，是对财富的盲目执着，而这源于一种错误、一种不理性的判断。如果不将这种扭曲的欲望从灵魂中连根拔除，就像清除体内的寄生虫一样，他们就不会停止渴望那些根本不需要的东西。

当医生来到病人的床前，见他虚弱地躺着，呻吟不止，不愿进食，便触摸、检查，发现他并未发烧，于是诊断道："这是灵魂的疾病。"说完，便离去。同样，我们若见一个人终日忙于积累财富，又因支出金钱而痛苦叹息，不惜一切手段以获取金钱，即便已拥有房屋、土地、牲畜、奴隶和衣物，难道不该称他的病症为灵魂的贫困吗？正如喜剧家米南德所说："金钱上的贫困，一个慷慨的朋友就能帮你摆脱；但灵魂的贫困，即使世上所有朋友，无论生者还是死者，都无法填补。"因此，智者梭伦的话正适用于这些人："财富对于人类而言，并无固定的终点。"然而，对于有理智的人来说，自然的财富是有界限的，需求也有其终点，就如同圆规的中心和半径所划定的界限一般。

贪财还有一个特征：它是一种与自身满足相对抗的欲望。其他欲望往往能促成满足：没有人因为贪恋美食而完全不吃食物，也没有人因为嗜酒而完全不饮酒；然而，却有人因贪恋金钱而不愿使用财富。这难道不是荒谬又可悲的病症吗？如果有人因害怕寒冷而不穿衣服，因饥饿而不吃面包，或者因贪财而不肯花钱，这种状况便正是米南德剧中角色的困境：

> 财富就在我身边，在我的家里，
> 我可以使用它，我也想使用它。
> 然而，如同最疯狂的恋人一般，
> 我却什么都不做。[1]

这些人把财富封存起来，锁在箱底，或者投入高利贷者和商人手中，却依旧日夜奔忙，拼命积累，与仆人、农夫、债务人争执不休。阿波罗啊，你可曾见过比他们更可怜的人吗？他们比那些深陷爱情而无法自拔的人还要不幸。

索福克勒斯曾被问及，他年老后是否还能亲近女人，他答道："闭嘴吧，人哪！我已经获得自由，年老让我终于摆脱了那些疯狂而暴虐的主宰。"[2] 当享乐的欲望消退，人就随之解脱，这是一件美好的事，正如阿尔凯乌斯所说："从未有任何

---

[1] 应该来自米南德喜剧《被拒绝的情人》，这部喜剧只有一些残篇被保存留世。
[2] 悲剧作家索福克勒斯在什么场合下说过这句话不详，但是柏拉图《理想国》329b开篇第一个对话中，克法洛斯（Cephalus）对苏格拉底说过几乎一模一样的话。

男人或女人能完全逃脱欲望。"[1]但对于贪恋财富而言，情况却完全不同。它像一个严苛的女主人，强迫人去积累财富，却又阻止人去使用财富；它唤起人的欲望，却剥夺人的享乐。斯特拉托尼科斯曾嘲讽罗德人的奢靡，说他们盖房子时仿佛要永生，但买食物时却像随时要死去。贪财之人也是如此，他们在积累财富时汲汲营营，使用财富时却吝啬至极。他们承受财富带来的劳累，却从未享受财富带来的快乐。

德马德斯曾见福基翁用餐，看到他餐桌上的食物如此节俭而简朴，不禁惊讶地说道："福基翁啊，我真是想不通，你怎能吃这样的饭菜，还能从事政治？"德马得斯完全沉溺于口腹之欲，为了满足这一点，他不惜迎合大众，把整个雅典当作自己奢靡生活的一部分，甚至依赖马其顿的贿赂作为补给。因此，当安提帕特看到德马得斯年老时，讽刺道："他活到现在，就像一只被宰杀的祭牲，什么都不剩了，除了那张能说会道的舌头和一个贪吃的胃。"[2]

---

[1] 这里的古希腊原文被损坏了，本句由译者想象补充。阿尔凯乌斯（Alcaeus）是公元前 7 世纪的抒情诗人。
[2] 德马得斯（Demades）、福基翁、安提帕特都是公元前 4 世纪的雅典政治家，德马得斯倾向于亲马其顿派，经常在政治上与福基翁对立，普鲁塔克在这里暗示他为了维持自己的奢靡生活而受贿。福基翁以廉洁和谨慎著称，普鲁塔克对他赞誉很高。安提帕特是亚历山大大帝的将领，统治马其顿并干预希腊事务。德马得斯和福基翁两人最终都被马其顿派出的继任者迫害处死。

至于你呢？可怜的人啊，谁会对你感到惊讶呢？你过着吝啬又冷漠的生活，不愿分享，对朋友无情，对同胞缺乏善意，却依旧没日没夜地奔波，为了财富操劳不休，不断争夺遗产，甚至甘愿成为金钱的奴隶。明明你已经拥有足够安逸度日的财富，结果得到的，只是更加深重的吝啬！

据说，一个拜占庭人看到某个男人竟然和一位极其丑陋的女人通奸，便嘲笑道："可怜的人啊，你到底图什么？"那男人回答："她的嫁妆！……"[1] 财富的积累，或许对国王、摄政官，或者那些渴望在城邦中掌权的人来说，是不得不做的事。他们为了虚荣、野心和荣耀，不得不设宴款待、拉拢人心，以换取空洞的声望，养活随从和军队，甚至购置角斗士。但你呢？你搅动这么多事务，把自己搞得疲惫不堪，终日焦虑不安，结果却像蜗牛一样，把自己困在壳里，斤斤计较，失去了所有自由。你承受着无数的艰辛，却从未真正享受过生活，活得就像驮运柴薪和燃料的浴场驴子，终日被烟尘包围，却从来没享受过温暖的沐浴。

贪财的人可以分为两种：一种像驴或蚂蚁一样，拼命积累，却从不享用；另一种则像残暴野兽那样，为了财富不择

---

[1] 这里的古希腊原文被损坏了，本句由译者想象补充，可能与原意有差。

手段。前者就像磨坊的驴，一天又一天搬运木柴和枯枝，被烟尘和灰烬熏染，却从未享受过安逸、清洁和休息。这种人穷其一生忙于积累财富，最终却没有从财富中享受任何真正的好处。后者则是另一种疯狂的贪婪，他们靠诽谤、侵吞遗产、欺诈和算计积累财富，甚至每天盘算着自己的朋友还有多少活着，满心算计如何夺取更多的财产。但到头来，他们所积累的一切，并未给自己带来任何真正的享受。

比起熊和狮子，人们往往更厌恶毒蛇、甲虫和蜘蛛，因为这些毒物伤人，却不从他们伤害的人身上获取任何利益。同样，那些因贪婪和吝啬而作恶的人，比那些因挥霍堕落的人更可憎。他们从别人手里抢夺财富，却既不会使用，也没有享受的能力。一个挥霍无度的人，一旦富裕了，往往会稍微收敛一点。正如德摩斯梯尼讽刺德马得斯："你们现在看到他，就像一头吃饱了的狮子。"而那些既不追求享乐，也不谋求实际利益的人，他们的贪欲永无止境，始终空虚，永远渴望更多。

或许有人会辩解说："但这些人是在为子女和继承人积累财富啊。"可他们生前连一分一毫都不愿与子女分享，就像矿井里的老鼠啃食金矿，黄金藏在肚子里，只有它们死了、被剖开，人们才能取出黄金。那么，他们到底为什么要给子女和继承人留下大量财富呢？不过是让他们继续为别人守护这些财产，而这些人又会把财富留给下一代，就像陶制的输水管道，自己不留一滴水，只是把水传递给下一段，直到有一天，要么出现诽谤者，要么出现暴君，这些人砍断管道，财富便被引向别处。或者，正如俗话所说，家族中总会出现一个最败家的后代，吞噬掉整个家族的财产。因为不仅奴隶的子女容易放荡堕落，吝啬之人的子女也常常如此。正如第欧根尼讽刺道："宁可做一个迈加拉人的公羊，也比做他的儿子更好。"[1]

那些自以为在教育子女的贪财之人，实际上是在毁坏子女的灵魂，把自己的贪婪和吝啬植入下一代人的心中，仿佛在继承人心里建造一座财富的堡垒。他们传授的，不过是"努力赚钱，拼命节俭""你的价值取决于你拥有多少财富"。但这并不是教育，而是教他们如何封闭自己，如何当守财奴。

然而，钱袋只有在装满金银后才会发霉变臭，而这些贪财者的子女，在尚未继承财富之时，就已经被父亲的贪婪影响得彻底变质。而且，他们为这种教育付出的代价，并不是

---

[1] 迈加拉人（Megarian）以吝啬闻名。

为即将继承财富而欣喜,而是为尚未得到财富而满心怨恨。他们唯一学会的,是崇拜财富,认为人生的唯一目标就是积累更多金钱,因此,他们把父亲的生命视为阻碍,觉得父亲多活一年,就是从自己手里夺走了一年的财富。

于是,即便父亲还在世,他们已经开始偷偷挥霍,把财富花在朋友和纵欲上,仿佛花的不是自己的家产,而是别人的钱。而一旦父亲去世,他们接管钥匙和印章,生活方式就立刻发生剧变。他们脸上变得严肃而冷漠,不再嬉戏玩乐,不再运动,不再去柏拉图学院或亚里士多德学院,而是开始审问仆人,检查账目,和管家、债务人计算金钱。他们整天忙得焦头烂额,无暇享受生活,只有夜晚才拖着疲惫的身体去澡堂。

"他们曾经在体育馆里奔跑,在女王的清泉边玩耍"[1],而如今,他们甚至连看一眼那些地方都不屑。有人问:"你怎么不去听哲学家讲座了?"他们回答:"哪里有时间?我父亲去世了。"可怜的人啊,你父亲究竟给你留下了什么?他真正夺走的,是你的自由和闲暇吗?事实上,夺走你自由的,不是你的父亲,而是你对财富的执念。你任由它铺天盖地

---

[1] 引自欧里庇得斯《腓尼基妇女》第368行。

降临你的生活,并且掌控了一切。财富难道不像赫西俄德笔下那个可怕的女人,"不需要火炬也能燃烧你,让你在尚未衰老时就已经筋疲力尽"。[1]贪财与焦虑在你的灵魂中刻下了过早的皱纹和白发,让高贵的气质、对荣誉的追求、对朋友的善意,全都在算计和焦虑中消磨殆尽。

"你难道没见过有人挥霍财富吗?"可能有人会这样反驳。对此,我们可以回答:"你听过亚里士多德怎么说的吗?有些人根本不使用财富,而另一些人则挥霍无度,这两种极端都不对。"前者的财富对他们自己毫无益处,也不能让他们变得更好;而后者不仅毁掉自己,还让他们蒙羞。

来吧,让我们先思考一个问题:财富之所以受到推崇,究竟是因为什么?是因为它能满足人的基本需求,还是因为它带来的奢华享受?如果财富的价值仅限于提供生活必需品,那么一个富人与一个只拥有适度财富的人并无区别。正如提奥弗拉斯特[2]所说,财富本质上(脱离了它的用途)就是盲目的且匮乏的,它本身并不值得羡慕。否则,雅典首富和忒拜首富,在实际生活中不就应该比苏格拉底和伊巴密

---

[1] 引自赫西俄德《工作与时日》第 705 行。
[2] 提奥弗拉斯特(Theophrastus,约公元前 372—前 287),古希腊生物学家、哲学家,曾师从柏拉图,后成为亚里士多德的学生和朋友。

浓达更幸福?[1]但事实是,他们享用的也不过是同样的食物、衣物和住所。

就像阿伽颂[2]在宴会上让吹笛者离席,把注意力留给真正的谈话一样,你也应该远离那些华丽的紫色寝具、奢华的餐桌以及一切多余的东西。因为如果你仔细观察,会发现富人的生活其实并没有比普通人优越多少,他们的基本需求和普通人一样,吃的、穿的、住的并无本质区别。如果我们真正明智,清除掉所有不必要的东西,那么被摒弃的,不是维持生活的农耕、畜力,而是那些专门迎合奢侈需求的行业,比如金匠、雕刻师、香料商、厨师等。当社会变得足够清醒,我们就会把这些虚饰之物驱逐出去,就像摆脱沉重的负担一样,让生活回归简单与真实。

如果那些足以维持生活的必需品,无论是富人还是穷人都同样拥有,而财富受到推崇只是因为它能买来奢侈的多余之物,那你又为何称赞色萨利人斯科帕斯? 当别人请他赠送

---

1 雅典首富和忒拜首富代表的是极端的物质富足,而苏格拉底和伊巴密浓达则代表的是精神上的富足,来自雅典的苏格拉底拥有智识,来自忒拜的大将军伊巴密浓达拥有实践智慧,他帮助忒拜战胜了斯巴达霸权。
2 在柏拉图《会饮篇》176e 中,阿伽颂(Agathon)被描绘成一位年轻、美貌且擅长修辞的悲剧诗人,他在宴会上发表了一篇华丽的演说,强调爱神(厄洛斯)带来的美与和谐。在《普罗泰戈拉篇》347c 中,柏拉图指出,阿伽颂的家是哲学家和智者们聚会的地点。

家中某样无用之物时,他竟然回答:"正是这些奢侈品,而不是生活必需品,让我们显得富有和幸福。"

请注意,你所羡慕的,不是真正的生活,而更像是一场盛大华丽的游行和节庆。过去,狄奥尼修斯酒神节在民间举行,人们会欢乐地抬着酒坛、葡萄藤枝,有人牵着公山羊,另一个人拿着一篮无花果,在游行最后的高潮,抬着象征生殖力的雕像。而如今呢?这些传统已经被忽视甚至消失了,取而代之的是人们炫耀金饰、华服、奢华的马车、虚伪的假面。结果,财富中真正必要和有用的东西被遗忘了,反而落入了无用之人和挥霍者手中。

大多数人就像忒勒马科斯那样,因为缺乏经验,或者说不懂真正的美。当他进入涅斯托耳的家,看到那里有舒适的床榻、餐桌、衣物、铺盖和美酒,他不会因此称赞主人幸福,因为这只是生活所需的基本物品。然而,当他走进墨涅拉俄斯的宫殿,看到象牙、黄金和琥珀,他就惊叹道:"这地方简直像宙斯的宫殿!财富如此浩瀚,令人敬畏!"[1]

但如果是苏格拉底或第欧根尼呢?他们大概会冷笑道:"这些东西实在是何等虚妄和无用!我看到这些财富,只觉

---

[1] 引自荷马《奥德赛》第4卷第74行。

得好笑。"你到底在想什么，愚蠢的人？你本该让你的妻子脱下那些紫色华服和珠宝，让她不再沉溺于奢侈和外在装饰，可你却把自己的房子装点得像戏台或剧场，只为了取悦来访的宾客？

财富的所谓"幸福"，不过是一种需要观众的表演，离开了他人的目光，它就什么都不是。而节制、探索真理、对神明的正确认识，即使无人知晓，依然能在灵魂中熠熠生辉，让人获得真正的喜悦，因为它能够领悟自身的善。[1]美德、真理、几何学、天文学的学问之美，不依赖于外在评价，而是它们自身的光芒万丈。财富的装饰、华贵的项链、娇美的少女舞蹈，若无人观赏，便毫无意义；无人注视，财富就真的成了盲目而黯淡无光的存在。

看看富人独自用餐时的样子吧，他不会专门搬出黄金桌子或金杯，而是随手拿起普通器皿。他的妻子不会戴满金饰，披着紫色华服，而是以最简单的装扮坐在他身边。然而，一旦设宴款待宾客，场面就完全不同了，这便是一场奢华的戏剧，财富粉墨登场。他们会搬出珍贵的铜锅和三脚祭

---

[1] 参考柏拉图《理想国》580c 有关哲学家因追求智慧而体验到更高层次的快乐的讨论。

坛,小心翼翼地握住灯盏,在酒杯间来回传递,不断更换斟酒者。他们会为仆人换上新衣,将一切装点得富丽堂皇,黄金、白银、镶嵌宝石的器物争相登场。这无异于公开宣布,他们的财富存在的唯一价值,就是被人看到。

然而,无论是独自用餐还是设宴款待,真正的幸福从来不依赖于财富,而是源于节制与正义。

图书在版编目（ＣＩＰ）数据

如何从敌人身上获益／（古希腊）普鲁塔克著；仲树译． -- 上海：上海文艺出版社，2025(2025.9重印)． --（索非亚文库）． -- ISBN 978-7-5321-9305-9

Ⅰ．B502.49

中国国家版本馆CIP数据核字第20259FB589号

出版统筹：胡艳秋
责任编辑：廖玉笛
封面设计：张　苗

书　　名：如何从敌人身上获益
作　　者：［古希腊］普鲁塔克
译　　者：仲　树
出　　版：上海世纪出版集团　　上海文艺出版社
地　　址：上海市闵行区号景路159弄A座2楼 201101
发　　行：上海文艺出版社发行中心
　　　　　上海市闵行区号景路159弄A座2楼206室 201101 www.ewen.co
印　　刷：启东市人民印刷有限公司
开　　本：1092×787 1/32
印　　张：12.375
插　　页：2
字　　数：171,000
印　　次：2025年6月第1版 2025年9月第4次印刷
Ｉ Ｓ Ｂ Ｎ：978-7-5321-9305-9/B.0125
定　　价：58.00元
告　读　者：如发现本书有质量问题请与印刷厂质量科联系　T: 0513-83349365